Olivier Rieppel · Unterwegs zum Anfang

OLIVIER RIEPPEL

Unterwegs zum Anfang

GESCHICHTE UND KONSEQUENZEN

DER EVOLUTIONSTHEORIE

ARTEMIS VERLAG ZÜRICH

UND MÜNCHEN

Printed in Switzerland
ISBN 3-7608-1009-8

Inhaltsverzeichnis

Vorwort

Nachdem das Manuskript zu diesem Buch fertiggestellt war und mich die Einsicht in die Notwendigkeit eines Vorwortes bedrückte, stieß ich auf ein scharfsinniges Essay von Everett Mendelsohn, Editor des «Journal of the History of Biology», das er im Jahre 1980 unter dem Titel «The Continuous and the Discrete in the History of Science» veröffentlichte. Wäre mir der Text von Mendelsohn schon früher in die Hände gefallen, hätte ich womöglich den Griff in die Tastatur des Textverarbeiters bleiben lassen in der entmutigenden Einsicht, daß im Grunde alles schon einmal irgendwann und irgendwo gesagt worden ist. Jetzt aber greife ich das Essay dankbar auf in einem Vorwort, das üblicherweise zur Rechtfertigung, vielleicht auch zur Entschuldigung des Autors dient. Denn wenn ich sagen soll, warum ich dieses Buch geschrieben habe und wovon in ihm die Rede ist, so kann ich dies nicht besser tun als mit den Worten Mendelsohns.

Das Buch handelt in erster Linie von Kontinuität oder Diskontinuität als Leitideen in der Bewältigung der Wirklichkeit. In unserer Zeit ist es die Idee von Evolution, welche unsere Wahrnehmung der Natur, auch der Natur des Menschen, prägt – doch wie kaum eine andere wissenschaftliche Theorie war und ist jene der Evolution innig mit der Frage von Kontinuität und Diskontinuität verknüpft. «Kontinuität und Diskontinuität ... sind nicht Konstrukte der Natur, sondern Konstrukte des menschlichen Geistes zur Interpretation der Natur», schreibt Mendelsohn und betont: «Sowohl Kontinuität als auch Diskontinuität sind oft Inhalt eines tiefen Glaubens und können doch wahrscheinlich nie unzweifelhaft nachgewiesen werden.» Dieser Satz muß wie Häresie klingen in den Ohren eines Forschers, der mit Hilfe von Fossilien die Kontinuität des Evolutionsprozesses nachzuweisen versucht und dabei immer wieder auf die schon von Darwin so sehr bedauerte Unvollständigkeit der Überlieferung des urzeitlichen Lebens stößt. Lücken im Fossilbeleg: Sollen sie durch die Annahme von Kontinuität überbrückt werden, oder sind sie vielmehr ein Beweis für Diskontinuität im Entwicklungsprozeß organischer Vielfalt?

«Um die Wahl der Leitidee zu verstehen, ist es notwendig, den Blick über die faktische Evidenz der Natur hinweg auf jenes Beziehungssystem von religiösen, politischen und sozialen Sphären zu richten, das für den Wissenschaftler und Gelehrten die Grundlage liefert für grundsätzliche Interpretationen», schreibt Mendelsohn – und hat damit treffend das Ziel umrissen, das dieses Buch verfolgt. Es will die Evolution des Evolutionismus darstellen als Folge eines Wechselspiels zwischen Naturbetrachtung und Zeitgeist, mit Blick auf wiederkehrende Motive. Es versteht sich von selbst, daß ein solches Vorhaben nicht im «leeren Raum» in die Tat umgesetzt werden kann. Das Buch selbst ist eingebettet in seine Zeit und damit in eine umfangreiche Forschung und wissenschaftliche Literatur, die gebührend zu berücksichtigen ist. Der Leser wird im laufenden Text immer wieder an die Namen von Autoren herangeführt werden, die ihm zunächst wenig zu sagen scheinen. Daß auf das Zitat dieser Namen nicht verzichtet wurde, hat mehrere Gründe. Deren erster ist, daß ich mich als Autor nicht mit fremden Federn schmücken möchte; dann wird der Leser vertraut gemacht mit jenen Männern, die im Rahmen der modernen Wissenschaft einerseits die Theorie der Evolution weiterschreiben, andererseits deren Geschichte untersuchen. Und nicht zuletzt findet so der interessierte Leser einen Zugang zur modernen Literatur, die ihn tiefer in das Thema einführen kann.

Ein Buch ist aber nicht nur eingebettet in die zeitgenössische Literatur; es lebt auch wesentlich von der lebendigen Auseinandersetzung mit dem Stoff. Hier gilt mein Dank jenen Studenten, deren Kritik mich immer wieder auf Diskontinuitäten in meiner Argumentationskette aufmerksam machte; besonders aber danke ich den Teilnehmern meines Evolutionskurses an der Volkshochschule des Kantons Zürich, deren leicht irritierter Gesichtsausdruck mich unbarmherzig auf all jene Abschnitte meines Vortrags zurückwarf, während welcher ich Gefahr lief, mich hinter einem Schutzwall von Fachausdrücken zu verschanzen. Dennoch bleibt ein letztes kleines Stück von Unzufriedenheit oder Unvermögen zurück. Das Thema als solches scheint einer Vereinfachung und

Popularisierung untere Grenzen zu setzen, wenn die Darstellung nicht mißverständlich und ein Mißbrauch des Textes nicht geradezu nahegelegt werden soll. Gerade vor mutwilligem Mißbrauch seiner Worte durch fundamentalistische Kreationisten muß sich heute jeder, der über das Thema «Evolution» schreibt, schützen! Der Zeitgeist grenzt die Freiheit des Autors ein – leider.

Last but not least gilt mein besonderer Dank Herrn F. Ebner und dem Artemis Verlag. Die Zusammenarbeit mit dem Verlag und seinem Leiter war für mich als Autor ein ganz besonderes Erlebnis. Hier wird noch immer die persönliche Begegnung groß geschrieben, die sonst, zumindest im Rahmen der Naturwissenschaften, weitgehend durch ein anonymes Begutachtersystem ersetzt wurde. Eine Tasse Kaffee mit dem Verleger ruft jene «gute, alte Zeit» wach, von der in diesem Buch so viel die Rede ist.

Im September 1988.

Evolution: Faktum oder Theorie

Die Idee war nicht neu. Schon zu Beginn abendländischer Geschichte hatte sie sich in den Köpfen festgesetzt. Anaximander, ionischer Philosoph des 6. Jahrhunderts vor Christus und Schüler des berühmten Thales, erklärte die Herkunft des Menschen durch eine Metamorphose im Meer schwimmender Urzellen, deren Beschreibung entfernt an Haifischeier erinnert. Durch seine Geburt sei der Mensch in die Lage versetzt worden, auf das Ufer zu kriechen, sich selbständig zu ernähren und sich fortzupflanzen. Eine Psychologie des Wissens würde in dieser Naturbeschreibung eine Metapher der Bewußtwerdung des Menschen erkennen, die einem Schöpfungsmythos nahekommt. Der Biologe dagegen ist versucht, in den Bericht des Vorsokratikers die Idee einer Evolution hineinzulesen.

Konkreter wird die Idee, wie manch andere Kategorie westlichen Denkens, in der Philosophie Platons, genauer: in dem von ihm beschriebenen Zyklus von Tod und Wiedergeburt. Zwar handelt es sich um einen zyklischen, also streng genommen nicht um einen historisch gerichteten Prozeß, und auch die Richtung der Spirale ist verkehrt, wenn Platon im *Timaios* die Schöpfung der Welt beschreibt und das Schicksal des unmoralisch sich verhaltenden Erstgeschaffenen des menschlichen Geschlechts. Feigheit und Ungerechtigkeit führen zur Wiedergeburt des Mannes als Frau, schlimmeres Verhalten hat eine Wiedergeburt der Männer in der Form von Vögeln zur Folge, noch tiefer stehen vierfüßige Tiere, während mit dem Wassertier die niedrigste Stufe der Reinkarnation der Seele erreicht ist. Erst der Neuplatonismus Alexandriens hat in den ersten nachchristlichen Jahrhunderten die Richtung umgekehrt, den Zyklus der Wiedergeburt damit in Einklang gebracht mit der biblischen Schöpfungsgeschichte. «Wer strebend sich bemüht, den können wir erlösen» – durch eine Wiedergeburt der Seele in erhöhtem Erleuchtungszustand. Die niedere Stufe tierischer Instinkte zurücklassend, erklimmt die

Seele des Menschen auf ihrer Wanderung durch die Welt der körperlichen Dinge die *scala naturae*, die Stufenleiter der Natur, die zu himmlischer Erleuchtung und damit zur Erlösung vom Fleisch führt. Eine Jakobsleiter verbindet die Erde mit himmlischen Sphären und weist dem Menschen den Weg zu Gott.

Das Muster der Stufenleiter war seit alters vorgegeben, doch sollte erst die Morgenröte der französischen Aufklärung die Wanderung der Materie durch diese Kette der Wesen in den Brennpunkt der Forschung stellen. Was natürlich die Forderung einer kontinuierlichen Wandlung der Materie zu Formen zunehmender Komplexität voraussetzte. Die Materie würde sich danach zu immer höher stehenden Lebensformen organisieren, von Pilzen und Moosen aufsteigend durchs Pflanzen- und Tierreich bis hin zur «Krone der Schöpfung». Arten von Pflanzen und Tieren, einst geschaffen nach göttlichem Plan, wurden im Zeichen des Materialismus zu vorübergehenden, genauer: stetig sich wandelnden Organisationsformen der Materie. Ein Spätgeborener der Aufklärung, Jean-Baptiste Chevalier de Lamarck, ging als Begründer der Evolutionstheorie in die Geschichte der Biologie ein.

Die Bedeutung von Charles Darwin, dessen Werk die Biologie revolutioniert haben soll, liegt damit weniger in seiner Forderung nach einem Wandel der Arten und damit nach der Möglichkeit des Ursprungs neuer Arten, sondern vielmehr in der Entwicklung einer Theorie, die erstmals natürliche, d. h. rein physikalische Mechanismen zur Erklärung solcher Prozesse ins Spiel brachte, ohne auf eine vitalistische Konzeption der Materie zurückzugreifen: was damit gemeint ist, wird noch genauer zu erläutern sein.

Darwins Evolutionstheorie steht auf zwei Füßen: Variation und Selektion. Die Selektionstheorie war in seinem Werk von 1859 ausgereift. Die Erklärung der individuellen Variabilität der Nachkommenschaft aber, unter Berücksichtigung der Mechanismen der Vererbung, mußte nachgeliefert werden. Der Augustinermönch Gregor Johann Mendel hatte schon um die Mitte des 19. Jahrhunderts durch Experimente im Klostergarten der Abtei St. Thomas in Brünn die grundlegenden Prinzipien der Vererbung erhellt. Doch wie es Außenseitern zu ergehen pflegt: seine Erkenntnisse blieben von der offiziellen Wissenschaft unberücksichtigt. Erst die «Wiederentdeckung» (daß es eine Wiederentdekkung war, kann nur aus moderner Perspektive behauptet werden) der Mendelschen Gesetze um die Jahrhundertwende schlug die erste Seite eines neuen Kapitels der Geschichte der Biologie auf. Die Selektionstheorie konnte nunmehr mit Kenntnissen der Genetik kombiniert werden.

Die eigentliche Synthese schließlich wurde 1947 gefeiert, mit einem Symposium der Princeton University unter dem Titel *Genetik, Paläontologie und Evolution.* Als Herausgeber des Symposiumbandes traten Glenn L. Jepsen, Ernst Mayr und George Gaylord Simpson auf, doch fungierten als Autoren von Symposiumsbeiträgen noch manch andere eminente Architekten der «Synthetischen Evolutionstheorie». Einer von ihnen, der Populationsgenetiker Theodosius Dobzhansky, wird auch heute noch gerne zitiert mit seinem Glaubensbekenntnis: «Nichts in der Biologie macht Sinn, es sei denn im Lichte der Evolutionstheorie.»

Dieser Satz ist in zweierlei Hinsicht aufschlußreich. Zum einen handelt es sich nicht um einen Beobachtungssatz, sondern um eine Forderung, gar einen Imperativ, der gebietet und verbietet und damit das Forschungsprogramm der Biologie um die Mitte des 20. Jahrhunderts festschreibt. Zum anderen impliziert der Ausspruch, und das ist noch wesentlicher, zugleich sein Gegenteil, daß nämlich die Natur im Prinzip auch im Lichte anderer Theorien betrachtet werden könnte. Damit ist das Thema des vorliegenden Buches umrissen! Es wird darum gehen zu zeigen, daß die Welt aus verschiedenen Blickwinkeln betrachtet werden kann und daß sie – je nach Sicht der Dinge – dem Betrachter auch unterschiedlich erscheint. Stellt der Forscher verschiedene Fragen an die Natur, so wird er unterschiedliche Antworten erhalten. Ziel des Buches ist zu zeigen, daß der Evolutionismus nicht seit jeher den Rahmen bildete, innerhalb dessen Forschungsprogramme ausgerichtet wurden. Der Evolutionismus hat seine eigene Evolution hinter sich! Darüber hinaus stellt die Evolutionstheorie kein einheitliches Gedankengebäude dar von durchsichtiger Architektur, von klaren Linien und rechten Winkeln. Vielmehr entspricht sie einem verwinkelten Gebäudekomplex, Frucht langdauernder Bautätigkeit von oft widersprüchlicher Stilrichtung, dessen Fenster und Luken mehr als nur einen möglichen Ausblick auf die Natur zulassen.

So läßt sich denn dem Ausspruch Dobzhanskys die Einsicht Kants gegenüberstellen, wonach die Begriffe zwar ohne Beobachtung leer bleiben, umgekehrt aber auch die Anschauung ohne Begriffe leer bleiben muß. Mit anderen Worten: gewisse Begriffe oder Ideen, Konzepte ganz allgemein, sind jeder Beobachtung vorauszustellen, sofern diese über eine zunächst sinnlose Vielfalt der Erscheinungen hinausgehen soll. Was einer unvoreingenommenen Betrachtung der Natur zunächst entgegentreten würde, wäre solches überhaupt vorstellbar, müßte einer chaotischen, die Sinne zunächst verwirrenden Vielfalt der Erscheinungen entsprechen. Eine Evolution, ein historisches Werden der lebenden Organisationsformen, wäre nicht unmittelbar beobachtbar. Was sollte der Fisch mit dem Vogel gemeinsam haben? Was der «Zungenstein» mit dem Haifisch? Das hohe Alter der Erde blieb lange Zeit unberechnet, die Natur der Versteinerungen lange Zeit unerkannt. Dies nicht etwa, weil frühere Generationen weniger gescheit gewesen wären, weniger neugierig oder gar faul. Der Grund ist ein anderer: frühere Jahrhunderte stellten andere Fragen an die Natur.

Doch auch heute entzieht sich das Phänomen der Evolution nach wie vor einer direkten Beobachtung. Die Dinosaurier sind längst ausgestorben, die Abstammung der Vögel bleibt im Dunkel der Erdgeschichte verborgen, die Frage fossil überlieferter Zwischenformen bis heute ein heftig umstrittenes Problem. Gibt es Bindeglieder, fehlen sie? Kann man Evolution mit Fossilien beweisen, oder behält der mosaische Schöpfungsbericht recht? Es scheint, als würde diese Diskussion sich über die Jahrhunderte hinweg ins Endlose hinziehen, weil die Frage falsch gestellt ist, weil das Pferd vom Schwanz her aufgezäumt wird. Tatsächlich kann der Ursprung der Vögel – ungeachtet des Vorhandenseins oder Fehlens von Zwischenformen – *erschlossen* werden aus der Ähnlichkeit im Skelettbau, welche die Vögel mit kleinen, vogelfüßigen Dinosauriern teilen. Die Feststellung spezieller Ähnlichkeiten ist der Schlüssel zur Hypothese von Abstammung – und zugleich der notwendig erste Schritt im Versuch einer Systematisierung, einer begrifflichen Durchdringung der unerhört vielfältig erscheinenden Natur. Statt nach dem Wandel, nach der Transformation der Formen zu fragen, die als solche stets unbeobachtbar bleibt, scheint es sinnvoller, sich erst einmal über die abgestuften Ähnlichkeiten der Naturerscheinungen Gedanken zu machen. Schon Aristoteles hatte erkannt, daß Ordnung in der Natur erste Voraussetzung ist, um an die Natur sinnvolle Fragen zu stellen.

Man könnte – und sollte also, statt der Theorie von Evolution, zunächst einmal, und bescheidener, die Hypothese einer hierarchischen Ordnung in der Natur der Beobachtung vorausstellen. Würde sich diese Hypothese im Laufe der vergleichenden Naturbeobachtung erhärten, erwiese sich die Natur tatsächlich als hierarchisch geordnet, wäre damit die Grundlage geschaffen für eine Klassifikation der Organismen, welche die Vielfalt organischer Erscheinungen auf ein einheitliches System reduzieren würde. Dieses war das Anliegen von Karl von Linné, der, wenn auch hinter seiner Suche nach einem rationalen System der Natur die Idee eines (Schöpfungs-)Planes gestanden haben mag, mit seinem Forschungsprogramm ein durchaus praktisches Ziel verfolgte. Die Klassifikation sollte auf einfache Weise die Bestimmung jedes Lebewesens erlauben, was nichts anderes heißt als: eine biologische Klassifikation stellt ein hierarchisches System von Begriffen dar, welches Information über die vielfältige Erscheinungsweise der belebten Natur auf ökonomische Weise zu speichern in der Lage ist. Die beste Klassifikation ist jene, welche ein Höchstmaß von Information speichert. Darin drückt sich das sinnvolle Ziel einer Naturforschung aus, die (noch) nichts mit Evolution gemeinsam hat. Voraussetzung für den Erfolg dieses Unterfangens ist allerdings eine gewisse Regelmäßigkeit in der Verteilung kennzeichnender Merkmale. Nur dann ist Verlaß auf die Annahme, daß wirklich alle Säugetiere Haare besitzen und die Weibchen Milchdrüsen: Information, die im Begriff «Säugetier» gespeichert ist. Wäre die Merkmalsverteilung absolut zufällig, müßte jeder Versuch einer natürlichen Klassifikation der Organismen scheitern.

In der heutigen Zeit kann über das Ziel, das sich Linné gesteckt hatte, hinausgegangen und die Frage nach den natürlichen Ursachen der biologischen Ordnung gestellt werden. Sie zu beantworten hieße, die Theorie von Evolution zur Erklärung beobachteter Regelmäßigkeit der Merkmalsverteilung heranzuziehen. Der Besitz gemeinsamer kennzeichnender Merkmale der Säugetiere – wie Haare und Milchdrüsen – wird durch deren Abstammung von einem gemeinsamen Vorfahren *erklärt*, gleichsam dem evolutiven «Erfinder» dieser Merkmale. Daß die Säugetiere mit allen anderen Wirbeltieren eine Wirbelsäule gemeinsam haben, deutet darauf hin, daß ihr Vorfahre seinerseits ein Wirbeltier gewesen sein muß. Die abgestufte Ähnlichkeit der Organismen, Grundlage des natürlichen Systems, findet in der Evolutionstheorie ihre natürliche Erklärung. So jedenfalls lautet die logisch und historisch begründete Argumentation der als «pattern cladists» oder «transformed cladists» diffamierten Autoren, die sich der herben Kritik ihrer Fachkollegen ausgesetzt sehen – auch das ein Thema des vorliegenden Buches.

Für den von John Beatty im Jahre 1982 eingeführten Begriff der «pattern cladists» oder «transformed cladists» gibt es keine deutsche Übersetzung. Ein möglicher Ausdruck wäre «Muster-Kladisten», weil für sie die Suche nach dem Muster der Naturordnung im Vordergrund der Forschung steht. Als Wortspiel ließe sich anfügen, daß die «Muster-Kladisten» diesen Namen auch daher verdienen, da sie ihrer Arbeit eine mustergültige Logik zugrunde legen wollen. Es handelt sich um eine Gruppe zeitgenössischer Biologen, hauptsächlich an den naturkundlichen Museen von New York und London arbeitend, die eine logisch begründete Weiterentwicklung der im Jahre 1950 vom deutschen Autor Willi Hennig entwickelten Methode der «phylogenetischen Systematik» anstreben, einer Methode, die im Laufe der sechziger und siebziger Jahre als «Kladismus» bekannt wurde. Hennigs Ziel war, den Verlauf der historischen Entwicklung der organischen Vielfalt mit Methoden der Systematik möglichst genau zu rekonstruieren, wobei er der Gabelung von Entwicklungszweigen hauptsächliches Gewicht beimaß (daher der Name «Kladismus», abgeleitet vom griechischen Wort *clados*, der Zweig). Die Klassifikation, das natürliche System, sollte die historische (evolutive) Entwicklung der organischen Vielfalt möglichst präzise widerspiegeln. Nach Überzeugung der «pattern cladists» oder «transformed cladists» aber muß die Analyse des Musters der Ordnung in der Natur unabhängig von der Hypothese einer evolutiven Entwicklung dieses Musters erfolgen, um Zirkelschlüsse zu vermeiden. Die

Rekonstruktion des Musters wird aus Gründen logischer Notwendigkeit abgekoppelt von Abstammungshypothesen. Damit aber, so lautet die Kritik, wird die Methode des Kladismus seiner theoretischen Rechtfertigung beraubt.

Selbst an üblen Urteilen läßt es die sonst einer kühlen Sachlichkeit verpflichtete Wissenschaft nicht fehlen und rückt die «pattern cladists» in die Nähe des modernen Kreationismus. Die Analyse des Musters der Naturordnung darf nicht losgelöst von einer evolutionären Begründung erfolgen, wird entgegengesetzt; vielmehr muß und soll die Evolutionstheorie erst die Begründung liefern für ein Forschungsprogramm der vergleichenden Biologie. Denn: Evolution gilt heute als Faktum, das kein vernünftiger Mensch mehr bezweifeln kann!

Auch an diesem Punkt ließe sich, wie schon zu Beginn der westlichen Naturforschung, eine Psychologie des Wissens fordern, läßt doch emotionell betonte Verteidigung gewöhnlich auf überkompensierte Zweifel schließen. Was ist denn ein «Faktum», lautet die Gegenfrage der «pattern cladists», und warum soll gerade die Evolution ein solches darstellen? Schon bei der Besprechung von Darwins Buch im Jahre 1860 machte der Genfer Paläontologe François-Jules Pictet auf eine Lücke in der Argumentationskette des Evolutionisten aufmerksam: «In Mr. Darwins Buch gibt es einen plötzlichen Sprung, der vom Leser verlangt, vom sorgfältigen Studium von Fakten zu extremsten Schlußfolgerungen überzugehen.» Gemeint war damit eine Janusgesichtigkeit der Evolutionstheorie, welche es auch heute noch mit sich bringt, daß in der Diskussion der Geschichte der organischen Vielfalt eine plötzliche Drehung der Münze von Kopf auf Zahl notwendig wird.

Auf der vorderen, eher experimentell ausgerichteten Seite der Medaille sind die Mechanismen des evolutiven Wandels aufgezeichnet. Hier geht es grundsätzlich um das Studium von beobachtbaren Populationen, also von in Raum und Zeit lokalisierten Fortpflanzungsgemeinschaften, um die Fragen der Variation, der Selektion und des strukturellen Wandels. Was, so lautet die zentrale Frage dieses Forschungsprogrammes, sind die biologischen Mechanismen evolutiven Wandels, die treibenden Kräfte von Umgestaltung und Anpassung?

Die Drehung der Medaille eröffnet plötzlich die Sicht in die geologische Vergangenheit und damit auf das Werden der organischen Vielfalt im Laufe der Erdgeschichte. Dieser Prozeß der *Phylogenese* gehört als Prozeß, als dynamisches Geschehen, der geologischen Vergangenheit an und ist daher als solches nicht mehr beobachtbar. Alles, was der unmittelbaren Beobachtung zugänglich bleibt, ist die abgestufte Ähnlichkeit der Organismen. Aus ihr muß der Prozeß der Phylogenese *erschlossen* werden. Die Schlußfolgerung beruht notwendigerweise auf der Annahme, daß die Mechanismen des evolutiven Wandels, wie sie heute beobachtbar sind, in derselben Form auch in der geologischen Vergangenheit wirksam waren und daß sie zur natürlichen Erklärung des Musters der Naturordnung ausreichen. An diesen nicht weiter begründbaren Voraussetzungen orientiert sich die Kritik der «pattern cladists».

Evolution kann kein Faktum sein, sowenig wie ein «Ding-an-sich» logisch begründbar ist. Die Außenwelt erschließt sich der menschlichen Beobachtung nicht unmittelbar und voraussetzungsfrei. Vielmehr sind der Beobachtung Konzepte, Theorien und Sprache vorauszustellen, damit die Vielfalt der Erscheinungen anschaulich wird. Wird die Idee der Evolution, oder einer speziellen Evolutionstheorie wie jener Darwins, der Beobachtung vorausgestellt, so wird die Welt im Licht dieser Theorie erscheinen. Die Theorie wird sich nie als falsch erweisen können, sondern stets mit der Beobachtung in Einklang stehen. Der Wissenschaftsphilosoph nennt eine solche Theorie empirisch leer, womit gesagt sein soll, daß man aus einer solchen Theorie nichts lernen kann. Der Lernprozeß setzt erst dann ein, wenn eine erklärende Theorie zumindest die Möglichkeit eines Fehlschlags mit einschließt. Geht sie daneben, muß die Theorie verbessert, allenfalls sogar durch eine andere ersetzt werden – und eben darin liegt der wissenschaftliche Erkenntnisgewinn begründet. In seiner Verteidigung der «pattern cladists» hat der amerikanische Wissenschaftstheoretiker Ronald Brady darauf hingewiesen, daß Beobachtung und Theorie auseinandergehalten werden müssen, um den Effekt empirischer Leere zu vermeiden. Die Hypothese oder Theorie von Phylogenese, also von einer Evolution der Lebewesen im Laufe der Erdgeschichte, ist nicht ein «Faktum», sondern dient vielmehr zur Erklärung einer beobachteten Naturordnung. Damit sich kein Zirkelschluß in die Argumentationskette einschleicht, ist die Forderung zu erheben, daß die Suche nach einer Ordnung in der Natur, also die Klassifikation der Organismen, unabhängig von der Evolutionstheorie erfolgen muß. Allein damit ist auch die Chance gegeben, daß die Evolutionstheorie in einem speziellen Punkt auch einmal falsch sein kann, womit sie erst empirischen Gehalt gewinnt! Mit anderen Worten: Die Rekonstruktion des Musters von Ordnung in der Natur könnte so ausfallen, daß vermeintlich allein wirksame Mechanismen evolutiven Wandels zur Erklärung des Musters nicht ausreichen. Genau an diesem Punkt orientiert sich die moderne Kritik Darwins, in deren Folge neue, alternative Evolutionsmodelle entwickelt wurden.

«Evolution» ist keine Tatsache schlechthin; es gibt heute mehr als nur eine Evolutionstheorie, die zur Erklärung unterschiedlicher Beobachtungen herangezogen wird. Die Beobachtungen sind unterschiedlich, weil ihnen verschiedene Konzepte, verschiedene Ideen, verschiedene Fragestellungen vorangestellt werden. Um diesen Punkt klar und deutlich herauszuarbeiten, wird der Evolutionismus in diesem Buch in seiner historischen Entwicklung dargestellt werden. Die wissenschaftshistorische Perspektive erweist sich darum also so eminent wichtig und fruchtbar, weil sie Theorien, die im gegenwärtigen umgangssprachlichen Sinne als «Faktum» gelten, als das entlarven, was sie wirklich sind: eine von mehreren möglichen Sichtweisen der Natur. Es ist damit der Punkt erreicht, sich über das Wesen eines Faktums und einer Beobachtung vertieft Gedanken zu machen.

Auf sich allein gestellt, so betonte Charles Bonnet, Genfer Naturphilosoph des 18. Jahrhunderts, in seiner Autobiographie, habe er das Gleichnis der zum Leben erweckten Statue entwickelt. Als er auf einem Gang durch die Stadt von einem Freund erfahren mußte, daß der französische Philosoph Etienne Bonnot de Condillac dasselbe Gleichnis in seinem neuen Werk benützte, wollte Bonnet in einer ersten Reaktion die Arbeit an seinem *Essay analytique sur les facultés de l'âme* abbrechen. Nur der Überzeugungskraft seines Freundes ist zu verdanken, daß Bonnet die Furcht vor einer Bezichtigung des Plagiats überwand und seinen

Versuch, die wechselseitigen Beziehungen zwischen Körper und Seele zu analysieren, doch noch im Jahre 1760 in Kopenhagen erscheinen ließ.

Was sich in dem umstrittenen Gleichnis ausdrückt, ist der Empirismus britischer Philosophen, allen voran John Lockes, so, wie ihn Bonnet verstanden hat. In seinem Verständnis folgte Bonnet dem Einfluß seines Philosophieprofessors Gabriel Cramer, der selbst im Jahre 1727 nach England gereist war und den Geist, den er dort eingeatmet hatte, seinen Studenten einhauchte. Bonnet beschrieb eine unbelebte Statue, die, um des Gleichnisses willen, zur Wahrnehmung («Perzeption») von Umwelteindrücken in der Lage sei. Durch die Folge von Wahrnehmungen wird die Statue nach und nach zum Leben erweckt. Die Lebenserfahrung setzt sich in ihrem sich entwickelnden Gedächtnis fest und formt dadurch ihre Persönlichkeit. Zunehmendes Alter und damit eine zunehmende Lebenserfahrung bewirken eine zunehmende Komplexität und damit verbunden eine zunehmende Reife der Persönlichkeit. Der Empirismus entspricht einer Erkenntnistheorie, die sich in erster Linie auf die Beobachtung beruft.

Das Gleichnis Bonnets ist von Bedeutung, weil es in sinnfälliger Form Grundprobleme der Philosophie nicht nur anschneidet, sondern auch gleich einen Lösungsvorschlag beinhaltet, der sich als «sensualistischer Empirismus» charakterisieren läßt. Die Deutung des Gleichnisses muß dort einsetzen, wo der Innenwelt eines Lebewesens, mithin einer zum Mensch werdenden Statue, eine Außenwelt gegenübergestellt wird. Diese Außenwelt, als eigene, selbständige Gegenständlichkeit gesetzt, wirkt durch Vermittlung der Sinnesorgane auf die Seele des Menschen, was heißen muß: die materielle Welt der Dinge kann durch die Sinnesorgane eine Wirkung auf die immaterielle Innenwelt des Menschen ausüben. Damit war das psychophysische Problem konstelliert, die Wechselwirkung zwischen Materie (Körper) und Geist (Seele), zu dessen Lösung Bonnet nur Hypothesen bei der Hand hatte, die jedoch alle auf einer physikalischen Grundlage fußten. Die Außenwelt der Dinge sollte in der Innenwelt des zur Wahrnehmung befähigten Organismus Sinnes-*Eindrücke* im wahrsten Sinn des Wortes hinterlassen! Daher der Begriff des sensualistischen Empirismus: alle Erfahrung gründet sich auf letztlich mechanistisch zu erklärende Sinneseindrücke. Die Außenwelt prägt sich der Innenwelt auf oder ein, und zwar mittels prinzipiell mechanistisch erklärbarer Wechselwirkungen.

Das Gleichnis birgt noch einen anderen wesentlichen Aspekt der Philosophie Lockes. Verschiedene Denker vor (und nach) Locke hatten die Möglichkeit menschlicher Erkenntnis auf angeborene Ideen als einer unverzichtbaren Grundlage gegründet. Locke kritisierte diese Annahme mit der gegenteiligen Behauptung, daß alle Erkenntnis in der Beobachtung fuße. Der Mensch wird als unbeschriebenes Blatt, als *tabula rasa*, geboren; seine Persönlichkeit entwickelt sich, wie jene der Statue im Gleichnis Bonnets, erst mit der entsprechenden Lebenserfahrung.

Zusammenfassend läßt sich der «sensualistische Empirismus» durch eine Reihe von Fakten kennzeichnen: eine als real gesetzte Außenwelt vermittelt dem Geist Sinneseindrücke, die in ihrer Gesamtheit die Persönlichkeit und damit die Individualität des erkennenden Subjektes bestimmen. Kurz: alle Erfahrung stammt aus der Beobachtung. «Nichts ist im Intellekt, was nicht durch die Sinnesorgane in ihn eingetreten ist», so etwa lautete in freier Übersetzung aus dem Latein der Wahlspruch des «sensualistischen Empirismus».

Diese frühe Form des Empirismus sah sich schon bald mannigfaltiger Kritik ausgesetzt. Allein die Mitteilung einer Beobachtung bedarf der Begriffe und ist damit an die Regeln des logischen Denkens gebunden. Mehr noch: die Beobachtung selbst, das heißt die Erfahrung der Welt, wird ermöglicht und zugleich eingeschränkt durch die Möglichkeiten und Beschränkungen der Sprache, denn die Beobachtung will in Worte gekleidet sein, um mitteilbar zu werden! Kant zum Beispiel hat die als real gedachte Welt, also die Hypothese eines «Dinges-an-sich», den Möglichkeiten der Erfahrung gegenübergestellt und dabei, wie bereits erwähnt, betont, daß der Anschauung eben schon Begriffe vorausgehen müssen, soll jene nicht sinnlos und damit leer bleiben.

Die Hypothese eines «Dinges-an-sich» ist erkenntnistheoretisch in sich problematisch, stolpert sie doch über das logische Problem der Selbstanwendung des Intellekts: wie kann eine absolute Realität gefordert und der Anschauung gegenübergestellt werden, wenn diese Realität in sich selbst ein Denkpostulat darstellt? Die Suche nach «hard facts» muß aufgegeben werden; was bleibt, sind Anschauungsformen.

Heißt das, daß der Weg in einen unreflektierten Idealismus geöffnet ist? Daß die Welt bloß eine Idee darstelle, ein Traum, eine Illusion? Auch solche Ansichten wurden unter Philosophen diskutiert, nicht ganz so lapidar zusammengefaßt unter der Bezeichnung des Idealismus. Ein englischer Autor des 18. Jahrhunderts, der in dieser Richtung philosophierte und von seinen Zeitgenossen oft genug lächerlich gemacht wurde, war George Berkeley. In seiner kürzlich erschienenen Berkeley-Monographie erzählt Arend Kulenkampff die sprichwörtlich gewordene «Widerlegung» des Idealismus durch Dr. Johnson anläßlich eines Kirchganges im Jahre 1763. Konfrontiert mit der kniffligen Frage, wie das idealistische Gedankengebäude allenfalls zu widerlegen sei, stieß Dr. Johnson mit dem Fuß so heftig gegen einen Stein, daß er dabei selber zurückprallte und sprach: «*So* widerlege ich das.»

Wie die Anekdote zeigt, kann eine als real gedachte Welt nicht ohne weiteres in den Wind geschlagen werden. Genausowenig ist sie jedoch ohne weiteres erfahrbar. Immerhin kann davon ausgegangen werden, daß in ihr einerseits Wirkungen auf Ursachen folgen, daß sie andererseits selbst eine *Wirkung* auf den Beobachter ausübt, und in dieser Wirkung liegt letztlich das Wesen der Beobachtung. Was sich der Beobachtung erschließt, sind Zustandsänderungen, die auf eine Ursache zurückgeführt werden können. Die Realität der Welt liegt letztlich in der Beziehung von Ursache und Wirkung begründet.

Eine minimale Forderung, die (zumindest) an die Naturwissenschaft gestellt werden muß, ist, daß sie in der Beobachtung gründen soll. Insofern muß oder soll die Naturforschung empirisch sein. Dieser Beobachtung erschließt sich aber nicht eine an sich seiende Realität, sondern deren Erscheinung. Der Empirismus kann keinen Zugang zu einem irgendwie gestalteten und logisch nicht weiter begründbaren «Ding-an-sich» fordern. Er kann sich nur mit den Erscheinungen, den Phänomenen befassen, welche die Folge sind einer Wechselwirkung zwischen Ursache und Wirkung, auch einer Wechselwirkung zwischen dem beobachtenden Subjekt und dem beobachteten Gegenstand: denn die Wirkung geht nicht allein von der Außenwelt aus. Um auf Dr.

Johnsons praktische Philosophie zurückzukommen: seine Widerlegung eines im übrigen mißverstandenen Berkeley fußt auf dem Entschluß, auf der *Absicht*, dem Stein einen Fußtritt zu versetzen. Beobachtung erfolgt demnach nicht unvoreingenommen, sondern setzt eine Absicht voraus, aus der heraus sich der Beobachter in eine Wechselwirkung zum beobachteten Gegenstand stellt. Allgemeiner ausgedrückt: Der Forscher bringt sich durch sein Experiment in eine gewollte Wechselwirkung mit der Natur, er setzt sich mit der Natur planmäßig auseinander. Eine erfolgreiche Forschung setzt eine gute Planung, eine fruchtbare Fragestellung voraus. Der Absicht der Beobachtung muß immer eine Frage, eine Theorie, manchmal vielleicht auch nur eine vage artikulierte Erwartungshaltung vorausgehen.

Nicht genug damit, eine Beobachtung beruht notwendigerweise auf einem Vergleich. Man kann nicht sagen, daß ein Gegenstand rund sei, ohne daß die Möglichkeit einer Kante damit vorweggenommen ist. Man kann nicht einen Gegenstand als heiß bezeichnen, ohne ihn mit einem kalten Gegenstand zu vergleichen; der Begriff von roter Farbe setzt den Vergleich mit anderen Farben voraus. Mit anderen Worten: Durch die Beobachtung wird ein Gegenstand in Bezug gesetzt zu anderen Gegenständen. Beobachtung fußt auf der Herstellung von Beziehungen, von *Relationen* (zwischen Gegenständen). Etienne Serres, ein vergleichender Anatome des Anfangs des 19. Jahrhunderts – und daher ein für die Entwicklung der Evolutionstheorie wichtiger Autor –, brachte die Methode seiner Wissenschaft in einer Abhandlung aus dem Jahre 1827 auf einen einfachen Nenner: «Ein Objekt kann nur durch die Aufzählung all seiner Eigenschaften beschrieben werden, doch die Eigenschaften können nur durch den Vergleich gewürdigt werden; daraus folgt die Individualität jedes Faktums aus der Summe seiner Relationen; doch jede Relation beinhaltet eine Abstraktion.»

Der für den hier gegebenen Zusammenhang wesentliche Punkt, den Serres zum Ausdruck bringen wollte, ist die Tatsache, daß Beziehungen zwischen Objekten nicht einfach unmittelbar existieren oder unvoreingenommen festgestellt werden können. Vielmehr müssen sie, entsprechend der Absicht des Naturforschers, hergestellt werden. Es gibt eine unendliche Vielfalt von

Möglichkeiten, Dinge miteinander in Beziehung zu setzen, so daß jede wissenschaftliche Untersuchung letztlich auf einer wohlüberlegten Absicht beruhen muß und überdies methodische Regeln des Vergleichs voraussetzt. Die Wechselwirkungen, die sich aufgrund dieser Auseinandersetzung mit der Natur zwischen dem Subjekt und dem Objekt ergeben, werden verschieden sein je nach Absicht und angewandter Methode. Die Beobachtung entspricht einer Anschauungsform, einem «way of seeing». Am einfachsten läßt sich der beschriebene Sachverhalt mit dem Beispiel experimenteller Wissenschaften darstellen. Das Experiment stellt nicht eine unvoreingenommene Beobachtung dar, sondern eine gewollte, auf einer Arbeitshypothese fußende Auseinandersetzung mit natürlichen Prozessen. Die Untersuchung dieser Prozesse läßt sich variieren durch eine Variation der experimentellen Methode. Durch die Anwendung unterschiedlicher Methoden wird sich ein Unterschied der Resultate ergeben, womit der untersuchte Prozeß dem Beobachter unterschiedlich erscheint. Entsprechendes gilt aber auch für den Vergleich von Organismen. Aufgrund unterschiedlicher Ausgangshypothesen und unterschiedlicher Methoden läßt sich die Vielfalt der organischen Erscheinungen auf mannigfaltige Weise ordnen – und nicht jede Ordnung wird mit der Theorie einer Evolution vereinbar sein!

Zu Beginn des 19. Jahrhunderts beispielsweise lebte ein Insektenforscher namens W. S. McLeay, der es sich in den Kopf gesetzt hatte, die Natur im Sinne von miteinander in Verbindung stehenden Kreisen von jeweils fünf Gruppen zu ordnen. Das komplizierte System erscheint uns heute skurril, weswegen es auch nicht weiter dargestellt werden soll. Interessant ist aber, daß McLeay unter seinen Zeitgenossen zahlreiche Anhänger fand, die alle seiner Absicht, seiner Methode, schlicht seiner Anschauungsform folgten und sich in einer entsprechenden Konzeptualisierung der Naturordnung erfolgreich wähnten. Noch interessanter ist, daß Darwin und seine «Bulldogge» T. H. Huxley es für notwendig erachteten, gegen den Quinarismus ins Feld zu ziehen, um neuen Boden für die Evolutionstheorie zu gewinnen. Das Problem lag darin, daß dem System McLeays eine andere Ideologie und damit eine andere Konzeption der Natur zugrunde lag als dem Darwinismus. Der Quinarismus orientierte sich an einer Harmonie der

Zahlenrelationen, ein Ideal, das letztlich auf die Pythagoreer zurückverweist. Der Pythagoreer repräsentierte eine von Platon bewunderte Schule antiker Philosophie, die harmonische Zahlenrelationen für göttlich erklärte. Die Tatsache, daß sich die Natur im Sinne einer solchen Konzeption ordnen ließ, war für McLeay Ausdruck der Notwendigkeit, die Ordnung der Natur auf das Werk eines intelligenten Schöpfers zurückzuführen. Dieses war die eigentliche, dem Quinarismus zugrunde liegende Absicht oder Ideologie! In der Tat ist der Quinarismus unvereinbar mit einer materialistisch gefärbten Evolutionstheorie. Wesentlich für den gegebenen Zusammenhang ist, daß der Quinarismus keine «Realität» entdeckte, daher auch nicht in einem einfachen Sinne als «falsch» eingestuft werden kann, sondern daß die Natur im Lichte des Quinarismus schlicht anders erschien als im Lichte anderer Ideologien und anderer Methoden. Im Gegenzug muß natürlich eingestanden werden, daß der Evolutionismus auch bloß eine Sichtweise der Natur darstellt – allerdings eine wesentlich erfolgreichere! Warum?

Werden der Beobachtung unterschiedliche Absichten, unterschiedliche Arbeitshypothesen und verschiedene methodische Regeln zugrunde gelegt, so erschließen sich unterschiedliche Phänomene. Die Form der Beobachtung und so auch ihre Resultate lassen sich demnach vielfältig variieren. Die Forderung allein, daß die Wissenschaft in der Beobachtung gründen soll, ist somit kein Garant, daß sich aus dem Unterfangen etwas Sinnvolles, in sich zusammenhängendes Ganzes ergibt. Es ist noch mehr zu fordern, nämlich ein durch Konvention allgemein anerkanntes Ziel der Wissenschaft. Ziel der Naturforschung, so formulierte es kürzlich der amerikanische Wissenschaftsphilosoph David L. Hull, ist die Suche nach einer Regelmäßigkeit der Erscheinungen. Wird die Suche nach einer Regelmäßigkeit der Erscheinungen eingestellt, bedeutet dies im Sinne Hulls, daß das Unterfangen Wissenschaft aufgegeben wird. Auch hier ist wieder kein selbstevidenter Satz ausgesprochen, sondern eine Definition von Wissenschaft, verknüpft mit einer Forderung, die man im Prinzip auch ablehnen kann. Die Annahme dieser Forderung bedarf also einer Begründung, die sich ihrerseits wieder aus dem Ziel der Wissenschaft ableiten läßt.

Wäre die Welt chaotisch, allein vom Zufall regiert, so wäre sie einer wissenschaftlichen Erforschung nicht zugänglich und in diesem Sinne uninteressant. Aus der Vergangenheit gäbe es nichts zu lernen, für die Zukunft keine Hoffnung. Interessanter wird die Sache, wenn die Erscheinungen der Außenwelt einer gewissen Regelmäßigkeit unterworfen sind. Erst dann stellt sich die Frage, warum sich eine Regelmäßigkeit der Erscheinungen einstellen sollte? Die hypothetische Antwort wird lauten, daß die Phänomene einem Grund unterworfen sind, einer Ursache, die sie hervorbringt und zugleich einschränkt. Erst bei einer Regelmäßigkeit der Erscheinungen können wir erwarten, auf Gesetzmäßigkeiten der Natur zu stoßen. Oder andersherum formuliert: Nur regelmäßig erscheinende Prozesse lassen sich durch Naturgesetze erklären.

Die Kenntnis von Naturgesetzen oder, genauer, die Hypothese einer Naturgesetzlichkeit eröffnet den Blick auf die Zukunft und damit auf das Ziel der Wissenschaft. Aufgrund der Hypothese eines Grundes lassen sich natürliche Prozesse voraussagen! Treffen die Voraussagen ein, so ergibt sich kein Grund, an der Ausgangshypothese zu zweifeln, wenngleich ihre Wahrheit in einem absoluten Sinne dahingestellt bleibt – wie Karl Popper betonte. Ist die Voraussage falsch, so erweist sich die Ausgangshypothese als fehlerhaft: die betreffende Hypothese ist zu ändern oder durch eine neue Hypothese zu ersetzen, bis sich ein Erfolg der Voraussagen einstellt.

Wenn ein aufgehobener Stein immer wieder zu Boden fällt, so erschließt sich aus dieser Interaktion mit der Natur (aus diesem Experiment) eine Regelmäßigkeit der Erscheinungen. Es ist unmöglich zu wissen, ob der «Stein-an-sich» wirklich existiert und tatsächlich hinunterfällt – doch ist dieses Wissen auch unnötig. Wissenschaft kann nicht die «Welt-an-sich» erklären. Es muß genügen, wenn die Welt so, wie sie uns erscheint, eine befriedigende Erklärung findet. Der regelmäßig fallende Stein ist ein Phänomen, in dem sich die Wirkung einer Ursache offenbart. Er läßt auf eine Naturgesetzlichkeit schließen, die im Newtonschen Gravitationsgesetz ihren Ausdruck fand. Newton wußte nicht, was «Gravitation-an-sich» ist, wodurch sie letztendlich bewirkt wird; auch kümmerte er sich berechtigterweise (und klugerweise) nicht um die Frage, ob die Beziehung zwischen Körpern, wie sie durch das Gravitationsgesetz bestimmt wird, in irgendeinem absoluten Sinne wahr ist. Er hielt das Gesetz für hypothetisches Wissen, das aber völlig ausreichte, die Welt so, wie sie erschien, befriedigend zu erklären. Das Gesetz sagt voraus, daß ein von der Erde aufgehobener Stein fallen wird, und es blieb mit dieser Voraussage bis heute erfolgreich: tatsächlich ein befriedigender Zustand!

Zusammenfassend läßt sich festhalten, daß die Wissenschaft nicht nach ewigen Wahrheiten sucht, sondern nach hypothetischen Erklärungen einer Regelmäßigkeit von Erscheinungen. Der Erfolg der wissenschaftlichen Erklärung mißt sich an der Möglichkeit, Hypothesen oder Theorien zu formulieren, die natürliche Prozesse erfolgreich voraussagen. Die Güte der Theorien bemißt sich nach Popper an der Möglichkeit, ihre Voraussagen möglichst streng zu testen. Der Test als solcher setzt eine Wiederholbarkeit der Phänomene voraus und damit deren Regelmäßigkeit. Hier nun liegt ein wunder Punkt der Abstammungslehre, denn sie soll die Erklärung für einen einmaligen historischen Prozeß liefern, der nicht wiederholbar und damit im popperschen Sinne streng genommen nicht testbar ist.

Eine absolute Testbarkeit von Theorien und die Möglichkeit ihrer Falsifikation in strengem Sinne zu fordern ist allerdings in sich bereits problematisch. Nicht nur beinhaltet die Forderung nach einer Wiederholbarkeit der Beobachtung eine Zeitkomponente, welche als solche bereits die Frage nach der absoluten Identität wiederholter Phänomene aufwirft. Mehr noch müßte der Nachweis, daß eine bestimmte Theorie falsch ist, in einer mit der Theorie unvereinbaren Beobachtung liegen. Eine eigentliche Falsifikation würde damit eine unvoreingenommene Beobachtung voraussetzen, was aber nach all den bisherigen Ausführungen nicht möglich ist. Jede Beobachtung, auch im Rahmen eines Testes, setzt theoretische Voraussetzungen und instrumentelle Ausrüstung voraus, Faktoren also, die überdies einem historischen und gesellschaftlichen Wandel unterliegen. So könnte die als Test dienende Beobachtung falsch sein, anstatt die Theorie, die es zu testen gilt. «Poppers Position gerät ins Wanken», schreibt A. F. Chalmers und verweist auf die historische Bedingtheit aller Erkenntnis. Die Theorie der Abstammung (Phylogenese) wird also als Erklärung für eine Regelmäßigkeit von Naturerscheinungen gelten müssen (nämlich für die Regelmäßigkeit der Merkmalsverteilung, die einer stabilen Klassifikation zugrunde liegt), die nicht nur nicht wiederholbar sind, sondern die es zugleich aus historischer und gesellschaftlicher Perspektive zu beleuchten gilt. Reicht dies aus, ihren Erfolg zu erklären? Ein Teil der Antwort soll schon hier vorweggenommen werden!

Wissenschaft ist eine Suche nach einer Regelmäßigkeit der Phänomene, so fordert David Hull, erhebt aber sogleich den Warnfinger: «Wenn wir darauf bestehen, die Welt der Lebewesen falsch zu unterteilen, werden wir die kausal bedingten Regelmäßigkeiten nie entdecken!» Die Entdeckung von Regelmäßigkeit in der Natur ist somit auch davon abhängig, daß die Beobachtung im Rahmen der richtigen Voraussetzungen oder Konzepte erfolgt. Richtigkeit kann sich dabei aber nicht an einer Wahrheit messen, die der Beobachtung nicht zugänglich ist. Was als «richtig» erachtet wird ist in sich bereits wieder eine Konvention. Für wiederholbare Prozesse ist die Voraussagekraft erstes Kriterium der Richtigkeit einer erklärenden Theorie. Es wäre auch möglich, der Wissenschaft ein Nützlichkeitsdenken zu unterlegen, wie es das Anliegen von Francis Bacon war, der somit das Nützliche schlechthin als das Richtige einstufte. Die Problematik dieser Haltung erweist sich dort, wo ihre politische und gesellschaftliche Dimension deutlich wird, denn das Kriterium von Nützlichkeit ist nicht wertfrei bestimmbar. Der oben genannte Quinarist McLeay war von der biblischen Schöpfung in einem Maß überzeugt, daß sich für ihn der Nachweis des Wirkens eines Schöpfers zu einer Frage der Ideologie ausweitete. «Nützlich» war für ihn eine Unterteilung der Natur, die in ihrer symmetrischen Komplexität durch nichts anderes als durch göttliche Wirkung erklärbar schien. Darwin vertrat eine andere Ideologie, wie noch zu zeigen sein wird, welche den Nachweis von Naturgesetzlichkeit als nützlicher einstufte denn den Glauben an göttliche Wunder.

Angesichts der Charakterisierung der Wissenschaft als einer Suche nach Regelmäßigkeit wollen wir die bescheidene Forderung verfechten, daß eine Naturordnung um so nützlicher ist, je größer die darin zum Ausdruck gebrachte Regelmäßigkeit der

Merkmalsverteilung erscheint. Oder einfacher ausgedrückt: Es ist jene Klassifikation als die nützlichste einzustufen, die das größte Maß von Information speichert. Die beiden Sätze hängen zusammen. Jene Naturordnung, welche die größte Regelmäßigkeit der Merkmalsverteilung einfängt, ist zugleich die Grundlage für eine Klassifikation mit maximaler Informationsspeicherung. Der Quinarismus, um beim gleichen Beispiel zu bleiben, ist nach diesem Kriterium nicht abzulehnen, weil er sich als endgültig und absolut falsch erwiesen hätte, sondern weil er einer subordiniert hierarchischen Klassifikation schlicht unterlegen ist: eine dichotom verzweigte Gliederung der Natur im Sinne einer Schachtelhierarchie von Gruppen unter Gruppen ist besser geeignet, Regelmäßigkeit der Merkmalsverteilung zum Ausdruck zu bringen, und ist in diesem Sinne nützlicher als der Quinarismus. Es fügt sich, daß zur Zeit Darwins eine vorwiegend von französischen Biologen erarbeitete dichotome Gliederung der Natur vorgegeben war, die überdies mit der Evolutionstheorie in blendenden Einklang gebracht werden konnte, ganz im Gegensatz zum Quinarismus. Die einzige Abbildung, die Darwin in seinem Buch *Über den Ursprung der Arten* aufgenommen hat, findet sich im vierten Kapitel: es ist ein dichotom gegliedertes Gabelschema, das die Wirkungsweise der natürlichen Selektion illustrieren soll.

Historisch gesehen hat Darwin die zu seiner Zeit in der Biologie vorherrschende Klassifikation der Organismen unverändert übernommen und hat Regelmäßigkeit der Merkmalsverteilung, die sich darin ausdrückt, aufgrund einer kausalen Theorie (die er für ein Naturgesetz hielt) zu erklären versucht, nämlich durch die Theorie der natürlichen Selektion. Sein Vorgehen war logisch konsistent und rechtfertigt, wie R. H. Brady betonte, auch aus historischer Sicht den «pattern cladist», der die Analyse des Musters in der Natur von allfälligen Evolutionshypothesen abkoppeln will. Darwin hat also keine neue Theorie aus dem Nichts geschaffen, sondern er hat sich an den Erkenntnissen seiner Zeit orientiert. Die Evolutionstheorie ist genauso von Absichten, vorgefaßten Meinungen und methodischen Voraussetzungen abhängig wie jede andere wissenschaftliche Erkenntnis, und die aufzuzeigen wird Aufgabe der nachfolgenden Kapitel sein. Zuvor aber noch eine Warnung!

Die Evolutionstheorie soll die Rekonstruktion der Naturordnung nicht beeinflussen, da sonst die Gefahr einer jeweiligen nahtlosen Übereinstimmung der Beobachtung mit der Erklärung droht. Andererseits kann die Beobachtung von Regelmäßigkeit nicht voraussetzungsfrei erfolgen, muß also dennoch von einer anfänglichen Hypothese und von entsprechenden methodischen Regeln ausgehen. Die Ausgangshypothese eines Quinaristen war die harmonische Relation der Zahl fünf, die Ausgangshypothese eines «pattern cladist» ist die subordinierte Hierarchie von «Gruppen unter Gruppen», wie Darwin sich ausdrückte, also von Arten unter Gattungen, von Gattungen unter Familien, von Familien unter Ordnungen usf. Für jede dieser Ordnungsformen läßt sich ein gewisses, wenn auch unterschiedliches Maß von Regelmäßigkeit beibringen. Jede dieser Hypothesen hat denn auch in der Genese des Evolutionismus eine gewisse Rolle gespielt, wie darzustellen sein wird. Letztlich spielt gerade das Konzept der subordinierten Hierarchie eine hervorragende Rolle in der modernen Kritik des Neo-Darwinismus. Allerdings muß stets klargestellt sein, daß Dinge auf verschiedene Art und Weise gesehen werden können und daß die Erscheinungen der Dinge sich entsprechend wandeln. Es kann und wird also nicht darum gehen können, richtig oder falsch zu unterscheiden, Faktum von Phantasie zu trennen. Wir wollen auch nicht die Evolutionstheorie als unbezweifelbare Tatsache darstellen. Sie ist und bleibt eine Theorie, deren Güte an ihrem Erklärungswert zu messen ist. Der allerdings bleibt vorläufig unübertroffen. Dennoch ist es wichtig zu verstehen, welchen historischen und gesellschaftlichen Voraussetzungen die Evolutionstheorie verpflichtet ist und welche politische und gesellschaftliche Implikationen sie ihrerseits auch heute noch beinhaltet. Es ist wichtig zu verstehen, daß Darwin seine Lehre nicht aus der Leere schöpfte. Statt dessen fußt der Evolutionismus auf Bildern, die von alters her das biologische Weltbild prägten, und sein Problem bestand eher darin, diese Bilder zu adaptieren, statt neue Bilder zu zeichnen. Zugleich aber zieht durch die ganze Evolution des Evolutionismus ein bis in die Antike zurückreichender Gegensatz unterschiedlicher Sichtweisen der Natur, dem das vorliegende Buch gewidmet ist.

Die Ausklammerung der Wesensfrage

«Und Gott sprach: Es wimmle das Wasser von lebenden Wesen, und Vögel sollen fliegen über der Erde an der Feste des Himmels! Und es geschah also. Gott schuf die großen Seetiere und alles, was da lebt und webt, wovon das Wasser wimmelt, und alle geflügelten Tiere, ein jegliches nach seiner Art. Und Gott sah, daß es gut war.»

So der Wortlaut einer Passage aus dem mosaischen Schöpfungsbericht, welche die Biologie nachhaltig beeinflussen sollte, denn mindestens zwei für das Verständnis der Genese der Evolutionstheorie wesentliche Punkte sind darin angesprochen. Zum einen schuf Gott die Tiere, *jegliches nach seiner Art*, was nichts anderes bedeuten kann, als daß Gott die Vielfalt der Lebewesen nach vorgefaßtem Plan geschaffen haben muß. Das aber heißt zugleich, daß die Arten unveränderlich sein müssen, denn Gottes Plan ist zeitlos. Zudem sah Gott, *daß es gut war*, was heißen muß, daß die Vielfalt der Arten harmonisch aufeinander abgestimmt ist und in ihrer Gesamtheit der unbelebten Welt bestens angepaßt. «So ist z. B. der Fuß von der Natur so gemacht, wie er zum Gehen tauglich ist, und wenn er darum von seiner natürlichen Anlage abweicht, ist er zu dieser Verrichtung nicht passend, und gleiches gilt von den übrigen Naturerzeugnissen», betonte der mittelalterliche Theologe und Philosoph Thomas von Aquin. In der Natur herrscht eine zielgerichtete Anpassung der Form, die von der Wirkung eines vorausschauenden Schöpfers Zeugnis ablegt. Jede Abweichung von der gottgewollten Form, so überhaupt möglich, kann nur zum Schaden der Lebewesen erfolgen. Mißgeburten lieferten hierfür schlagende Beispiele.

Insgesamt ergab sich aus der Doktrin der Schöpfung der Welt durch einen ewigen, allmächtigen Gott ein paradoxes Problem, dessen Lösung die Naturforschung bis in das 19. Jahrhundert hinein beschäftigen sollte. Denn wenn Gott ewig sein soll, muß er außerhalb der Zeit stehen; die Zeit kann für ihn kein gültiger Maßstab sein. Der biblische Schöpfungsbericht bedingt aber, daß Gott zu irgendeinem Anfangspunkt der Zeit in dieselbe eingetreten ist mit dem Entschluß, seinen Plan der Schöpfung in die Tat umzusetzen, denn diese vollzieht sich innerhalb von sieben Tagen, also im Rahmen von Raum und Zeit. Das aber widerspricht der göttlichen Natur: Der Entschluß allein (zur Schöpfung) bedingt eine Wesensveränderung, die einem ewigen Gott nicht zustatten kommen kann. Es war in erster Linie der später heilig gesprochene Kirchenvater Aurelius Augustinus, der mit seiner Auslegung des biblischen Schöpfungsberichtes eine Antwort auf das Paradoxon gab, die sich historisch durchsetzen sollte.

Augustin seinerseits orientierte sich an der Theologie des Paulus, die zu einem ähnlich gelagerten Paradoxon Stellung bezogen hatte. Damals ging es allerdings nicht um den Schöpfungsbericht, sondern um die Natur des Herrn, Jesus Christus. Wie kann es sein, daß jener, der als Gottes Sohn gilt und damit am göttlichen Wesen und der damit verbundenen Ewigkeit teil hat, auf der Erde als Mensch geboren wird um den Leidensweg der zeitlich gebundenen Lebenserfüllung auf sich zu nehmen? Es gab zur Zeit des Paulus zwei theologische Strömungen, die in der Beantwortung dieser Frage miteinander im Streit lagen. Das eine Lager betonte die menschliche Natur Jesu und damit die Trennung von seinem Vater, ein Lösungsvorschlag, der den Monotheismus in Frage zu stellen drohte. Die Gegner betonten statt dessen die göttliche Natur Jesu, der also nicht wirklich Mensch geworden sei, was wiederum das Erlösungswerk in Frage zu stellen drohte. Paulus löste das Paradoxon mit der Hypothese der *Präexistenz* auf. Nach dieser Auffassung wäre die göttliche Natur schon immer in Christus potentiell enthalten gewesen, gleichermaßen in seinem Wesen angelegt oder präexistent, doch hätten erst Tod und Auferstehung diese göttliche Natur aktualisiert, also zu aktueller Wirklichkeit werden lassen. Nach der Hypothese der Präexistenz kann demnach eine Wesenhaftigkeit potentiell angelegt sein, die erst zu einem bestimmten Zeitpunkt realisiert, das heißt aktualisiert wird.

Übertragen auf den biblischen Schöpfungsbericht muß dies im Sinne Augustins heißen, daß die Idee der Schöpfung schon immer, also ewig beziehungsweise außerhalb der Zeit, in Gottes Denken enthalten gewesen sein muß. Der Schöpfungsplan ist damit in seiner Potenz ewig. Seine Aktualisierung, seine Verwirklichung dagegen erfolgt in Raum und Zeit, wobei Augustinus die sieben Schöpfungstage nur als Allegorie gelten ließ und statt dessen logisch konsequent behauptete, die Aktualisierung des Schöpfungsplanes erfolgte koextensiv (also «zeitgleich») mit der Zeit, letztlich täglich und stündlich bis hin zur Gegenwart und weiter in die Zukunft. Bezogen auf konkrete biologische Prozesse muß das heißen, daß die Potenz der Form bereits im Ei enthalten ist, der Baum ist bereits im Samen angelegt, seine Form ist im Samen präexistent.

Die Philosophie der Kirchenväter war stark von antiken Denkern beeinflußt, die Hypothese der Präexistenz ist deutlich der Platonischen Ideenlehre verpflichtet. Platon hatte bereits die Schöpfung der Welt durch einen Demiurgen gefordert, der alles, was in der Realität existiert, in seinem Denken vorweggenommen hat. Gerade deshalb waren für Platon und seine Anhänger die Begriffe von Idee und Realität, verglichen mit dem heutigen Sprachgebrauch, verdreht. Real war für die Platoniker die göttliche Idee, die den materiellen Erscheinungen zugrunde liegen sollte; die Materie hingegen konnte lediglich die Realität mehr oder weniger perfekt abbilden. Die materielle Welt stellte für Platon nicht mehr als ein unvollkommenes Abbild der «himmlischen» Realität dar. Das Wesen der Dinge, ihre *Essenz*, wie Platon sagte, liegt damit nicht in den Dingen selbst, sondern dahinter: in der Idee des Schöpfers. Anders ausgedrückt: das Wesen der Dinge kann nicht in der Erscheinung liegen! Ihm muß statt dessen eine Realität hinter der Erscheinung zugesprochen werden, und die liegt im Denken Gottes begründet. Insofern die göttliche Idee aber ewig ist, mithin außerhalb der Zeit liegt, kann sich das Wesen der Dinge nicht verändern, denn Veränderung vollzieht sich in der Zeitachse. Wenn im Gefolge der Platonischen Philosophie der materiellen Erscheinung der Dinge eine dahinterliegende, im göttlichen Denken begründete Wesenhaftigkeit zugesprochen wird, so verhindert diese Wesenhaftigkeit jegliche echte Veränderung der Dinge: sie können sich bloß scheinbar verändern, gemäß einem in ihrem Wesen angelegten, also präexistenten «Programm». Daher verändert sich der Same nur äußerlich, nur in seiner materiellen Erscheinung, nicht aber in seinem Wesen, wenn er zum Baum auswächst.

Aristoteles, ein Schüler Platons, hat die ganze Metaphysik auf eine für uns etwas leichter einsehbare, materielle Basis gestellt. Auch er ging davon aus, daß die Tierarten unveränderlich seien, daß jeder Art eine Wesenhaftigkeit und damit ein Ziel und ein Zweck in der Harmonie der Natur zugeschrieben sei. Zugleich erkannte er bei der Beobachtung der Embryonalentwicklung des Hühnchens, daß der Keim eine recht tiefgreifende Umgestaltung erfährt, bevor er die Form des erwachsenen Huhnes erreicht. Wieder stand Aristoteles vor dem immer gleichen Paradoxon: Hier ist der individuelle Organismus, der geboren wird, der wächst, dessen materielle Erscheinung sich dauernd verändert und der schließlich wieder zu Erde zerfällt. Andererseits bildet sich in dem individuellen Organismus die konstante Form der Spezies ab, welcher er zuzuordnen ist. Oder anders ausgedrückt: Die unveränderliche Form der Art, materieller Ausdruck ihres Wesens (ihrer Essenz), wird im Laufe der individuellen Entwicklung eines jeden Mitglieds immer aufs neue verwirklicht, aktualisiert.

Zur Klärung der Situation unterschied Aristoteles vier Ursachen, die am Beispiel eines Schreiners erläutert werden sollen. Der Organismus baut sich aus Materie auf, so wie der Schreiner zum Bau eines Schrankes Holz benötigt. Die Materie wurde als *Materialursache* bezeichnet, ohne die nichts Materielles entstehen kann. Damit aber aus der Materie etwas entstehe, ein Huhn oder ein Schrank, bedarf es der Bewegung, welche eine Kraft voraussetzt: dies ist die *Wirkursache*. (Aristoteles verstand den Begriff der «Bewegung» in sehr allgemeiner, umfassender Weise, also auch im Sinne von «Veränderung» schlechthin.) Nun kann sich der Schreiner nicht an den Bau eines Schrankes wagen, ohne eine Vorstellung davon zu haben, wie der Schrank nach seiner Fertigstellung aussehen soll. Der Plan für den Bau des Schrankes stellt die *Formursache* dar. Zuletzt hängt die Form des Schrankes natürlich von seiner Funktion ab, also vom Zweck, zu dem der Schrank einmal dienen soll. Dies ist die *Zweckursache*. Der Zweck muß in des Schreiners Plan vorweggenommen sein; die Planung ihrerseits muß dem Bau des Schrankes vorausgehen.

Im Fall der Entwicklung eines Hühnchens hat nun Aristoteles gesehen, daß die Materie in kontinuierlicher Veränderung, in ununterbrochener Bewegung sich befindet, angetrieben von einer Entwicklungskraft (die er dem Blutkreislauf zuschrieb). Damit durch diesen Entwicklungsprozeß die artspezifische Form auch wirklich aktualisiert werden kann, muß diese Form im Hühnchen schon angelegt, potentiell enthalten sein. Die Formursache liegt nach Aristoteles in der Materie, doch ist sie selbst keinem Wandel unterworfen, sondern stellt eine wesenhafte Konstante dar. Aristoteles bezeichnete sie auch als das «Prinzip des Wissens» um die Form, das als solches unveränderlich ist, das aber die Embryonalentwicklung in artspezifische Bahnen lenkt, so daß die Art als Ganzes im Laufe der Generationen stets unverändert erhalten bleibt. Dies hat sein Ziel oder seinen Zweck darin, daß die innere Harmonie der Organisation, Voraussetzung für Lebendigkeit, sowie die perfekte Anpassung der Arten an ihre belebte und unbelebte Umwelt stets erhalten bleibt, ihre Funktion in der Natur damit nie in Frage gestellt wird.

Es ist leicht einzusehen, daß im Rahmen christlichen Denkens die Formursache sowie die Zweckursache, die Aristoteles der Materie zugeschrieben hatte, aus dieser entfernt und wieder dort zugeordnet wurden, wo sie bei Platon schon ihren Sitz hatten: im Denken des Schöpfergottes. Er ist es, der die Arten schuf, er ist es, der für die Arterhaltung im Laufe der Generationen sorgt, er ist es, der die Arten zweckdienlich ausgestattet hat mit den zum Überleben notwendigen Werkzeugen. Ein gutes Beispiel für dieses Denken liefert William Harvey, Entdecker des Blutkreislaufs, der einen guten Teil seiner Zeit in die Beobachtung der Hühnchenentwicklung investierte – im Gefolge des Aristoteles, versteht sich. Seine Disputationen, die den Begriff der *Epigenese* in die Biologie einführten, erschienen im Jahre 1651. Das Ei, dessen war sich Harvey sicher, ist eine Neubildung. Es liegt nicht präexistent im Mutterleib vor. Gleichfalls bilden sich die Organe des Hühnchens eines nach dem anderen und auseinander heraus, durch einen Prozeß der Differenzierung oder der Epigenese: das zuerst gebildete Organ läßt das nachfolgende aus sich heraus knospen und wird damit zu dessen Materialursache. Die Form des Hühnchens aber, das Ziel seiner Entwicklung: sie präexistiert, das heißt sie ist vorgesehen im göttlichen Schöpfungsplan. Zur Verwirklichung seines Planes bedient sich Gott der Geschlechter als Instrumente der Zeugung, durch die erst das Ei entsteht; die Seele des Keimlings dient ihm als Steuerorgan, das die Entwicklung in geordnete Bahnen lenkt. Die Seele ist das unsterbliche und unveränderliche «Prinzip des Wissens» um die arttypische Form.

Für die Geschichte der Evolutionsbiologie ist eine späte Kritik Harveys relevant, die vom Genfer Naturphilosophen Charles Bonnet im Jahre 1762 publik gemacht wurde. Für Bonnet galt P. N. Malebranche, Autor der *Recherche de la vérité*, als «Apostel der Doktrin präexistenter Keime», wie er in seiner Autobiographie betonte. Malebranche aber hatte davor gewarnt, von der Unsichtbarkeit auch gleich schon auf die Nichtexistenz einer Struktur zu schließen. Genau dieser Schluß, in seinen Augen ein Fehlschluß, lag nach Bonnet dem Begriff der Epigenese zugrunde. Er hatte sonst wenig auszusetzen an Harveys Beobachtungen, denn auch er hatte sich mit der Entwicklung des Hühnchens, besonders aber auch mit der Metamorphose der Insekten, befaßt. Sein intimer Freund Albrecht von Haller griff überdies im Jahre 1758 zur Feder, um erneut die Entwicklung des Hühnchens im Lichte seiner Untersuchungen kritisch zu beleuchten. Alle Autoren waren sich einig, daß der Keimling im Laufe seiner Entwicklung tiefgreifende Formveränderungen durchläuft, daß gewisse Organe sogar eine Veränderung nicht nur in der Form, sondern auch in der Lage und gelegentlich sogar in der Funktion erfahren können. Ebenfalls herrschte Einigkeit in der Ansicht, daß nicht alle Organe schon von Anbeginn der Entwicklung sichtbar und erkennbar sind. Besonders schön stellte dies Haller am Beispiel der Skelettentwicklung dar. Die Knochen, hart und undurchsichtig im erwachsenen Huhn, treten im Laufe der Entwicklung nur langsam und schrittweise in Erscheinung. Erst bildet sich glasiger, durchsichtiger und fast flüssig erscheinender Knorpel, in den erst später «erdige» Substanz eingelagert wird, so daß er seine harte und undurchsichtige Konsistenz erreicht.

Nur, daraus schon auf das Nichtvorhandensein des Knochens während der ersten Entwicklungsphasen des Keimlings zu schließen, das wollte Bonnet nicht gelten lassen. Er hatte für seine Argumentation eine Reihe von Gründen, deren biologische zuerst

Erwähnung finden sollen. Bonnet betonte in seiner Naturphilosophie nicht nur die harmonische Einbettung aller Lebewesen in die Natur; er machte zusätzlich auf die innere Harmonie der Organisation aufmerksam, ohne die Leben gar nicht möglich wäre. Was er aus biologischer Sicht mit seiner Lehre von präexistenten Keimen in den Vordergrund rückte, war die entwicklungsphysiologische und funktionelle Korrelation der Organe und Organsysteme. Was, so lautete seine Frage, sollen wir uns unter «Entwicklung» überhaupt vorstellen? Doch wohl in erster Linie einen Wachstumsprozeß. Das Wachstum aber setzt eine Ernährung voraus, die wiederum eines Transportsystems – also des Blutkreislaufs – bedarf. Das Blut zirkuliert aber nur, wenn es angetrieben wird. Das Herz muß also vorausgesetzt werden, das seinerseits aber nur schlägt, wenn es von Nerven versorgt wird. Die aber müssen von einem Gehirn ihren Ausgang nehmen, usf. So etwa lautete seine (in dieser konkreten Form aus heutiger Sicht reichlich naive) Argumentation, womit er zu beweisen suchte, daß alle wesentlichen Teile tierischer Organisation schon zu Beginn der Entwicklung vorliegen und funktionieren müssen, um eine solche Entwicklung überhaupt erst möglich zu machen – ungeachtet der Frage, ob diese Organe auch wirklich beobachtbar sind. Schließlich hatte Haller gezeigt, daß gewisse Organe im Anfangsstadium ihrer Entwicklung durchsichtig sind, so daß die Annahme durchaus plausibel klang, daß sich Teile des Keimlings infolge ihrer Kleinheit und Durchsichtigkeit dem Blick durch die ohnehin nicht allzu leistungsstarken Mikroskope jener Zeit entziehen. Die Organe eines Lebewesens setzen zu ihrem Verständnis dessen Ganzheit voraus. Die gesamte Organisation ist von Zweckmäßigkeit durchdrungen und erhält so einen Sinn, der durch eine Isolierung der Teile aufgehoben würde. Ein Organ läßt sich nur im zweckmäßigen funktionellen Bezug zur Gesamtheit des Organismus verstehen, und wie der Teil das Ganze bereits voraussetzt, läßt sich umgekehrt aus dem Teil das Ganze erschließen. Die Embryonalentwicklung reduzierte sich damit für Charles Bonnet zu einer einfachen, wachstumsbedingten Auseinanderfaltung von in all ihren wesentlichen Teilen präexistenten Keimen. Als französisch sprechender Autor setzte Bonnet für diesen Prozeß der Auseinanderfaltung präexistenter Keime das Wort *évolution* ein, das damit erstmals in der Geschichte der Biologie auftauchte. Es ist einleuchtend, daß die Doktrin der Präexistenz der Keime jeglichen Formwandel in wesentlichen Merkmalen, und damit jede Evolution im modernen Sinne, ausschloß. Der Begriff von Evolution hat also im Laufe der Geschichte der Biologie einen grundsätzlichen Bedeutungswandel vollzogen.

Einsicht in die mangelhafte Instrumentalisierung zu jener Zeit war das eine (methodisch begründete) Argument, das dazu beitrug, die Doktrin präexistenter Keime aufrechtzuerhalten. Andere Argumente, die von Bonnet und seinen Mitstreitern Albrecht von Haller und Lazzaro Spallanzani ins Feld geführt wurden, waren theologischer und mehr noch politischer Natur. Denn die Präformisten, wie sie genannt wurden, verstanden sich als Bewahrer und Beschützer der althergebrachten Ordnung, die durch das Wetterleuchten der französischen Aufklärung in Frage gestellt zu werden drohte und in der Folge ja auch dem Revolutionsregime weichen mußte. Bonnet und seine Alliierten wandten sich mit aller Vehemenz gegen den drohenden Materialismus, der ihrer Meinung nach den Weg in den Atheismus öffnete.

Die Arten sind unveränderlich in all ihren wesenhaften (essentiellen) Merkmalen, perfekt angepaßt an innere und äußere Umstände. Das war nicht anders zu erklären als durch die Präformation aller Keime durch Gott zum Zeitpunkt der Schöpfung. Gott hätte in weiser Voraussicht die Keime sämtlicher nachfolgender Generationen vorgeformt und, ineinandergeschachtelt, dem erstgeschaffenen Weibchen einer jeden Art eingepflanzt. Die zweckmäßige Form sollte damals von Gott vorherbestimmt worden sein, was allein der Komplexität Rechnung tragen könne, die erforderlich scheint, um Materie zum Leben zu erwecken. Die Embryonalentwicklung entspricht damit nichts anderem als der Entfaltung vorgegebener Strukturen, mithin der Aktualisierung des göttlichen Schöpfungsplanes in einer lückenlosen Kette aufeinanderfolgender Generationen. Die Augustinische Theologie fand so ein materielles, wissenschaftlich untermauertes Fundament, in welchem Zusammenhang Bonnet das von Leibniz zum Eckpfeiler der Philosophie erhobene Kontinuitätsprinzip seinerseits übernahm. Die Embryonalentwicklung wurde von ihm als ein absolut kontinuierlicher Prozeß dargestellt. Im Laufe der kontinuierlichen

Entfaltung präexistenter Keime ist die Ursache für jeden Entwicklungsschritt im unmittelbar vorausgehenden Stadium bereits enthalten. Es gibt keinen Sprung in der Kausalkette, welche diese Entwicklung bestimmt. Nirgends im Laufe des Entwicklungsprozesses öffnet sich eine Lücke, welche dem Zufall, der einen Formwandel bewirken könnte, Zugang verschaffen würde. Ganz im Gegenteil. Die lückenlose Kette der Entwicklungsschritte, deren jeder seine Ursache im jeweils vorausgehenden Zustand hat, führt in letzter Konsequenz durch die Aufeinanderfolge der Generationen zurück zur göttlichen Schöpfung als letzter Ursache der Form. In Gott findet die Schöpfung den ausreichenden Grund für ihre Existenz. In Gott liegt die *causa formalis* und *causa finalis* der Formenvielfalt. Wie ließe sich noch von Sinn und Zweck reden, wenn die Formgebung der Materie dem Zufall überlassen würde? Es gäbe keine Notwendigkeiten mehr, sondern bloß noch historische Kontingenz; keine Wesenhaftigkeit mehr, sondern bloß noch die zufällige Bedingtheit von Ort und Zeit! Das aber war genau die Konsequenz des in der französischen Aufklärung wiedergeborenen Materialismus, den Bonnet wegen seiner atheistischen Implikationen zu bekämpfen suchte.

Ironischerweise war es ausgerechnet der Vetter von Charles Bonnet, Abraham Trembley, der durch seine Entdeckung vom Jahre 1740 unwillentlich den Teppich ausrollte, über den hinweg schreitend der Materialismus (erneut) seinen Einzug in die Geschichte der Biologie halten sollte. In der Biologie war die materialistische Philosophie schon zur Zeit der Antike an eine atomistische Auffassung der Materie gebunden, wie sie Epikur und Demokrit vertreten hatten. Gegen den Atomismus war Aristoteles schon zu Felde gezogen, unter anderem mit seinen Erläuterungen zur Embryonalentwicklung des Hühnchens. Charles Bonnet sollte erneut denselben Weg gehen, während Abraham Trembley durch seine Experimente mit dem Süßwasserpolypen *Hydra viridis* der Renaissance des Atomismus, die das 18. Jahrhundert kennzeichnete, gewaltigen Aufschwung verschaffte. Die Bewegung hatte sich schon seit einiger Zeit angebahnt, in der Folge von Pierre Gassendi, der hundert Jahre zuvor schon – sich gegen die Philosophie von Descartes stellend – eine atomistische Konzeption der Organisation der Materie vertrat. Eine empirische Grundlage erhielt diese Konzeption aber erst durch Trembley. Seine Forschung führte der wissenschaftlichen Welt erstmals konkret vor Augen, daß Lebewesen nicht nur als komplexe Ganzheit verstanden werden können, wie es das Gesetz der Korrelation der Teile vorschrieb, sondern daß ein Organismus durch die Zusammenfügung ursprünglich isolierter Teile, Elemente oder «Atome», entstehen und wachsen kann.

Als Hauslehrer in den Niederlanden tätig, hatte Trembley in der Parkanlage seines Brotgebers das bis dahin unbekannte Lebewesen unwissentlich aus einem Wassergraben gezogen. Mit einer Handvoll Wasserpflanzen beförderte der *Naturaliste* auch daran haftende Süßwasserpolypen in sein Puderglas, deren er erst bei genauerem Hinsehen gewahr wurde. Die kleinen, festsitzenden Hohltiere sind von grüner Farbe, was auf einer Symbiose mit Grünalgen beruht, die Trembley allerdings verborgen blieb. Darüber hinaus beobachtete er, wie sich die Polypen durch Knospung fortpflanzen, und hielt sie daher auch zunächst für Pflanzen, denn Knospung im Tierreich war bis dahin nicht bekannt. Zu seiner Überraschung mußte er im Verlauf seiner weiteren Untersuchungen feststellen, daß die Organismen zur Fortbewegung in der Lage sind, daß sie mit ihren Fangarmen kleinste Wassertiere fangen und in ihren «Bauch» befördern, und besonders: daß sie auf einen Berührungsreiz hin zusammenzucken. Letzteres Merkmal hatte Albrecht von Haller als typisches Kennzeichen tierischer Fasern nachgewiesen! War nun der Polyp eine Pflanze oder ein Tier?

Zur Klärung der Frage führte Trembley in den Jahren 1740 und 1741 eine Serie von Experimenten durch, die als «aristotelischer Test» bezeichnet werden könnten. Seine Resultate waren derart aufsehenerregend, daß kaum jemand ihm Glauben schenken wollte und konnte. Die wissenschaftlichen Größen seiner Zeit trachteten danach, die Versuche zu wiederholen, allen voran der «Papst» der Insektenkunde, René Antoine Ferchault de Réaumur (anderweitig als Erfinder des Thermometers bekannt), und natürlich Charles Bonnet. Die Ergebnisse waren alle übereinstimmend.

Aristoteles hatte betont, daß wohl aus dem abgeschnittenen Teil einer Pflanze wieder ein ganzer Organismus entstehen könne, während Tiere bestenfalls einen abgeschnittenen Teil regenerieren. Aus dem abgeschnittenen Teil eines Tieres könne niemals mehr ein Ganzes werden. Um das Wesen des Zoophyten, wie *Hydra* angesichts ihrer problematischen Stellung zwischen Pflanzen und Tieren genannt wurde, abzuklären, schnitt Trembley ein Exemplar entzwei. Zu seiner Überraschung regenerierten sich in der Folge zwei vollständige Polypen. Auch wenn der Zoophyte in mehrere Teile, ja in beliebig viele Teile zerlegt wurde, so entstand doch aus jedem Teil wieder ein Ganzes. Trembley konnte das Innere eines Polypen nach außen kehren: der Organismus hatte davon keinen Schaden. Mehr noch: Er konnte den Teil eines Polypen auf ein anderes Individuum «aufpfropfen», wie er sich ausdrückte, er konnte Tentakelkranz (damals als Kopf bezeichnet) und Fußteil verschiedener Individuen vertauschen, ohne daß irgendein wesenhaftes Formprinzip seinen Eingriffen eine Schranke gesetzt hätte. Es durfte als erwiesen gelten, daß Tiere aus der freien Kombination von Teilen, Partikeln oder «Atomen» entstehen. Die Wesensfrage war damit hinfällig geworden.

Réaumur, der in der Folge der Entdeckung mariner Hohltiere durch B. de Jussieu die Tiernatur des Zoophyten kraft seiner Autorität bestimmte, brachte die Problematik in seinem Kommentar zu Trembleys Experimenten auf einen Punkt. Man stelle sich vor, ein Polyp werde horizontal entzweigeschnitten! Der obere Teil, Kopf genannt, galt als Sitz des Gehirns und damit der Seele, das heißt des Wesens; seine Regeneration zu einem neuen Ganzen stellte somit kein allzu schwerwiegendes Problem dar, war zumindest vorstellbar. Woher aber sollte der Fußteil im Laufe seiner Regeneration seine Seele bekommen, seine Essenz oder, um mit Aristoteles zu sprechen, sein wesenhaftes «Prinzip des Wissens» um die Form? Die Antwort der Präformisten auf dieses Dilemma klingt gewunden. Réaumur schloß, die Seele müsse in sogenannten Regenerationskeimen präexistieren und im Laufe der Regeneration aktualisiert werden. Näher lag der Schluß, auf die Beantwortung der Wesensfrage zu verzichten, sie schlicht auszuklammern. In seiner skandalträchtigen Schrift *L'Homme machine*, erschienen im Jahre 1747, forderte der aufklärerisch engagierte Arzt La Mettrie unter Verweis auf Trembleys Polypen, entweder auf die Wesensfrage zu verzichten oder die Seele mit Eigenschaften der Materie gleichzusetzen. Der Materialismus hatte die Oberhand gewonnen:

«Seht euch selbst den Polypen von Trembley an! Enthält er nicht in sich selbst die Ursachen seiner Regeneration? Welche Absurdität, an Ursachen zu glauben, zu deren Zweck alles geschaffen wurde und von welchen das ganze Universum dergestalt abhinge, daß nichts, was geschieht, nicht hätte nicht geschehen können; Ursachen, deren absolute und unüberwindbare Unkenntnis uns veranlaßt hat, auf einen Gott zurückzugreifen, den einige nicht einmal für ein Vernunftwesen halten! Auf solche Weise den Zufall auszuschließen heißt noch nicht, die Existenz eines überirdischen Wesens zu beweisen, da es noch etwas anderes geben könnte, das weder Zufall noch Gott ist: ich meine die Natur ...»

Wir können den Unterschied, der sich hier anbahnt, nicht genug betonen. Im 18. Jahrhundert erlebte Frankreich eine wahrhaftige, der politischen vorausgehende Revolution der Biologie! Nach der Doktrin der Präexistenz erfolgt die Entwicklung der vorgeformten Keime *notwendig* zu deren artgemäßen, durch den göttlichen Schöpfungsplan vorgegebenen und daher unveränderlichen Form. In der Schöpfung findet die Form zugleich ihren tieferen Sinn; in ihr liegt die Wesenhaftigkeit der Art begründet. Nach atomistischen Modellen der Embryonalentwicklung, im Laufe deren ein Organismus sich aus Teilen oder «Atomen» zusammensetzt, entspricht die Formgebung einem kontingenten, nicht wesensnotwendigen Prozeß. Die Form kann so sein, aber auch genau so gut anders. Sie wird allein bestimmt durch die Gesetze der Physik, durch die Eigenschaften der Materie – und durch Zufall. Leben folgt aus einer Zusammensetzung von materiellen Teilchen zu einer dieser Vielheit übergeordneten Ganzheit. Einzig die innere Harmonie der Organisation setzt der unendlichen Vielfalt der Formen von Lebendigkeit Grenzen.

Der Organismus, zusammengesetzt aus Teilen in einer übergeordneten Organisation: In seinem Stück *Le Rêve de d'Alembert* benützte Diderot die von seinem Freund, dem Arzt Théophile de Bordeu, im Zusammenhang mit der Untersuchung der Funktion von Drüsen entwickelte Metapher, als er den Organismus mit einem Bienenschwarm verglich. Dahinter stand die Forderung nach einer freien Kombinierbarkeit der Teile, die sich allein aufgrund der Eigenschaften der Materie und den Gesetzen der Physik zu einer übergeordneten Organisation zusammenfügen. Mit einer Auswechselbarkeit der Teile war aber auch die Möglichkeit eines ständigen Wandels der Natur, eines stetigen Flusses der Materie gegeben. «Alle Wesen gehen ineinander über und somit auch alle Arten ... alles ist in stetigem Fluß ... geboren werden, leben und sterben kommt einem Wechsel der Form gleich ... und was soll es bedeuten, die eine Form oder die andere ...?», phantasiert der Mathematiker d'Alembert in seinem Fiebertraum. Der erste Autor und zugleich der populärste, der die atomistische Konzeption der tierischen Organisation in die Form einer zusammenhängenden, in sich geschlossenen Theorie der Fortpflanzung goß, war Georges Buffon mit den im Jahre 1749 in der königlichen Druckerei zu Paris erschienenen ersten zwei Bänden seiner *Allgemeinen Naturgeschichte.*

Am Ausgangspunkt seiner Sicht der Dinge stand wieder der von Trembley entdeckte Polyp:

«... ein Individuum ist nichts weiter als eine ... Anhäufung von Keimzellen oder kleinen Individuen derselben Art, die sich alle den herrschenden Umständen entsprechend auf dieselbe Weise entwickeln können und so ein neues, zusammengesetztes Ganzes bilden können wie das Erste.»

Zur Erklärung der Bildung organischer Wesen aus atomistischer Sicht diente der sinnfällige Vergleich mit der Bildung von Kristallen, die gleich den Pflanzen und Tieren ein Wachstum aufweisen, in dessen Verlauf «arttypische» Formen immer aufs neue verwirklicht werden:

«Die Salze und einige andere Mineralien sind zusammengesetzt aus Teilen, die nicht nur unter sich ähnlich sind, sondern auch dem Ganzen, das sie bilden, ähneln; ein Korn von Meersalz ist ein Kubus, der aus einer unendlichen Anzahl anderer Kuben zusammengesetzt ist, wie man unter dem Mikroskop deutlich erkennen kann.»

Der Analogieschluß von der Bildung der Kristalle zu der Entwicklung organischer Lebewesen war für die zukünftige Entwicklung der Biologie von kaum mehr zu überbietender Bedeutung und führte insbesondere Buffon zu seiner Theorie der «organischen Moleküle», die von seinen präformistisch orientierten Gegnern als idiosynkratisch und okkult abgelehnt wurde. Buffon stellte sich einen ewigen Kreislauf der Materie durch das ganze Reich der Natur vor. In seinen Augen war alles in fortwährendem Wandel begriffen, nur die Grundbausteine der Materie, die Partikel, Moleküle oder «Atome» waren unvergänglich. «Organische Moleküle» waren die konstituierenden Elemente der Organismen, unzerstörbar und doch das Prinzip des Lebens und der Bewegung, also der Aktivität, in sich selbst enthaltend. In ihrer einfachsten Erscheinungsform bildeten die «organischen Moleküle» den Humus, Nährsubstanz der Pflanzen, welche die Partikel im Verlauf ihres Wachstums an eine organische Form binden. Die Pflanzen ihrerseits stehen am Anfang einer Nahrungskette, durch welche die «organischen Moleküle» in tierische Organisationsformen eingebunden werden, erst jener der Pflanzenfresser, dann jener der Fleischfresser. Zu Beginn der individuellen Entwicklung ist die Aufnahme «organischer Moleküle» Voraussetzung für das Wachstum: das Blutkreislaufsystem führt die Bausteine zu den ihnen entsprechenden Geweben und Organen, zu deren Bildung sie beitragen. Ist das Wachstum abgeschlossen, führt die Ernährung zu einem Übermaß «organischer Moleküle». Jedes Organ kann nun die ihm entsprechenden, zu seinem Unterhalt jedoch nicht mehr benötigten Moleküle an das Blut zurückgeben, das den Überfluß zu den Keimzellen bringt, wo daraus die Samenflüssigkeit entsteht. Die Geschlechtsreife ist damit eingetreten. Wie alle Atomisten ging auch Buffon von der Annahme aus, daß beide Geschlechtspartner eine Samenflüssigkeit bildeten, die sich in der Gebärmutter des Mutterorganismus mischen und zu einem Foetus zusammensetzen. Der Tod der Organismen schließlich führt zu deren Zersetzung durch Fäulnis, womit der Kreislauf der Materie geschlossen würde; die «organischen Moleküle» kehren in ihren anfänglichen Aggregatzustand zurück.

Ein wichtiger Aspekt der Theorie Buffons liegt in der Möglichkeit, die Bildung der Organismen durch sexuelle Fortpflanzung mit einer spontanen Zeugung von Lebewesen in einer Ursuppe konzeptionell gleichzusetzen. Wenn der Organismus sich aus Teilen zusammensetzt nach dem Modell der unbelebten Natur, dann sollte sich dieser Prozeß, der lediglich «organische Moleküle» und deren Aktivierung durch Wärme voraussetzt, auch außerhalb des Mutterleibes, ja sogar im Experiment nachvollziehen lassen! Ein Mitarbeiter Buffons, der englische Priester John Turberville Needham, setzte denn auch prompt den bis in die Antike zurückreichenden Grundsatz, wonach die Fäulnis des einen die Zeugung des anderen bewirke, in ein experimentelles Forschungsprogramm um. Er setzte eine Bouillon an, wodurch die im Fleisch gebundenen «organischen Moleküle» freigesetzt und durch Wärme aktiviert werden sollten. Als er nach einiger Zeit die versiegelten Phiolen öffnete und die *«infusion»* (der französische Ausdruck für den Sud) unter dem Mikroskop inspizierte, fand er sie voll lebender Mikroorganismen, sogenannter *Infusorien.* Die Analogie von spontaner Zeugung mit der sexuellen Zeugung schien damit empirisch untermauert.

Ein anderer, ebenso wichtiger Aspekt des von Buffon vertretenen Atomismus ist die Möglichkeit, durch eine veränderte Kombination der Teile auch eine Veränderung der Form zu erklären. Im vierten Band seiner Naturgeschichte, erschienen im Jahre 1753, genauer im Artikel über den Esel, warf Buffon die kontroverse Frage auf, ob jener nicht etwa aus dem Pferd hervorgegangen sein könnte durch einen Prozeß, den Buffon als eine «Degeneration» charakterisierte. Lediglich die Familien der Tiere (im obigen Beispiel also die Familie der Pferdeartigen) wären seiner Auffassung nach auf göttliche Schöpfung zurückzuführen; die Formenvielfalt innerhalb der Familien aber ließe sich durch «Degeneration» oder, wie Darwin später sagen sollte, durch «descent with modification», durch Abstammung mit Veränderung, erklären. Im Jahre 1766 erschien der vierzehnte Band der Naturgeschichte, für Buffon eine Gelegenheit, seine Deszendenztheorie weiter auszubauen. Gottes Wirkung blieb darin auf die Schöpfung einer begrenzten Zahl von Organisationstpyen beschränkt. Diese würden unter dem wechselnden Einfluß des Klimas, der Ernährung und der Domestikation «degenerieren», also ihre Form in mannigfaltiger Weise verändern. Überragende Bedeutung kam dabei der Ernährung zu, in Abhängigkeit vom Klima, denn die Nahrung hätte direkten Einfluß auf die Natur der «organischen Moleküle». Die Domestikation lieferte andererseits empirische Beispiele für eine entsprechende Möglichkeit der Formveränderung. Die Theoriebildung gipfelte schließlich in Buffons Erdgeschichte aus dem Jahre 1773. Hier wurde die Entwicklung der Erdkugel, hervorgegangen durch kontinuierliche Abkühlung aus einem feurigen Globus, auf sechs Epochen aufgeteilt – in Analogie zum biblischen Schöpfungsbericht. Die Abkühlung des Erdballs lieferte die Grundlage für eine Degeneration der Tiere. Fossile Reste von Elefanten (Mammut) aus Sibirien zeigten nach der Meinung Buffons, daß die Schöpfung im Norden begann. Als der Globus sich weiter abkühlte und die Polkappen von Eis überzogen wurden, starben die Tiere aus oder wichen in wärmere, südlicher gelegene Gegenden aus – unter Veränderung ihrer Form versteht sich! In der Fachliteratur gibt es ausgedehnte Kontroversen über die Frage, inwiefern Buffon als Vorläufer Darwins zu gelten hat. Tatsächlich können die beiden Autoren nicht in eine Linie gebracht werden, wobei zusätzlich der Umstand zu berücksichtigen ist, daß Buffons Werk von mannigfaltigen Widersprüchlichkeiten durchsetzt ist. Auch entspricht es nicht einer eigentlichen Abstammungslehre, sondern beschreibt lediglich die Degeneration der Form innerhalb eines von Gott geschaffenen Bauplans. Dennoch hat sich Buffon zu einer Fortpflanzungstheorie bekannt, die sich mit der Idee einer Transformation der Form zumindest in Einklang bringen läßt, womit er allerdings zu seiner Zeit nicht alleine war.

Im Jahre 1745 erschien *Vénus physique* von Pierre Louis Moreau de Maupertuis, 1746 zum Präsidenten auf Lebzeit der Akademie der Wissenschaften in Berlin berufen. Sein Buch war eine Reaktion auf die Vorführung eines weißen Negerjungen in Paris im Vorjahr, einer «Spielerei der Natur», durch welche Maupertuis auf die Probleme der Vererbung aufmerksam wurde. Dem neuen Zeitgeist huldigend, reduzierte Maupertuis im Titel seiner Abhandlung den Namen der Göttin der Liebe auf physikalische Prozesse der Natur. Einmal mehr wurde die Theorie der Fortpflanzung auf eine atomistische Grundlage gestellt. Fügen die Chemiker *«argent»* (Silber), *«nitre»* (Salpeter) und *«mercure»* (Quecksilber) zusammen, so wächst in der Lösung ein baumartig verzweigtes Gebilde, *l'arbre de Diane*, womit bewiesen wäre, daß anorganische und organische Formen gleichen Ursprungs sind. Der einfache Kristallisationsvorgang ist in der Lage, eine dem lebenden Baum entsprechende Form hervorzubringen. Der Unterschied zwischen unbelebter und belebter Natur ist kein grundsätzlicher mehr, sondern nur ein gradueller. Es bedarf keiner Essenz mehr, um das Problem des Lebens und der Form zu erklären. Im Zuge der sexuellen Fortpflanzung liefern nach Maupertuis wieder beide Geschlechtspartner die konstituierenden Elemente, die sich im Mutterleib aufgrund der Wirkung von *Anziehungskräften* zur Nachkommenschaft kombinieren. Der Einfluß Newtons und seines Gravitationsgesetzes auf die Autoren der französischen Aufklärung ist unverkennbar. Die wechselhafte Kombination väterlicher und mütterlicher «Atome» im Embryo erklärte die Probleme der Vererbung und der individuellen Variabilität, während zufällige Fehler zu Mißgeburten führen würden. In einem wesentlichen Punkt aber unterschieden sich die Theorien von Buffon und Maupertuis, einem Punkt überdies, der, wie wir noch sehen werden, auch in der modernen Kritik des Darwinismus wieder zum Tragen kommt.

Charles Bonnet, wir erinnern uns, hatte atomistische und damit materialistische Konzeptionen der Fortpflanzung abgelehnt mit der Begründung, die entwicklungsphysiologische und damit verbunden die funktionelle Wechselbeziehung der Teile verbiete die sukzessive Zusammenfügung der Teile zu einem im Endeffekt lebenden Ganzen. Nur das gleichzeitige Zusammenwirken aller wesentlichen Organe könne Leben und damit Wachstum überhaupt erst ermöglichen. Buffon trug dieser Idee noch vor Bonnets Kritik Rechnung, indem er, wie früher schon Pierre Gassendi, eine plötzliche, momentane Zusammenfügung der «organischen Moleküle» zu den wesentlichen (lebensnotwendigen) Organen unmittelbar im Zeitpunkt der Befruchtung forderte. Damit hatte er einerseits die atomistische Konzeption der Zeugung gerettet, andererseits dem funktionellen Aufeinanderbezogensein der Teile Rechnung getragen und gleichzeitig den Entwicklungsprozeß auf ein Wachstum, auf ein *développement* reduziert, das durch die Assimilation weiterer «organischer Moleküle» fortschreitet und in dessen Verlauf weniger wichtige Merkmale der äußeren Erscheinung ausgebildet würden.

Im Gegenzug hierzu berief sich Maupertuis auf (den von ihm übrigens in subtiler Weise mißverstandenen) William Harvey und forderte ausdrücklich eine sukzessive Zusammenfügung der Teile. Während seines Aufenthalts in Berlin untersuchte er die Vererbung überzähliger Finger und Zehen in der Familie eines befreundeten Chirurgen namens Jakob Ruhe. Hier war der Fall eines Organs, einer Hand oder eines Fußes, dem offensichtlich im Verlauf seiner Bildung ein überzähliges Teil angefügt wurde. Mehr noch: Einsichtnahme in den Stammbaum der Familie machte deutlich, daß solche Mißbildungen erblich verankert sein können. In seinem *Système de la nature*, ein dem Werk des antiken Atomisten Lukrez nachempfundener Titel, ließ er schließlich seinem Gedankenspiel freien Lauf (wobei zum richtigen Verständnis seiner Theorie nicht vergessen werden darf, daß er an die Möglichkeit der erblichen Fixierung erworbener Eigenschaften glaubte):

«Könnte man so nicht erklären, wie aus der Fortpflanzung zweier Individuen die Multiplikation äußerst verschiedener Arten sich letztlich erklären ließe? Diese hätten ihren ersten Anfang einer zufälligen Bildung zu verdanken, dadurch hervorgebracht, daß die Elementarteilchen nicht die Ordnung eingehalten haben, die sie in dem väterlichen und mütterlichen Organismus innegehabt haben: jeder Irrtum gleich welchen Ausmaßes hätte so den Keim gelegt für eine neue Art etc. ...!»

Unterschiedliche Konzeptionen der Fortpflanzung führten im Rahmen des 18. Jahrhunderts zu unterschiedlichen Sichtweisen der Natur. Für Vertreter der Präexistenz vorgeformter Keime war die Natur absolut statisch. Prozesse wie jener der Fortpflanzung, in dessen Verlauf sich etwas Neues zu bilden schien, entsprachen nichts anderem als der Entfaltung präexistenter Organismen. Wenn eine Raupe zum Schmetterling sich wandelt, so schien sich dem menschlichen Beobachter ein Formwandel zu offenbaren. Tatsächlich war dies aber eine Täuschung, denn nichts Neues war nach Bonnets Meinung durch die Metamorphose hervorgebracht worden. Vielmehr seien alle Organe des Schmetterlings in der Raupe bereits angelegt gewesen und durch die Metamorphose bloß sichtbar geworden, wie dies Jan Swammerdam schon in seiner *Bibel der Natur* gezeigt hatte. *Métamorphose, développement, évolution*: alles waren für Bonnet synonyme Begriffe, welche alle Entwicklung auf die Aktualisierung vorherbestimmter Strukturen reduzierte. Was für den Körper zutraf, hatte auch für die Seele Gültigkeit. Sie entwickelt sich im Laufe des individuellen Lebens, doch wurde auch diese Entwicklung auf das Werden bereits angelegter Möglichkeiten reduziert. Alle Entwicklung, alle Veränderung war bloßer Schein. Tatsächlich war alles in der Natur von Gott vorherbestimmt, eine Sichtweise, die dem an der Peripherie des calvinistisch geprägten Genf ansässigen und der konservativen Oberschicht zugehörigen Charles Bonnet naheliegen mußte. Die Ordnung der Natur, so gut wie jene der Gesellschaft, war gottgewollt, an ihr war nicht zu rütteln. Für Bonnet war die Ordnung der Gesellschaft durchaus in Analogie zu setzen zur Ordnung der Lebewesen. So wie die gottgewollte Zweckbestimmung der Existenz des Organischen einen tieferen Sinn vermittelte, gleichzeitig aber verlangte, daß die «Teile», die Organe sich der Gesamtheit der Organisation harmonisch einfügen und sich damit dem übergeordneten Ziel unterordnen, so müßte sich auch das Individuum in die menschliche Gesellschaft einfügen und sich deren übergeordnetem Sinn und Ziel unterwerfen.

Es ist klar, daß sich ein solches Weltbild nicht von der Frage nach Freiheit und Selbstbestimmung abkoppeln ließ. Doch reduzierte sich Bonnets Argumentation nicht allein auf sozialpolitische und theologische Perspektiven. Mit der entwicklungsphysiologischen und funktionellen Korrelation der Teile hatte er auf ein zentrales Problem der biologischen Organisation hingewiesen, dem bis in die Gegenwart höchste Aktualität eingeräumt werden muß.

Der Atomismus mündete in ein entgegengesetztes Weltbild. Nichts war vorherbestimmt, vielmehr alles in stetigem Wandel begriffen. Es gab keine festen Strukturen, außer vielleicht jene der unzerstörbaren Elementarteilchen, die sich zu immer wechselnden Erscheinungen zusammenfügen, nur um wieder auseinanderzutreten und Neues hervorzubringen. Der Natur war keine Form von außen her, durch einen Gott aufgeprägt, noch war ihr ein Ziel vorgegeben. Die *causa finalis* wurde aus der Naturforschung ausgeklammert und mit ihr die Wesensfrage. Es galt nicht länger eine vorausgesetzte Ganzheit, deren Zweckmäßigkeit den Organismus und seine Teile wechselseitig durchdrang und die Organisation auf eine unveränderliche Struktur festschrieb. Der

Atomismus geht vielmehr von Teilen aus, die sich zum Ganzen zusammenfügen: das Ganze entspricht der Summe seiner Teile – nicht mehr und nicht weniger. Eine veränderte Zusammensetzung von Teilen führt zu einer Veränderung des Ganzen, welches lebensfähig bleibt, solange eine innere Harmonie gewährleistet ist. Prozesse sollten aufgrund der nicht wesensnotwendigen Eigenschaften der Materie und den Gesetzen der Physik erklärt werden. Sollte dies nicht ausreichen, so war nicht auf einen transzendenten Gott, sondern allenfalls auf den Zufall Rückgriff zu nehmen. Besser noch: Man gestand eine Beschränkung der menschlichen Erkenntnisfähigkeit ein! Wie Diderot sich in seiner *Lettre sur les aveugles* ausdrückt: «Wenn die Natur sich uns in der Gestalt eines unlösbaren Knotens offenbart, dann sollten wir sie als das gelten lassen; versuchen wir nicht, den Knoten mit Hilfe der Hand eines Wesens zu zertrennen, das in der Folge seinerseits nur zu einem für uns noch weniger lösbaren Knoten wird.»

Verschiedene Sichtweisen, verschiedene Theorien. Sie sollten nicht an ihrem vermeintlichen Wahrheitsgehalt gemessen werden, sondern an ihrem Erklärungswert. Dabei wird deutlich, daß beide Theorien der Fortpflanzung, die Präexistenz der Keime sowie der Atomismus, Erfolge für sich buchen konnten. Im Zentrum des Präformationismus steht die Konstanz der Form einer Art. Arten sind für den Naturforscher an mehr als einem Ort und zu mehr als einem Zeitpunkt wiedererkennbar, mithin bestimmbar. Ihre Form zeigt ein gewisses Maß von Konstanz auf. Diese Formkonstanz könnte bedingt sein durch die entwicklungsphysiologische und funktionelle Korrelation der Teile. So lautete Bonnets Kritik am Atomismus, und so lautet zum Teil die moderne Kritik am Neo-Darwinismus. Was Bonnets Theorie einer Formkonstanz der Arten nicht erklären konnte, oder nur unter Zuhilfenahme äußerst gewundener und kaum glaubhafter Argumente, sind die Probleme der Vererbung und der Mißbildung. Wie kann das Maultier Merkmale des Pferdes auf sich vereinen, wenn doch die Nachkommen beider Arten, des Pferdes und des Esels, in ihrer artspezifischen Form präexistieren sollen? War es denkbar, daß Mißgeburten, die als solche präexistent sein müßten, die Güte des Schöpfers in Frage stellen? Dies war der einzige Punkt, bei dessen Diskussion Bonnet sich von der strikten Prädestinationslehre entfernte und die Möglichkeit eines zufallsbedingten Einflusses auf Entwicklungsprozesse einräumte.

Anders die Atomisten. Aufgrund ihrer Konzeption der Fortpflanzung waren Mißgeburten geradezu vorhersagbar. Auch ließen sich die Probleme der Vererbung, der individuellen Variabilität und besonders der Merkmalsvermischung bei der Kreuzung zweier Formen zwanglos erklären. Es war plötzlich einleuchtend, wie es kommen kann, daß die Nachkommen sowohl väterliche als auch mütterliche Merkmale in bunter Mischung auf sich vereinigen. Nur an einem Punkt versagte der Atomismus, nämlich bei der Erklärung der beobachtbaren Konstanz der Art in Raum und Zeit. Wenn alles in stetigem Wandel sich befindet, so bleibt unerklärlich, warum Arten zu mehr als einem Zeitpunkt und an mehr als einem Ort wiedererkennbar sein sollen. Dies ist der Punkt, bei welchem der Atomismus in einen Vitalismus abzugleiten drohte. Unter Vitalismus verstehen wir das Bestreben, der Materie Eigenschaften zuzuordnen, die über die materiellen Gesetzmäßigkeiten der Physik hinausgehen, letztlich also den Rahmen strenger Naturwissenschaft sprengen. Buffon beispielsweise erklärte die Konstanz der Organisationstypen, innerhalb deren er die Möglichkeit zur Degeneration forderte, durch einen «inneren Ausguß». Dieser Theorie gemäß, die keiner seiner Zeitgenossen verstand und die daher als abstrus abgetan wurde, würde den «organischen Molekülen» auf ihrem Weg durch die Organe des geschlechtsreifen Organismus die artspezifische Form aufgeprägt, bevor sie in die Samenflüssigkeit gelangten. Dank dieser Prägung setzten sich die Teile dann wieder zur arteigenen Form zusammen. Maupertuis wiederum modifizierte seine Theorie der Fortpflanzung, wie er sie in *Vénus physique* dargelegt hatte, unter dem Druck der Kritik von Réaumur. Über die rein physikalischen Anziehungskräfte hinausgehend, schrieb er in seinem *Système de la nature* den Elementarteilchen eine «Appetenz» und ein «Gedächtnis» zu, den richtigen Platz einzunehmen und damit die artspezifische Form zu wahren, während eine «Aversion», eine Abneigung der Partikel zur Veränderung der Form, die Bildung der Nachkommen vor «Irrtümern» zwar nicht gänzlich, aber doch weitgehend bewahren sollte. John Turberville Needham schließlich, der mit der Urzeugung experimentierte, erklärte diese aufgrund einer okkulten *«force végétatrice»*. Als weiteres Beispiel soll noch Diderot zu Wort kommen, der in seinen Unterhaltungen mit d'Alembert ausrief: Das Hühnchen, das da schlüpft, «es läuft, es fliegt, es zögert, es flieht, es kommt näher, es beklagt sich, es leidet, es lebt, es wünscht, es freut sich» – soll man mit Descartes behaupten, daß es bloß eine Maschine sei? Dies schien Diderot unmöglich, weshalb er zur Erklärung des Lebensprozesses mit all seinen Affektionen und Aktionen ein im Ei verstecktes «Lebensprinzip» forderte.

Die gegensätzlichen Konzepte der Fortpflanzung waren somit beide in der Lage, die Erscheinungen der belebten Natur ein Stück weit einzufangen, beide aber eben nur ein Stück weit. Die Hypothese der Präexistenz der Keime betonte die Konstanz der Form, während der Atomismus ihre fortwährende Veränderung erklärte. Für die Doktrin der Präexistenz war das Leben an eine Essenz gebunden, die ihren Ursprung in der Schöpfung und ihren Ausdruck in der unveränderlichen Form der Art fand. Der Atomismus orientierte sich an der Formel der Antike: alles fließt. Die Grenze zwischen belebter und unbelebter Natur ist fließend, die Wesenhaftigkeit der Arten zerfließt im Fluß ewigen Wandels. Die beiden Sichtweisen der Natur stehen in einem paradoxen Verhältnis zueinander, wie der antike Philosoph Heraklit darstellte: «Wer in denselben Fluß steigt, dem fließt anderes und wieder anderes Wasser zu.» Die Hypothese der Präexistenz löst das Paradoxon gemäß der Formel Platons: Alle Form ist ewig in der Idee, doch wird sie erst im Laufe der Zeit zu Materie. Nach der Formel des Aristoteles treten im Fluß der Generationen «andere und wieder andere» Individuen ins Leben, doch sie alle repräsentieren immer wieder dieselbe artspezifische Form, die ihrerseits unveränderlich bleibt. Das Problem dieser Lösung des Paradoxons liegt in ihrem Rückgriff auf eine Metaphysik, die im modernen Verständnis von Wissenschaft ausgeklammert bleiben sollte. Mit der Wesensfrage aber wurde zugleich die Frage nach der Ersten Ursache ausgeklammert. Man wollte eine Wissenschaft von Menschen und für Menschen, den menschlichen Erkenntnismöglichkeiten und Bedürfnissen angemessen. Das soll nicht heißen, daß es für einen Materialisten ausgeschlossen war zu glauben, daß es letztlich ein Schöpfergott gewesen sei, der die Welt nach der Wirkung von Naturgesetzen geordnet habe. Nur wurde diese Frage nach der

Ersten Ursache nicht mehr an den Anfang oder in das Zentrum eines wissenschaftlichen Forschungsprogrammes gestellt. Es genügte, die Gesetze als solche, unabhängig von ihrem letzthinnigen Ursprung, zu erforschen, um auf ihrer Grundlage Voraussagen machen zu können. La Mettrie brachte die Doktrin in seinem *L'Homme machine* (1747) auf den Punkt: «Verlieren wir uns nicht im Unendlichen, wir sind nicht gemacht, um davon auch nur die geringste Ahnung zu haben. Es ist uns absolut unmöglich, zum Ursprung der Dinge vorzudringen.» Damit erweist sich der Atomismus und der ihm verpflichtete Materialismus als die «modernere» Sichtweise der Natur, die aber doch unvollständig blieb, wie in der zeitgenössischen Kritik Darwins zum Ausdruck kommen sollte. Die Unvollständigkeit liegt in einer Selbstbeschränkung auf die Kenntnis des «Wie» der Naturprozesse begründet; die Frage nach dem «Warum» bleibt unberührt.

Der Atomismus lieferte eine Erklärung für den Wandel der Form, konnte aber eine Konstanz der Form nicht begründen. Ebensowenig kann die atomistische Konzeption der Zeugung dem allfälligen Wandel der Form eine *Richtung* geben. Sie liefert eine kausale Erklärung für die Möglichkeit von Wandel, doch während manche Atomisten solchen Wandel durchaus im Sinne einer Höherentwicklung verstanden, so konnte diese Richtung der Transformation zu höheren Stufen der Organisation durch die Theorie des Atomismus allein nicht, schon gar nicht als notwendige Folge des Formwandels, begründet werden. Buffon etwa beschrieb eine Wanderung der organischen Materie durch den Kreislauf der Natur, ohne daß damit eine bestimmte Richtung zu höherem Organisationsniveau zwingend vorgegeben wäre. Andererseits legte Diderot dem Wandel eine aufsteigende Tendenz zugrunde, doch war diese Richtung nicht durch die atomistische Konzeption der Organismen vorgezeichnet. So fiebert d'Alembert im Traum: «Alles ist in ewigem Fluß … Alles Tierische ist ein wenig menschlich; alles Mineralische ist mehr oder weniger pflanzlich; alles Pflanzliche ist ein Stück weit tierisch …» Die Vorstellung einer Höherentwicklung der Lebewesen wurzelte in einem anderen Konzept, jenem der Kette der Wesen.

Höherentwicklung und Anpassung: Zwei Prinzipien von Evolution

«... die leeren Räume sind in die imaginären Regionen zu verweisen. In den gleichzeitig existierenden Dingen kann selbst dort, wo die sinnliche Anschauung nichts als Sprünge bemerkt, Kontinuität vorhanden sein. Denn viele Dinge erscheinen den Augen als gänzlich unähnlich und zusammenhanglos, die sich trotzdem in ihrem Inneren als vollständig gleichartig und einheitlich erweisen würden, wenn es gelänge, sie distinkt zu erkennen ... Die Menschen stehen also mit den Tieren, die Tiere mit den Pflanzen, diese wiederum mit den Fossilien in nahem Zusammenhang ... So bilden notwendig alle Ordnungen der natürlichen Wesen eine einzige Kette, in der die verschiedenen Klassen, wie ebensoviele Ringe, so eng ineinander haften ... Es liegt demnach in der Existenz von Zoophyten, oder ... von Pflanzentieren nichts Ungeheuerliches, sondern es entspricht durchaus der Ordnung der Natur, daß es solche gibt.»

Kein Geringerer als der Philosoph Gottfried Wilhelm Leibniz macht sich hier zum Advokaten einer linearen Klassifikation der «natürlichen Wesen» auf der Grundlage des seiner Naturbetrachtung vorausgestellten Kontinuitätsprinzips, dessen Ursprung in die Antike zurückreicht. Das Zitat stammt aus einem Brief, der erst postum publiziert wurde, anläßlich eines Streites zwischen Samuel König, einem Anhänger Leibnizens, und dem damaligen Präsidenten der Akademie der Wissenschaften zu Berlin, Pierre Louis Moreau de Maupertuis, im Jahre 1751. Die Streitfrage tut hier nichts zur Sache; wesentlicher ist, daß der Skandal die Aufmerksamkeit der Gelehrten europaweit auf sich zog, so daß Königs Veröffentlichung dieses Schriftstücks aus dem Nachlaß Leibnizens auf offene Ohren stieß. Charles Bonnet fand die «Kette der Wesen» mit der Entdeckung des Süßwasserpolypen durch seinen Vetter Abraham Trembley aufs glänzende bestätigt, war mit dem «Zoophyten» doch der Organismus gefunden, der das Reich der Pflanzen mit jenem der Tiere innig verknüpfte.

Die «leeren Räume», das Vacuum also, seien in das Reich der Phantasie zu verweisen, obwohl doch der deutsche Physiker Otto von Guericke mit seiner in das Jahr 1650 fallenden Erfindung der Luftpumpe die Existenz eben dieses Vacuums experimentell nachgewiesen hatte. Nicht am Experiment aber wollten Leibniz und seine Anhänger sich orientieren, sondern vielmehr an metaphysischen Gründen, die der Naturforschung vorauszustellen seien, nicht zuletzt auch aus moralisch-ethischen Gründen. Die Kontinuität der Erscheinungen nämlich liefert die Grundlage zur Annahme der durchgängigen kausalen Bestimmung der Naturprozesse. Mit der Annahme einer lückenlosen Verknüpfung von Ursache und Wirkung in einer Kette von Ereignissen vollzieht sich allerdings ein subtiler Bedeutungswandel in der Diskussion des Kontinuitätsprinzips. Als Bindeglied zwischen Pflanze und Tier vermittelte der Süßwasserpolyp den Eindruck von Kontinuität zwischen zeitgleichen Erscheinungen in einer Natur, deren Inhalt zunächst noch als unveränderlich galt. Mit der lückenlosen Verknüpfung von Ursache und Wirkung wird dagegen Kontinuität in der zeitlichen Abfolge einer Ereigniskette verlangt.

«Meiner Ansicht nach steht kraft metaphysischer Gründe alles im Universum derart in Verknüpfung, daß die Gegenwart stets die Zukunft in ihrem Schoße birgt ...», schreibt Leibniz, und hatte dazu guten Grund. Erst wenn die Kontinuität natürlicher Prozesse gefordert wird, kann angenommen werden, daß diese in jedem Teil kausal determiniert sind: der jeweils vorausgehende Zustand trägt die Ursachen des unmittelbar nachfolgenden Zustandes in sich. Damit ist eine wesentliche Voraussetzung für die Naturforschung überhaupt geschaffen, daß nämlich die Naturerscheinungen jeweils auf eine Ursache zurückgeführt werden können, daß diese Ursachen zumindest potentiell untersucht werden können und daß man, eine genügende Kenntnis der Ursachen vorausgesetzt, die entsprechenden Wirkungen auch verläßlich voraussagen kann. Mehr noch: Wenn Kontinuität herrscht in der Natur, so führt der Gang der Forschung, wo auch immer er beginnt, letztlich durch die ununterbrochene Kette der Ursachen zurück zur *prima causa*, zum Ersten Grund, und damit zum Schöpfer aller Dinge, in welchem die Existenz der Schöpfung schließlich auch ihren ausreichenden Grund findet. Die Naturforschung war durch ihre Einbettung in ein theologisch begründetes Weltbild einer allfälligen Wertfreiheit entzogen. Zugleich aber erschöpfte sie sich nicht

Abb. 1: Die Idee einer Kette der Wesen nach Charles Bonnet. Nach Anweisung des Naturforschers und Philosophen zeigt der Kupferstich den Scheitel des Menschen von Wolken, Symbol des Geistes, eingehüllt. Nach Bonnet bildet der Mensch das Bindeglied zwischen dem Tierreich und der Hierarchie himmlischer Geistwesen (Titelkupfer von «Contemplation de la Nature» in «Œuvres d'Histoire Naturelle et de Philosophie de Charles Bonnet», Vol. 4, 1779–1783).

in einem naiven Wunderglauben, sondern gründete im Vertrauen auf die Möglichkeit rationaler Erkenntnis.

Würde man einen «leeren Raum», einen Unterbruch in der Kette der Ursachen zulassen, so wäre damit dem Zufall, oder auch dem direkten Eingreifen Gottes in seine Schöpfung, Tür und Tor geöffnet. Beides aber, Zufälligkeit so gut wie die Möglichkeit göttlicher Wunder, würden die Zuverlässigkeit wissenschaftlicher Erkenntnis und Voraussagen deutlich einschränken. Der Gegensatz reicht zurück in die Antike.

Schon damals hatten Atomisten wie Demokrit und Epikur ein mechanistisch, jedenfalls aber atheistisch gefärbtes Weltbild entworfen. Die Welt bestünde danach aus Atomen und leerem Raum, wobei vor allem Epikur die Rolle des Zufalls betonte, in ihm sogar die Möglichkeit freier Willensentscheidung begründete. Der Zufall ergab sich nach Epikur durch die Möglichkeit zur spontanen Abweichung der Atome von ihrer geradlinigen, also determinierten Bewegung. Die freie, ungehinderte Beweglichkeit der Atome bedingt den leeren Raum.

Aristoteles setzte dem von den Atomisten geforderten Vacuum den «horror vacui» der Natur entgegen: «Die Natur scheut den leeren Raum!» Arthur O. Lovejoy hat in seinem 1939 erstmals erschienenen Standardwerk über die *Kette der Wesen* die ideengeschichtlichen Ursprünge dieses Konzeptes und seine Geschichte nachgezeichnet. Den Ausgangspunkt setzte, wie so oft, Platon, dessen Schöpfungslehre einleitend schon kurz gestreift wurde. Der allmächtige und vollkommene Demiurg hätte die Welt nach der Maßgabe seines Denkens, seiner «Ideen», geschaffen. Die Vollkommenheit des Schöpfers bringt es nun aber mit sich, daß in seinem Denken alles, was überhaupt sein kann, auch enthalten ist, während seine Allmacht dazu führt, daß in der Schöpfung denn auch alles, was denkbar ist, Wirklichkeit werde. Es entsprach so die Schöpfung dem Wesen des Schöpfers, dessen Vollkommenheit sich damit auch in der Vollständigkeit der Schöpfung spiegelt – die Natur ist vollbesetzt, es kann keine leeren Räume geben, ohne daß der Demiurg gegen sein eigenes Wesen handelt.

Aus diesem Prinzip der Vollkommenheit im Sinne der Vollständigkeit der Schöpfung ergibt sich zwanglos das Kontinuitätsprinzip, das von Aristoteles auf die Höhe seiner Bedeutung geführt wurde. Wenn es keine Leere gibt, dann kann es auch keine Lücke geben in den Erscheinungen der Natur. Alles muß in der Form kleiner und kleinster, nicht wahrnehmbarer Abstufung ineinander übergehen. Aristoteles forderte, wie später Leibniz, den stufenlosen Übergang von Pflanzen zu Tieren, während der Affe das Tierreich mit dem Menschen verbinden sollte. Dies war allerdings nicht in einem dynamischen, evolutiven Sinn gemeint, sondern sollte zunächst lediglich als Ordnungsprinzip für Individuen in einer statischen Natur dienen.

Das Konzept der lückenlosen «Kette der Wesen», der *scala naturae*, wurzelt in der antiken Philosophie; durch die Schriften arabischer Philosophen wurde es, angereichert mit neuplatonischen Ideen, den christlichen Theologen und Philosophen des Mittelalters zugänglich und fand in deren Denken die Form, die für die Biologie verbindlich werden sollte. Wie schon erläutert, forderte Platon eine absteigende Folge der Schöpfung. Der Neuplatonismus kehrte die Richtung um, und es ist die aufsteigende Stufenleiter einer Folge zunehmender Erleuchtungszustände der Seele, auch *Palingenesis* genannt, welche in der christlichen Tradition Fuß faßte. Bonaventura beispielsweise, ein aus der Toscana gebürtiger Franziskanermönch, predigte in seinem Werk *Weg des Geistes zu Gott*, daß die menschliche Seele göttlicher Erleuchtung fähig sei und dieser auf dem Weg der Erkenntnis durch die erfahrbare Welt teilhaftig werden könne. Bei Thomas von Aquin wird die Naturforschung zu einem Weg der Gotteserkenntnis: der «strebend sich Bemühende» steigt mit seiner Forschung durch die «Kette der Wesen» seiner Erlösung entgegen. Die Stufenleiter der fleischlichen Versuchung auf seinem Weg der Erkenntnis hinter sich zurücklassend, nähert sich der um Erkenntnis Bemühte immer mehr der geistigen und damit auch der geistlichen Sphäre der himmlischen Hierarchie. Im Rahmen der christlichen Tradition erhielt das Konzept einer aufsteigenden *scala naturae* ein Fundament, das ihm in der antiken Philosophie noch nicht gegeben war: die Idee des Fortschritts. Die Fortschrittsidee setzt grundsätzlich eine gerichtete Zeitachse voraus, die im christlichen Weltbild ihren Anfang bei der Schöpfung nimmt, während ihre Richtung durch die Apokalypse vorgezeichnet ist. Die Antike war statt dessen einem zyklischen Weltenlauf und damit einer im wesentlichen statischen Auffassung der Natur verhaftet geblieben.

Dieser knappe und fragmentarische Exkurs in die Domäne der Geisteswissenschaften ist unerläßlich für ein Verständnis des Nährbodens, in dem die Gedankenwelt Darwins wurzelte. Doch entsprang diese nicht unmittelbar dem Nährboden der mittelalterlichen Philosophie, sondern orientierte sich vielmehr an den Konzepten der Biologie des 18. Jahrhunderts, die in weiten Teilen vom Konzept einer Kette der Wesen und der damit verbundenen Idee der fortschrittlichen Entwicklung dominiert wurde. Die großartigste und zugleich phantastischste Entfaltung erfuhr diese

Ideenwelt im Spätwerk des Genfers Charles Bonnet, dessen *Palingénésie philosophique* im Jahre 1769 veröffentlicht wurde. Diese Schrift ist deshalb für die ideengeschichtliche Entwicklung des Evolutionismus von besonderer Bedeutung, weil ihr Autor die Kontinuität zeitgleicher Erscheinungen komplementär setzt zur Kontinuität zeitlich aufeinanderfolgender Erscheinungen, wie dies Leibniz «kraft metaphysischer Gründe» gefordert hatte. Es lohnt sich, auf das Werk einzugehen. Es enthält eine Flut von Bildern, welche in der Diskussion um die Evolutionstheorie immer und immer wieder auftauchen werden, wenn auch in mannigfaltig variierter Form.

Schon ganz zu Beginn seiner Laufbahn hatte sich Bonnet dem Konzept der Kette der Wesen verpflichtet. Mit Unterstützung von Réaumur konnte im Jahre 1745 Bonnets Erstlingswerk in Paris gedruckt werden, das seinem Autor einen Platz in der Geschichte der Biologie sichern sollte. Es handelte sich um den zweibändigen *Traîté d'insectologie*, der hauptsächlich dem experimentellen Nachweis der Jungfernzeugung bei Blattläusen gewidmet war, womit die Präexistenz der Keime in den Samentierchen der Männchen als widerlegt gelten konnte (Bonnet selbst glaubte an die Präexistenz der Keime im Ei der Weibchen). In einem Anhang zu seinem Buch formulierte Bonnet eine Klassifikation der natürlichen Wesen, die ganz dem Konzept einer linearen *scala naturae* entsprach. Am Fuße der Stufenleiter standen die aristotelischen Elemente Feuer, Luft und Wasser. Ihnen folgten verschiedene Erden, Halbmetalle und Metalle, Salze und andere Kristalle, die dann schließlich in Fossilien übergingen. Mit den Fossilien kündigten sich organische Formbildungen an. Auf sie folgten die höheren Pflanzen, die schließlich durch die Mimose, Trembleys Polypen und durch Würmer und Insekten mit höheren Tieren in Verbindung standen. Von Weichtieren aufsteigend, folgten Schlangen, Wasserschlangen, Fische, fliegende Fische, schwimmende Vögel, fliegende Vögel, die Fledermaus, das Flughörnchen, die Säugetiere, der Affe, der Orang-Utan und schließlich der Mensch. Gott als Schöpfer der Stufenleiter bleibt außerhalb derselben. Das Ganze war noch als eine in jeder Hinsicht statische Naturordnung konzipiert.

Nach der Lektüre der *Theodizee* zeigte sich Bonnet begeistert, in Leibniz einen Vorgänger und in philosophischen Dingen Verbündeten gefunden zu haben und benützte die Gelegenheit, in einem Werk aus dem Jahre 1764, *Contemplation de la nature*, seine eigene Sicht der Dinge weiter auszuarbeiten. Das Buch fand, in mehrere Sprachen übersetzt, eine weite Verbreitung in Europa und wurde an mehreren Universitäten zum offiziellen Lehrbuch der Naturgeschichte erklärt. Eine Sehschwäche, zeitweilig zur weitgehenden Blindheit sich verstärkend, hatten ihn schon lange vom Mikroskop ferngehalten, so daß sich Bonnet immer mehr vom Naturbeobachter zum Naturphilosophen wandelte. Die ganze Reichweite seiner Gedankenwelt, aus einem Kopf entsprungen, den Voltaire boshaft als von einem leichten Tick befallen charakterisierte, fand ihren Ausdruck in der *Palingénésie*. Es finden sich in diesem Werk theologische, philosophische und naturwissenschaftliche Motivationen zu einer grandiosen Schau von Himmel und Erde vereinigt.

Das Wort *Palingenesis* stammt ursprünglich aus dem Griechischen und bezeichnet die Wiedergeburt der Seele in einem erhöhten Erleuchtungszustand. Dieselbe Bedeutung wird bei Bonnet beibehalten, im Rahmen einer an der Idee des Fortschritts sich orientierenden Theologie und Naturbetrachtung. Wie erinnerlich glaubte Bonnet, daß die im Laufe der Generationenfolge hervorgebrachten Individuen im Ei der Mutter präexistierten. Die gesamte Individuenzahl der Generationenfolge wäre damit ineinander geschachtelt dem Weibchen des ersten, von Gott geschaffenen Paares einer Art eingepflanzt worden. Die Embryonalentwicklung des individuellen Organismus, ausgelöst durch die befruchtende Kraft des männlichen Samens, reduzierte sich auf eine einfache Entfaltung, eine *évolution*. Stirbt der Organismus, würde er zu Staub zerfallen. In seinem Gehirn jedoch, so forderte Bonnet jetzt, wäre ein unzerstörbarer «Keim der Auferstehung» enthalten, eigentlicher Sitz der unsterblichen Seele, der die Fäulnis und Zersetzung überdauern würde. Diese Idee scheint in der Tat Voltaire recht zu geben, doch darf man nicht vergessen, daß Bonnet schon zu Beginn seiner Karriere auf empirische Evidenz für die Existenz überdauernder Keime stieß; die Eier der Blattläuse überdauerten die kalte Jahreszeit in einem Entwicklungsstillstand, ohne dabei Schaden zu nehmen. Auch Fischeier hatte

Bonnet beobachtet, die ohne Schaden das Austrocknen ihres Gewässers überstanden hatten, wie er in seinen *Considérations sur les corps organisés* aus dem Jahre 1762 berichtete. Dieselbe Fähigkeit der «Eier» der Zoophyten zur Überdauerung von Trokkenheit hatte Abraham Trembley im Experiment getestet und nachgewiesen. Da die Seele aber gemäß der Theorie Bonnets, und auch jener Leibnizens, nicht losgelöst vom Körper existieren kann, mußte er annehmen, daß im «Keim der Auferstehung» neben der Seele auch ein in seinen wesentlichen Teilen präexistenter Körper eingefaltet enthalten wäre.

Nun ging Bonnet aufgrund der biblischen Geschichtsschreibung davon aus, daß der Erdball periodisch wiederkehrenden Katastrophen oder, wie er es nannte, Revolutionen unterworfen sei. Die biblische Schöpfung brachte Ordnung in ein Chaos, das seiner Ansicht nach aus der Zerstörung einer vorhergehenden Ordnung hervorgegangen war. Die Sintflut markierte eine weitere Katastrophe, die Apokalypse schließlich würde die nächste sein. Eine solche Leseart der Bibel stellte damals nichts Außergewöhnliches dar, hatte doch William Whiston schon im Jahre 1696 seine *Neue Theorie der Erde* auf eine entsprechende Auslegung der Heiligen Schrift gegründet. Bonnet kannte Whistons Buch, betonte aber die Unabhängigkeit seiner Ideen! Zuletzt legte ja auch die Schichtung der Gesteine beredtes Zeugnis ab von Revolutionen, die periodisch die Oberfläche der Erde verwüstet hätten.

Den Revolutionen fielen nicht nur das äußere Gesicht der Erde zum Opfer, sondern auch all ihre Bewohner. Auf jede Verwüstung folgte ein neues Erdzeitalter, während dessen die «Keime der Auferstehung» zu neuen Formen pflanzlicher und tierischer Organisation sich entfalteten. Die der *Palingénésie* zugrunde liegende Idee des Fortschritts äußert sich nun darin, daß die Lebensformen eines jeden Zeitalters einen höheren Komplexitätsgrad erreichen

Abb. 2: In seinem Buch «*Neue Theorie der Erde*» (Erstausgabe 1696, deutsche Übersetzung 1713) verlieh William Whiston, ein zeitweiliger Freund Newtons, seiner Überzeugung Ausdruck, daß ein Komet mit exzentrischer Umlaufbahn den Erdball ins wiederholte Chaos stürzt. Kreuzt der Komet die Umlaufbahn der Erde in deren Nähe, geraten die Gravitationsbeziehungen durcheinander. Die Folge ist eine globale Katastrophe.

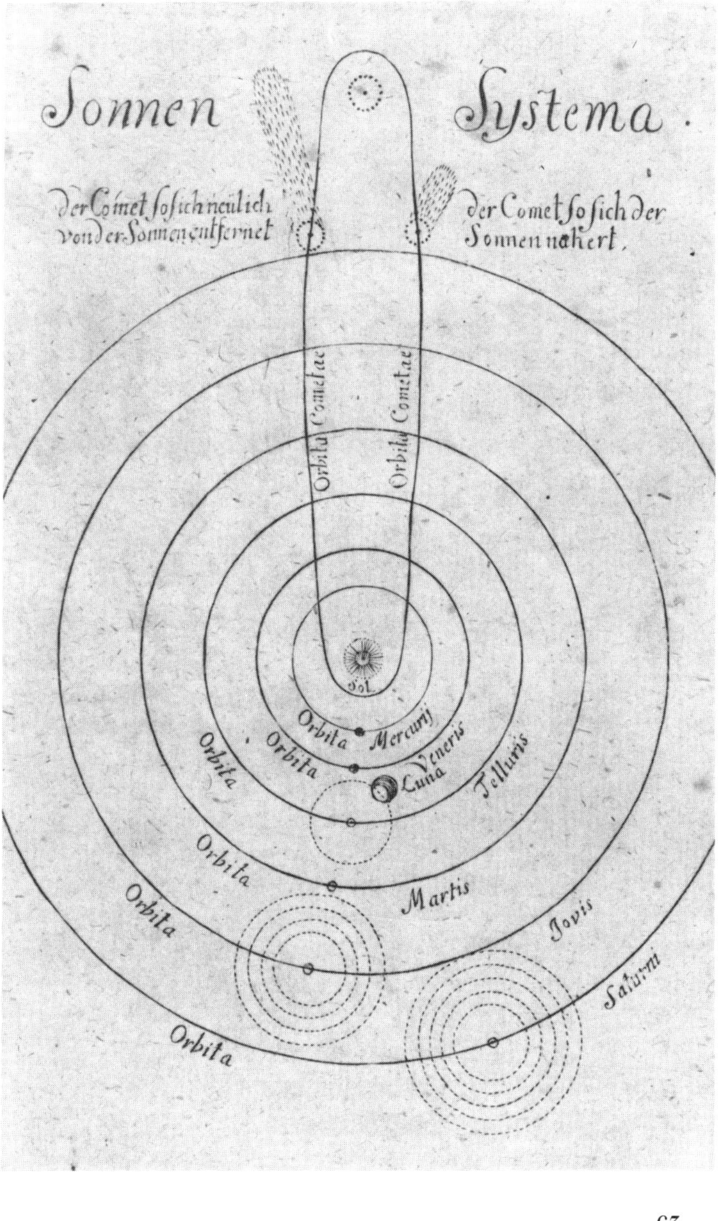
Sonnen Systema.
der Comet so sich neulich von der Sonnen entfernet
der Comet so sich der Sonnen nähert.
Orbita Cometae
Orbita Cometae
Sol.
Orbita Mercurij
Orbita Veneris
Luna
Orbita Telluris
Orbita Martis
Orbita Jovis
Orbita Saturni

als ihre Vorläufer. Da die Sinneseindrücke bei größerer Komplexität der Organisation, also bei verbesserten Sinnesorganen, an Qualität gewinnen, nimmt auch der von ihnen abhängige Erleuchtungsgrad der Seele zu. Tiere und Pflanzen würden im Laufe der Palingenesis zu immer komplexerer Organisation des Körpers und damit zu immer höherem Intelligenzgrad aufsteigen: die Auster würde mit der Zeit den Affen gleichkommen, der Elefant oder der Affe die Stufe des Menschen erreichen, während der Mensch zu einem Geistwesen der himmlischen Hierarchie aufsteigen würde.

«Die wiederholten Revolutionen hätten in zunehmendem Maße die Form und Struktur der organisierten Wesen verändert, wie sie auch das Antlitz der Erde mehr und mehr veränderten. Ich habe es schon betont: ich bin davon überzeugt, daß wir ein Pferd, ein Huhn, eine Schlange, könnten wir sie in der Form, die sie bei ihrer Schöpfung hatten, sehen, nicht wiedererkennen würden.»

Dies ist einer der Kernsätze aus der *Palingénésie philosophique*, der im nachhinein oft als frühe Formulierung einer Theorie der Evolution mißverstanden wurde. Tatsächlich war es eine Evolutionstheorie, aber eben eine im Sinne Bonnets. Für ihn bedeutete Evolution nichts weiter als die Entfaltung präexistenter Strukturen aufgrund eines Wachstumsprozesses. Die geologischen Zeiten brachten nichts Neues hervor; es fand keine echte historische Entwicklung statt; die Form und Struktur der Organismen wechselte zwar im Laufe der Zeit ihre äußere Erscheinung, doch haftete ihnen stets dieselbe unsterbliche Seele an. Alles war vorgegeben und vorherbestimmt durch den Plan des Schöpfers. Er bestimmte Zahl und Zeitpunkt der Revolutionen. Er bestimmte den Wechsel der Umweltbedingungen, die Abfolge der Einschachtelung und damit die der Entfaltung neuer Organisationstypen aus den «Keimen der Auferstehung». Alles war prädeterminiert, der Organismus war aufgrund göttlicher Vorsehung seiner sich ändernden Umwelt stets aufs Neue angepaßt. Der Einfluß der Philosophie Leibnizens ist unverkennbar.

Daß solche uns heute absurd erscheinende Visionen doch Einfluß auf die Geschichte der Ideen nehmen können, zeigt sich in einem Tagebucheintrag von Charles Darwin aus dem Jahre 1837, auf den H. E. Gruber speziell aufmerksam machte: «Wenn alle Menschen tot sind, werden die Menschen zu Engeln – die Affen werden zu Menschen.» Was hier durchschlägt, ist die Idee des Fortschritts, der progressiven Entwicklung der Lebewesen zu immer komplexeren Organisationstypen, ohne daß nachgewiesen werden könnte, daß Darwin Bonnet zu diesem Zeitpunkt gelesen hatte und mit dem Satz auf dessen Werk anspielte. Die Idee des Fortschritts ist an eine lineare Ordnung der Natur gebunden, an das Konzept einer Kette der Wesen. Durch sie erhält der Wandlungsprozeß eine aufsteigende Tendenz, sie bestimmt die Richtung des Entwicklungsprozesses von niedrigen zu höheren Organisationsstufen. Noch bei Ernst Haeckel, dem Verteidiger des Darwinismus im deutschsprachigen Raum, wird die fortschrittliche Entwicklung mit dem Begriff der Palingenese bezeichnet werden.

Die Kette der Wesen, ein tief in der Geistesgeschichte verwurzeltes Konzept der Naturforschung, gibt der biologischen Entwicklung die Richtung des Fortschritts. Die Frage, die sich anschließen muß, lautet: Ist dies das einzig mögliche Ziel eines Prozesses der Transformation? Oder, anders ausgedrückt: Gibt es die Möglichkeit einer Transformation, welche die Linearität der Kette der Wesen, die Tendenz zum Fortschritt, durchbrechen würde? In der Tat wurde eine Ursache für die Veränderung der Form gefordert, die nicht zwingend zu Fortschritt führt, sondern von dieser Strömung abweichen oder ihr sogar entgegenlaufen kann. Es handelt sich um die Anpassung an herrschende beziehungsweise veränderliche Umweltbedingungen. Hier steht die Funktionalität der Organe und Organsysteme im Vordergrund, nicht ihre Einpassung in eine fortschrittliche Serie zunehmender Komplexität. Wenn einerseits Fortschritt mit zunehmender Komplexität gleichgesetzt wird, andererseits aber Anpassung zur Verkümmerung von Organen oder Organsystemen (wie etwa der Augen bei Höhlentieren) führt, so kann das Konzept der Anpassung der Idee eines zwingenden Fortschritts direkt widersprechen. Schlangen stellen ursprünglich vierfüßige Tiere dar, die, oberflächlich betrachtet, durch den adaptiven Verlust der Beine zu einer einfacheren, wurmförmigen Gestalt zurückkehrten. Wird im Rahmen einer Theorie der Transformation der Prozeß der

Anpassung in den Vordergrund gerückt, so fällt die Begründung eines notwendig sich vollziehenden Fortschritts dahin.

Die atomistische Konzeption der Organisation ist logisch nicht zwingend mit dem Konzept der Kette der Wesen verbunden (obwohl sich viele Atomisten dieses Konzept zu eigen gemacht haben); bei dieser Sichtweise der Natur steht die Problematik der Anpassung im Vordergrund. Dabei ist zu berücksichtigen, daß dem Begriff der «Umwelt» eine doppelte Bedeutung zukommt. Die Anpassung der Organisation eines Lebewesens muß nicht nur hinsichtlich des äußeren Milieus stimmen, um die Ernährung und erfolgreiche Fortpflanzung der Organismen zu gewährleisten. Von gleicher Bedeutung ist die innere, physiologische Harmonie der Organisation selbst, die allein Lebensprozesse überhaupt möglich macht. Aus dem Blickwinkel des Epikureischen Atomismus betrachtet, würden sich die Organismen durch eine mehr oder weniger zufällige Kombination der konstituierenden Elemente («Atome») zusammensetzen, wobei zwischen der spontanen und der sexuellen Zeugung eine durchgängige Analogie herrschte. Infolge des bei der Zeugung beteiligten Zufallsfaktors ist eine innere Harmonie der Organisation nicht zwingend zu erwarten. Daraus folgt, daß bei disharmonischer Zusammensetzung die physiologische Grundlage der Lebensprozesse nicht gewährleistet wäre, womit der betreffende Organismus zum Tode verurteilt ist oder, genauer, gar nie zum Leben kommt. Sofern der Atomismus sich von einem vitalistischen Überbau befreit, beziehungsweise einen solchen schon von vornherein ausschließt, ist er damit einem Prinzip der Auslese verpflichtet. Der wesentliche Punkt dabei ist aber, daß, im Unterschied zur Darwinschen Theorie, die im Rahmen des Atomismus geforderte Selektion ausschließlich eliminierend wirkt. Eine mögliche disharmonische Kombination der Teile wird ausgemerzt; niemals könnte diesem primitiven Selektionsprinzip eine lenkende oder regulierende Wirkung zugeschrieben werden, die eine harmonische Kombination der Teile hervorbringen und fördern würde.

Negative oder eliminierende Selektion also von jenen Organismen, die eine physiologische Harmonie, ein harmonisches Zusammenwirken der Organe, vermissen lassen. Individuen, die gegenüber ihrem inneren Milieu schlecht angepaßt sind, haben keine Chance zu überleben. Dasselbe gilt auch für eine mangelnde oder fehlende Anpassung an das äußere Milieu. Auch hier wurde in vordarwinistischer Zeit eine rein negative oder eliminierende Selektion angenommen. Nur schien dieses Prinzip nicht ausreichend zur Erklärung der oft erstaunlichen, geradezu perfekt anmutenden Anpassung, welche die Organismen auszuzeichnen schien. Es war für die Autoren des 18. Jahrhunderts kaum glaubhaft, daß eine zufällige Kombination von Teilen, gekoppelt mit einem Prinzip negativer Auslese, zu der erstaunlichen Passung zwischen Organismus und Umwelt führen sollte, die konservative Geister ausschließlich durch göttliche Schöpfung erklären zu können glaubten. So trat denn zu dem Selektionsprinzip noch ein weiteres hinzu: die Annahme der Vererbung erworbener Eigenschaften.

Das Vorbild stammt – wie so oft – aus der Bibel: Jakob vermehrte seinen Reichtum, indem er die Schafe des Laban sich vor frisch geschnittenen Ruten paaren ließ. Die Lämmer waren nach dem Muster der geschnitzten Ruten gefleckt. Die Vererbung erworbener Eigenschaften war eine im 18. Jahrhundert sehr populäre Theorie zur Erklärung der Anpassung der Organismen an ihre äußere Umwelt. Die Idee, daß das Klima beispielsweise auf die Organismen einen Einfluß haben sollte, war in der (im vorausgehenden Kapitel schon erwähnten) Theorie der Degeneration der Formen von Georges Buffon enthalten. Er hatte diese Degeneration in Abhängigkeit gesetzt zu einer kontinuierlichen Abkühlung des Erdballs, die eine stete Veränderung des Klimas bewirken sollte. Die ursprünglich durch Schöpfung hervorgebrachten Typen von Organisationsformen waren zunächst nur im hohen Norden lebensfähig, da in den Äquatorialebenen eine noch unerträgliche Hitze herrschte. Weitere Abkühlung des Globus milderte die äquatorialen Temperaturen, verschärfte aber zugleich den nördlichen Frost. Die Faunen verschoben sich durch Wanderung südwärts, was eine neue Anpassung und damit eine neue Form mit sich brachte. Die fossilen Elefanten (Mammut), die in Sibirien gefunden wurden, waren für Buffon ein Beweis für seine Theorie. Die Größe der Fossilien, jene ihrer heutigen Verwandten deutlich übertreffend, war Beleg für die Degeneration der Form innerhalb eines Organisationstyps.

Die Passung zwischen Organismus und Umwelt kann optimiert werden, wenn die Umwelt auf den Organismus einwirken und ihn den Notwendigkeiten entsprechend formen kann. Dazu kommt, daß die erworbenen Eigenschaften auch vererbt werden müssen. Daß eine Vererbung erworbener Eigenschaften überhaupt möglich war, schien für Maupertuis empirisch belegt. In seiner *Vénus physique* verweist er auf die Gewohnheit der Chinesen, seit Urzeiten die Füße der Mädchen und Frauen fest einzubinden, um so ihre natürliche Größe zu verringern:

«Übrigens ist die geringe Größe des Fußes der Chinesinnen nicht allein der Natur zuzuschreiben: seit ihrer frühen Kindheit werden ihnen die Füße eingebunden, um das Wachstum derselben zu verhindern. Doch scheint es, als würden die Chinesinnen auch schon mit kleineren Füßen geboren als die Frauen anderer Nationen. Obzwar dies als seltsame Bemerkung erscheinen mag, verdient sie doch die Aufmerksamkeit der Reisenden.»

Der Einwand Albrecht von Hallers, daß die Hottentotten schon seit Urzeiten die Gewohnheit hatten, ihren Jungen schon gleich nach der Geburt den einen Hoden zu entfernen, ohne daß eine erbliche Fixierung dieses Eingriffs je beobachtet worden wäre, scheint Maupertuis nicht sonderlich beeindruckt zu haben. Unbeirrt verfolgte er die Theorie einer Vererbung erworbener Eigenschaften weiter, um schließlich sogar die Hypothese des Ursprungs neuer Arten mit einem entsprechenden Mechanismus zu untermauern: der erblichen Fixierung von Mißbildungen.

Maupertuis war mit seiner Starrköpfigkeit nicht alleine. Aus der Feder Diderots stammt der vieldiskutierte Satz, den er in *Le Rêve de d'Alembert* seinem Freund Bordeu in den Mund legte: «... die Organe bedingen Bedürfnisse, und umgekehrt bedingen Bedürfnisse die Organe.»

Dieses Diktum wirft ein Schlaglicht auf einen Autor, der sich am besten als spätes Kind der Aufklärung verstehen läßt und dessen Hauptwerk, oder zumindest dessen meistdiskutierte Schrift, im Jahre 1809 erschien. Es handelt sich um Jean-Baptiste Pierre Antoine de Monet, Chevalier de Lamarck, und sein zweibändiges Opus *Philosophie zoologique*. Hier wurde zum ersten Mal eine vollständige, in sich geschlossene Theorie der Transformation vorgelegt, welche beide Evolutionsprinzipien, das des

Fortschritts und das der Anpassung, in sich vereinigt. Die Theorie der fortschrittlichen Entwicklung, welche Lamarck entwickelte, ist oft als metaphysisch, jedenfalls als einem empirisch-physikalisch begründeten Weltbild widersprechend, abgetan worden – eine Reaktion, der in neuerer Zeit vor allem L. Szyfman entgegengetreten ist.

Durchaus dem Materialismus zugeneigt, versuchte Lamarck, die Erscheinungen des Lebendigen auf physikalisch-chemischer Grundlage zu erklären. Er begriff den Organismus als eine aus festen und flüssigen Bestandteilen zusammengesetzte Maschine, die durch «subtile Flüssigkeiten» angetrieben und in Gang gehalten würde. Seit Newton mit seiner «Äthertheorie» eine materielle Grundlage für die Gravitationswirkung gefunden zu haben glaubte, hatten sich die «subtilen Flüssigkeiten» einer zunehmenden Popularität zur Erklärung auch physiologischer Prozesse erfreut, ohne länger vom Stigma des Okkulten gezeichnet zu sein. Insbesondere die Reizleitung der Nerven wurde auf diese Weise erklärt, nicht zuletzt durch den für das 18. Jahrhundert richtungweisenden Arzt und Naturforscher Albrecht von Haller, wobei weiterhin von Bedeutung ist, daß gerade für Lamarck das Nervensystem zu einem zentralen Angelpunkt seiner die fortschrittliche Entwicklung widerspiegelnden Klassifikation der Tiere wurde. Komplexität und Leistungsfähigkeit des Nervensystems diente als Gradmesser für die Stellung der jeweiligen Organismen in der Stufenleiter des Tierreichs. Lamarck blickt mit seiner Theorie der «subtilen Flüssigkeiten» zurück auf die Physiologie des 18. Jahrhunderts, um von dieser weitreichende Folgen abzuleiten.

Ausgehend von der Urzeugung einfachster Lebewesen, Infusorien, nichts weiter als ein gallertiger, durchscheinender «physischer Punkt», würden die überall im Kosmos verbreiteten «subtilen Flüssigkeiten» in diese Gallertmasse eindringen, sie durchdringen und damit zum Leben erwecken. Darüber hinaus schrieb Lamarck den «subtilen Flüssigkeiten» auch die Kraft zu, diese primordiale organische Masse zu bearbeiten und in ein Zellgewebe umzuformen, dieses schließlich zu differenzieren, so daß Organe und Organsysteme sich bildeten: die Höherentwicklung hatte damit ihren Anfang genommen. Ist ein bestimmter Organisationsgrad erreicht, würde die Wirkung der *fluides subtiles* «verinnerlicht» und damit zu einem Instrument der Anpassung. Mit der Nahrung in den Körper eintretend, zirkulierten sie in den Nervenbahnen und förderten so die Entwicklung benützter oder benötigter Organe, während unbenützte Organe verkümmerten. Der Prozeß der Anpassung nimmt damit seinen Lauf. Im Ganzen also führt der Prozeß der Höherentwicklung zu einer Stufenleiter von Organisationstypen zunehmender Komplexität, während der Prozeß der Anpassung auf jedem Evolutionsniveau einsetzt, jeden Organisationstyp den Umständen entsprechend variierend.

Mit der Herausbildung und stetigen Verbesserung benötigter oder viel benützter Organe einerseits, mit der Rückbildung wenig oder gar nicht benützter Organe andererseits ist ein Weg aufgezeigt, in welcher Weise die Umwelt auf die Organisationsform Einfluß nehmen kann. Die Anpassungstheorie Lamarcks wurde vielfach verballhornt, zum Schaden des Autors natürlich, und das nicht zuletzt durch Georges Cuvier, der mit seiner Totenrede auf den Transformisten das Andenken an den umstrittenen Autor zu Gunsten seiner eigenen Ansichten vorsätzlich der Lächerlichkeit preisgeben wollte. Erst im Jahre 1832 erschienen, wurde in diesem Nachruf der Lamarcksche Begriff der *besoins* durch den mißverständlichen Begriff der *désirs* wiedergegeben. Während Lamarck mit *besoins* rein physiologische Reaktionen des Organismus auf veränderte Umweltbedingungen, hervorgerufen durch den vermehrten oder verminderten Gebrauch organischer «Werkzeuge», erfassen wollte, suggeriert das Wort *désirs* einen bewußten oder vorbewußten *Wunsch* des Organismus zu Veränderung und Anpassung. Die Giraffe habe den verlängerten Hals nicht, weil sie als Steppentier den Kopf vermehrt gegen die Baumkronen hin gereckt habe, sondern weil sie den Wunsch verspürt habe, sich am saftigen Laub der Bäume gütlich zu tun. Das hatte Lamarck nie sagen wollen! Die Problematik der Lamarckschen Theorie der Anpassung liegt nicht so sehr in der physischen und physiologischen Reaktion eines Organismus auf veränderte Umweltbedingungen: Jeder wird sich von der Tatsache solcher Wechselwirkungen leicht überzeugen können, wenn er etwa die Form der Pflanzen im Tiefland mit Gewächsen der alpinen Region vergleicht – Zugehörigkeit zu derselben Art

I fliag auf Rabenstein

jac

SPLIT ®

Serie real

Serie real

jac

SPLIT ®

jac

jac | jac

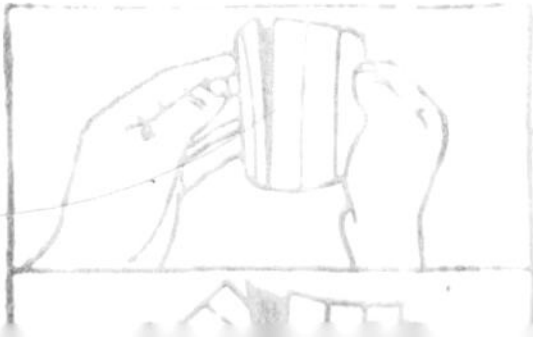

vorausgesetzt natürlich. Das Problem des Lamarckismus liegt in der Forderung nach einer erblichen Fixierung solcher erworbener Eigenschaften, für welche noch immer weder ein Nachweis erbracht noch ein testbarer Mechanismus vorgeschlagen worden ist.

Ein anderer, im gegebenen Zusammenhang wichtigerer Aspekt der Lamarckschen Theorie liegt darin, daß die Vereinigung der Idee von Fortschritt mit dem Konzept von Anpassung die Linearität der Kette der Wesen durchbricht und letztlich in eine verzweigte Naturordnung mündet. Die Idee des Fortschritts hängt wesensnotwendig mit dem Konzept der Kette der Wesen zusammen, die ihrerseits einer serialen Klassifikation der Organismen gleichkommt. Die Formen des Lebens reihen sich in einer Kette von Organisationstypen zunehmender Komplexität aneinander. Wird diese Kette zunehmender Organisationshöhe dynamisiert und verzeitlicht, im Falle Lamarcks mit Hilfe «subtiler Flüssigkeiten», folgt daraus das Konzept einer fortschrittlichen Entwicklung. Die Theorie der Anpassung erlaubt nun die Variation der Organisationsform auf jedem Niveau der Komplexität, um damit eine Diversifikation der Lebensbedingungen zu verwirklichen. Diese Diversifikation von Anpassungstypen findet allerdings auf einer Ebene statt, welche die Kette zunehmend komplexer Organisationsformen schneidet. Zur einfachen Versinnbildlichung dieser Idee mag ein Schachtelhalmgewächs herhalten, ein gegen oben wachsender Sproß mit wirteliger Verzweigung an aufeinanderfolgenden Knotenpunkten. Die zentrale Achse des Sprosses verkörpert die Richtung der Höherentwicklung, die aufeinanderfolgenden Knotenpunkte repräsentieren aufeinanderfolgende Niveaus zunehmend komplexer Organisation, die Quirle schließlich stellen die Diversifikation der Form innerhalb der entsprechenden Organisationstypen als Antwort auf unterschiedliche Lebensbedingungen dar. Damit sind die beiden Evolutionsprinzipien miteinander in einem einfachen Stammbaumschema kombiniert: die Höherentwicklung liefert den Stamm, die Anpassung führt zu dessen Verzweigung. Nach Lamarck führen die Umweltbedingungen zu einer «derart großen und dabei so einzigartig geordneten Vielfalt von Arten, daß man sie nicht als eine gleichmäßig-graduell abgestufte Leiter dargestellt begreifen kann. Vielmehr bilden die

Arten um ein Grundmuster, an welchem sie teilhaben, Seitenzweige, an deren Spitze sie sitzen.»

Ein ähnliches (aber nur ähnliches!) Gedankenmuster findet sich wieder im Werk des großen deutschen Embryologen Karl Ernst von Baer, *Über Entwickelungsgeschichte der Thiere*, erschienen im Jahre 1828. Er bezeichnet die Embryonalentwicklung auch als Individualentwicklung, in deren Verlauf der Organismus in fortschreitender Weise seine individuellen Merkmale herausbildet. Schlüpft ein Hühnchen aus dem Ei, so läßt sich der frühe Keim kaum von jenem eines Fisches oder einer Eidechse unterscheiden: sie alle haben den Organisationstyp der Wirbeltiere gemeinsam. Dieser Organisationtyp ist eine logische Abstraktion der vergleichenden Anatomie, nicht ein lebensfähiger Organismus. Dieser muß angepaßt sein an seine Umwelt, um erfolgreich bestehen zu können. Deswegen trennen sich im Verlauf der weiteren Entwicklung die Differenzierungswege der Landtiere von jenem des Fisches. Letzterer bildet mehr und mehr seine individuellen Eigenschaften aus, durch welche er an das Leben im Wasser angepaßt wird, zuletzt als ganz individueller Fisch. Der Entwicklungsweg der Eidechse und des Vogels dagegen bleibt noch für einige Stadien derselbe: die Tiere haben den Organisationstyp der Vierfüßer gemeinsam. Eine Gabelung ihrer Entwicklungswege tritt erst auf dieser Organisationsstufe ein, indem der Vogel sich als flugfähiger Organismus individualisiert, während die Eidechse ihre spezielle Anpassung als Reptil weiter verfolgt. Im Laufe der Embryonalentwicklung reiht sich so die Differenzierung zunehmend komplexer, auseinander hervorgehender Organisationstypen in einer linearen Abfolge aneinander, die als «Achse» eines Gabeldiagrammes aufgefaßt werden kann. Diese Baupläne selber entsprechen allerdings bloß einem Schema, erarbeitet auf den Grundlagen der vergleichenden Anatomie. Sie repräsentieren den Verlauf der Höherentwicklung. Lebensfähigkeit setzt Anpassung voraus, die erreicht wird infolge einer Variation der grundsätzlichen Konstruktionstypen. In ihrer Gesamtheit führt die von Baersche Konzeption der Embryonalentwicklung zu einem verzweigten Schema der Naturordnung, zu einer subordinierten Hierarchie von Typen (die Vögel und Reptilien sind Teil der Vierfüßer, die ihrerseits Teil der Wirbeltiere sind, also [Wirbeltiere [Tetrapoden [Vögel, Reptilien]]]); auf der Spitze der jeweiligen Gabeläste sitzen die angepaßten und damit lebensfähigen individuellen Organismen.

Der Mechanismus, eine Organisationsform zunächst einmal aufzubauen, sie hervorzubringen und anschließend im Sinne einer Anpassung zu variieren, ist gegeben durch die Embryonalentwicklung. Man kann sagen, daß in der Ontogenese die Ursache aller Transformation liegen muß oder, umgekehrt: jede Transformation, jede Veränderung der Form, muß letztlich ihren Niederschlag finden in einer Veränderung der Embryonalentwicklung. Trifft dies zu, dann ist eine Parallelität der Embryonalentwicklung mit dem evolutiven Prozeß der Transformation und so mit der Ordnung der Natur, die aus diesem Prozeß folgt, zu erwarten. Theorien, welche diese Parallelität zu charakterisieren und zu erklären trachten, werden allgemein unter dem Begriff der «Rekapitulationstheorie» zusammengefaßt oder, wie Ernst Haeckel es später nannte, des «biogenetischen Grundgesetzes». Doch auch hier gilt es vor allzu großer Vereinfachung zu warnen. So, wie es zwei Evolutionsprinzipien gibt, jenes der Höherentwicklung und jenes der Anpassung, so gibt es auch unterschiedliche Muster der ontogenetischen Rekapitulation, die jeweils mit einem der beiden Evolutionsprinzipien zusammenhängen.

Das Konzept der Kette der Wesen als statisches Ordnungsmuster geht der Idee von dynamischer Höherentwicklung historisch gesehen voraus, so wie auch die Idee einer statischen Parallelität des ontogenetischen Entwicklungsprozesses mit der Ordnung der Natur einer dynamischen Rekapitulationstheorie vorausgeht. Schon William Harvey hatte im Rahmen seiner Studien zur Entwicklung des Hühnchens (1651) darauf hingewiesen, daß dessen Herz frühembryonal ein einfaches Differenzierungsstadium durchläuft, wie es für erwachsene Tiere von niedrigerem Organisationstypus charakteristisch ist. In seiner *Palingénésie philosophique* folgte Charles Bonnet der Aristotelischen Seelenlehre mit seiner Behauptung, daß sich vernunftsbegründetes Verhalten erst im Laufe der postembryonalen Entwicklung des Kindes einstellt. Daraus folgt, daß das Verhalten des Kleinkindes jenem der Tiere ähnelt, daß das Kind im Laufe seiner Entwicklung ein Stadium durchläuft, welches für ausgewachsene Organismen tieferer Organisationsstufen typisch ist. Damit sollte aber nicht gesagt sein, daß der Mensch von den Tieren abstamme! Es war lediglich eine Entsprechung des Ordnungsprinzips gefordert, dem nicht nur die Natur als Ganzes, sondern auch der Organismus in seiner Entwicklung unterworfen waren. Erneut schimmert neuplatonisches Gedankengut durch: die Parallelität von Naturordnung und Embryonalentwicklung wurde als Hinweis auf eine Entsprechung von Makrokosmos und Mikrokosmos verstanden. Auch die von Baersche Rekapitulationstheorie war von ihrem Autor in diesem statischen Sinne verstanden worden. Daß vierfüßige Tiere und Fische ein ähnliches, frühembryonales Entwicklungsstadium durchlaufen, welches dem Organisationstyp der Wirbeltiere entspricht, hieß für ihn noch nicht, daß Vierfüßer von Fischen abstammen.

Lamarck verfolgte den vorgezeichneten Weg weiter, doch schloß er vom statischen Muster auf einen dynamischen Prozeß, was heißen muß, daß die Embryonalentwicklung eines Organismus dessen evolutiven Gang durch die Kette der Wesen rekapituliert. Das Beispiel, das Lamarck zur Stütze seiner Theorie anführte, ist jenes der Metamorphose der Froschlurche. Zunächst als eine an das Wasser gebundene und mittels Kiemen atmende Kaulquappe in Erscheinung tretend, entspricht der Frosch im Larvenstadium noch einem Fisch. Durch die Metamorphose steigt der Frosch zum Vierfüßer auf, während die Kiemenatmung durch Lungenatmung abgelöst wird. In der Metamorphose des Frosches offenbart sich nach Lamarck zugleich der evolutive Schritt vom Wasser aufs Land, die Abstammung der Vierfüßer von den Fischen.

Weiter ausgebaut wurde die Theorie der Rekapitulation von zwei anderen Pariser Naturforschern, von Etienne Geoffroy Saint-Hilaire und von dessen Schüler, Etienne Serres.

Vor allem Serres machte sich durch embryologische Studien einen Namen, so daß seine Befunde – im Einklang mit jenen des deutschen Anatomen J. F. Meckel – das Fundament legten für das sogenannte Meckel-Serres-Gesetz. Dem damals in Paris vorherrschenden Zeitgeist sich widersetzend, blieb E. Serres zumindest teilweise der Idee einer Kette der Wesen treu, auch wenn diese nicht mehr durchgehend alle natürlichen Wesen miteinander verbinden sollte. Schon Lamarck hatte das Reich der unbelebten Natur von jenem der organischen Wesen getrennt und die Pflanzen von den Tieren geschieden. Georges Cuvier, mächtigster Vertreter der französischen Zoologie zu Beginn des 19. Jahrhunderts, hatte die Tiere auf vier Gruppen, sogenannte *embranchements*, aufgeteilt, die er als nicht aufeinander zurückführbar beschrieb. Wer also Übergänge zwischen Wirbellosen und Wirbeltieren suchte, mußte mit beträchtlichen wissenschaftlichen und politischen Repressionen seitens Cuviers rechnen. Allerdings blieb immer noch die Möglichkeit, die seriale Anordnung auf ein *embranchement* zu beschränken und die fortschrittliche Entwicklung innerhalb dieser Gruppe zu analysieren. Doch auch vor dem Brückenschlag zwischen den basalen Gruppen schreckten Serres und Geoffroy Saint-Hilaire nicht zurück.

In einer Arbeit aus dem Jahre 1824 verfolgte E. Serres die Frage, durch welche Eigenschaften sich das Zentralnervensystem der verschiedenen Klassen der Wirbeltiere unterscheidet und wie diese Unterschiede zu erklären seien; dieselbe Fragestellung wurde naturgemäß auch auf die wirbellosen Tiere übertragen.

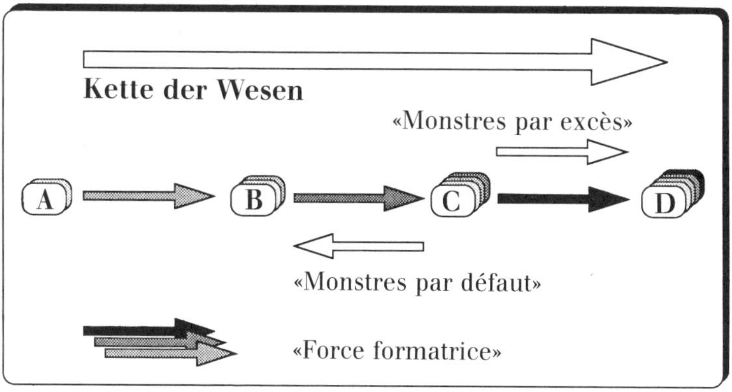

Abb. 3: Das Meckel-Serres-Gesetz: Die Beziehung zwischen der Wirkung der die Embryogenese steuernden Entwicklungskraft (*«force formatrice»*) und der Kette der Wesen. Ein Überschuß der Entwicklungskraft führt zur Bildung einer durch überzählige Organe gekennzeichneten Mißgeburt (*«monstre par excès»*), ein Defizit der Entwicklungskraft hätte den gegenteiligen Erfolg (*«monstre par défaut»*).

Seine Antwort war, daß sich die Unterschiede auf *«quelques métamorphoses de plus ou de moins»* im Laufe der Embryonalentwicklung zurückführen ließen. *Métamorphose* ist aber nichts anderes als der französische Begriff von Transformation in weitestem Sinne. Einfach ausgedrückt: Das Gehirn der Lurche soll sich von jenem der Fische durch die *Addition* eines neuen Entwicklungsschrittes unterscheiden. Vergleicht man mit E. Serres die Gehirnentwicklung bei Fischen und Lurchen, so würde das Gehirn der Fische durch die Hinzufügung eines neuen Entwicklungsschrittes sich zu jenem der Lurche umformen. Das aber muß heißen, daß das Gehirn der Lurche im Laufe seiner Entwicklung ein Stadium durchläuft, das jenem der ausgewachsenen Fische entspricht. Oder umgekehrt: Die Entwicklung des Gehirns der Fische bliebe, im Vergleich zu jenem der Lurche, auf einem früheren Stadium, auf einer niedrigeren Komplexitätsstufe stehen.

Die Embryonalentwicklung wurde von E. Serres als eine Kette aufeinanderfolgender Transformationen oder Metamorphosen aufgefaßt. Die Aufeinanderfolge der Embryonalstadien würde der der Kette der Wesen entsprechen (Abb. 1). So, wie sich die Wirbeltiere, von Fischen über Amphibien und Reptilien zu Vögeln und Säugetieren, in einer Stufenfolge zunehmender Komplexität anordnen lassen, so entwickelt sich der Embryo der Wirbeltiere entlang eben dieser Kette von einfacheren zu komplexeren Organisationsstufen. Der Embryo durchläuft im Laufe seiner Individualentwicklung die Kette der Wesen. Das Reptil entspricht einem unvollkommenen Vogel, die Lurche repräsentieren gleichsam «perfektionierte» Fische.

Diese ursprüngliche Fassung der Rekapitulationstheorie ist nicht notwendigerweise einem modernen Verständnis von Evolution verpflichtet; es geht Serres nicht so sehr um die Möglichkeit, aus der Embryonalentwicklung auf die evolutive Verwandtschaft der Organismen zu schließen. Vielmehr geht es zunächst einmal und in erster Linie um eine Entsprechung der Ordnungszustände und deren kausalen Erklärung aufgrund embryonaler Mechanismen der Formbildung. Die Kette der Wesen kann im Rahmen des Meckel-Serres-Gesetzes weiterhin als statisches Ordnungsschema gelten, doch erfährt diese Ordnung der Lebewesen eine Erklärung durch die in der Embryonalentwicklung festgelegte

Aufeinanderfolge der Wandlungsschritte. Durch das Hinzufügen eines zusätzlichen Metamorphoseschrittes am *Ende* einer existierenden Entwicklungsfolge erreicht der Embryo ein höheres Organisationsniveau. Man spricht von der *terminalen Addition* neuer Entwicklungsschritte. Es ist eine logisch notwendige Konsequenz des Mechanismus der terminalen Addition, daß er zu einer linearen Ordnung der Lebewesen entlang einer Stufenfolge zunehmender Komplexität führt. Damit läßt sich aber auch die Kette der Wesen durch den Mechanismus der terminalen Addition kausal erklären.

Die physiologische Erklärung für das Gesetz der terminalen Addition hofften J. F. Meckel und E. Serres durch das Studium von Mißgeburten zu finden, einer Wissenschaft, welcher der Sohn von Etienne Geoffroy Saint-Hilaire, Isidore, unter dem Begriff der Teratologie zur Eigenständigkeit verhalf. Noch aus dem 18. Jahrhundert stammte die Klassifikation der Mißgeburten als *«monstres par excès»* und *«monstres par défaut»*: Die ersteren sind durch überzählige (exzessive) Bildungen, die letzteren durch das Fehlen von Organen gekennzeichnet. Meckel und Serres glaubten zu erkennen, daß die *«monstres par excès»* oft über den für ihre Gattung typischen Organisationsgrad hinaus sich entwickeln und so eine höhere Stufe der Komplexität erreichen. Umgekehrt fallen die *«monstres par défaut»* oft auf eine niedrigere Organisationsstufe zurück, ein Phänomen, das später unter dem Begriff des Atavismus weithin Anerkennung fand. Serres forderte aufgrund solcher Beobachtungen eine «Entwicklungskraft» (*«force formatrice»*), seiner Meinung nach die Wirkursache des geregelten Ablaufs der Embryonalentwicklung entlang dem Muster der Kette der Wesen (Abb. 1). Wäre diese Entwicklungskraft im Überfluß vorhanden, würde die Ontogenese gleichsam über ihr Ziel hinausschießen: die Folge sind *«monstres par excès»*. Im umgekehrten Falle, also bei einem Defizit der Entwicklungskraft, bilden sich *«monstres par défaut»*.

Eine logische Folge des Gesetzes der terminalen Addition liegt darin, daß der Organismus die seiner Organisationsstufe untergeordneten Differenzierungsstadien im Laufe seiner Entwicklung der Reihe nach durchläuft. Bezug nehmend auf das Nervensystem der Wirbeltiere betonte E. Serres:

«... die Niedrigeren entsprechen, in einigen ihrer Organe, permanenten Embryonen der höheren Klassen, so daß die Embryonen der höheren Wirbeltiere im Laufe ihrer mannigfaltigen Metamorphosen sukzessive die permanenten Formen der niederen Wirbeltiere rekapitulieren.»

Es ist offensichtlich, daß sich der Mechanismus der terminalen Addition zwanglos in phylogenetischem Sinne verstehen läßt, womit er zu einem Mechanismus der evolutiven Höherentwicklung wird. Man gedenke bloß der Zweideutigkeit der Begriffe «Evolution» oder «Entwicklung», die sowohl individuelle Entfaltung als auch stammesgeschichtliche Entwicklung bezeichnen können. Gemäß einer evolutiven Interpretation der Embryonalentwicklung, die allgemein einem Autor der nach-darwinistischen Ära, nämlich Ernst Haeckel, zugesprochen wird, würde die Embryonalentwicklung zum Abbild der phylogenetischen Entwicklung. Um das «biogenetische Grundgesetz» in die Worte von Ernst Haeckel zu kleiden: Im Laufe ihrer Embryonalentwicklung rekapitulieren die Organismen in verkürzter Form ihre Palingenese. In Umkehrung dieses Satzes liefert das Studium der Ontogenese den Schlüssel zur phylogenetischen Vergangenheit der Organismen, zumindest was den Aspekt der Höherentwicklung anbelangt.

Einer transformistischen Interpretation des Musters der Embryonalentwicklung hat sich bereits der Lehrer von E. Serres, Etienne Geoffroy Saint-Hilaire, in vorsichtiger Weise angenähert. Vor allem in seinen späteren Arbeiten aus den frühen dreißiger Jahres des 19. Jahrhunderts, in welchen er sich mit fossilen Meereskrokodilen aus den Kreidesteinbrüchen von Caen befaßte, glaubte er der Annahme einer evolutiven Transformation der Form nicht mehr aus dem Wege gehen zu können. Tatsächlich wurde er damit zu einem frühen Evolutionisten, reduzierte gleichzeitig aber die Möglichkeit von Transformation auf die Variation und Diversifikation eines als solchen unveränderlichen Bauplans. Ein Organisationstyp erhält so die Möglichkeit, auf eine Veränderung der Umweltbedingungen mit einer Veränderung der Form zu reagieren. Modern ausgedrückt: E. Geoffroy Saint-Hilaire stellte bei der Untersuchung der fossilen Krokodile die ökologische Diversifikation eines Organisationstyps in Rechnung. Die

Ursache evolutiver Transformation ist Anpassung, wodurch Geoffroy erneut mit der Notwendigkeit konfrontiert wurde, das lineare Ordnungsschema der Stufenleiter, welches der ursprünglichen Fassung der Rekapitulationstheorie zugrunde liegt, zu durchbrechen.

Angefangen hat die Sache mit einem Argument aus den zwanziger Jahren, das schließlich im Jahre 1832 zu dem berühmten Akademiestreit zwischen E. Geoffroy Saint-Hilaire und Georges Cuvier geführt hatte. Geoffroys Absicht war es, die Vielfalt der tierischen Erscheinungen auf einen einheitlichen Grundbauplan zurückzuführen. Er suchte die «Einheit in der Vielfalt», um damit eine Handhabe zur Untersuchung der Naturgesetzlichkeit der Form zu erlangen. Im Zuge dieser Untersuchungen hatte er behauptet, der Kiemendeckel der Fische entspreche wesensmäßig (essentiell) dem Gehörknöchelchen der Säugetiere. Beide Knochen würden seiner Ansicht gemäß demselben Grundelement des Schädels entsprechen, obwohl sie unterschiedliche Formen aufweisen und zu verschiedenen Zwecken dienen. Der Kiemendeckel dient den Fischen zur Kiemenatmung, während der Gehörknochen der Übertragung von Schallwellen dient. Die essentielle Ähnlichkeit würde sich so gleichsam hinter der unmittelbaren materiellen Erscheinung der Elemente «verstecken». Cuvier konnte sich diesem Vergleich des Kiemendeckels in keiner Weise anschließen und behauptete statt dessen, der Knochen komme einzig und allein der Klasse der Fische zu, sei mithin speziell für diese Klasse geschaffen worden, um eben die Atmung im Wasser zu ermöglichen. Eine solche Sicht der Dinge mußte Geoffroy ablehnen, denn die spezielle Kreation von Organen stellte seine Suche nach einer Naturgesetzlichkeit der Form in Frage: Gottes Eingriff in sein Werk mußte zur Aufhebung der Allgemeingültigkeit der Naturgesetze führen, spezielle Kreation mußte den natürlichen Gang der Dinge durchbrechen. Er behauptete daher, daß wesensmäßig sich entsprechende Organe unter veränderten Umweltbedingungen sowohl ihre Form, als auch ihre Funktion ändern können. Unter dem Einfluß des Lebens im Wasser, das eine Lungenatmung verunmöglicht, wäre der Gehörknochen der Säuger zum Kiemendeckel umgewandelt worden.

Seine Theorie der Transformation fand E. Geoffroy Saint-

Hilaire durch das Studium der Fossilien bestätigt. Man spricht von ausgestorbenen Arten, im Französischen als *«espèces perdues»*, als «verlorene Arten» bezeichnet, doch Geoffroy betonte: Diese Arten sind der Natur nicht eigentlich verlorengegangen. In Wirklichkeit sind sie der Natur erhalten geblieben, allerdings in einer leicht veränderten Form! Das Meereskrokodil erinnerte seiner Meinung nach deutlich an den noch heute lebenden Gangesgavial, das Mammut schloß sich in seinen Augen eng den heutigen Elefanten an. Krokodil und Elefant repräsentieren zwar verschiedene, deutlich voneinander getrennte Organisationstypen, doch beide Typen erwiesen sich als modifizierbar im Laufe der Zeit. Das Wesen des Typus, seine Essenz, bleibt zwar unverändert, doch seine Erscheinung ist in Form und Funktion der Umwelt angepaßt. Zusammengehalten wird der Organisationstyp nach Geoffroy durch einen Bildungstrieb, einen *«nisus formativus»*; der Mechanismus zur Modifikation und damit zur Anpassung des Typus liegt im Blutkreislaufsystem begründet. Erneut auf die Analogie zu Mißbildungen bezug nehmend, wies Geoffroy darauf hin, daß die *«monstres par excès»* und die *«monstres par défaut»* letztlich auf ein Zuviel oder Zuwenig von durch das Blut transportierter Nährsubstanz zurückzuführen sind. Was das eine Organ zuviel, bekommt das andere zuwenig. Auf diese Weise läßt sich der Bauplan variieren, nicht aber grundsätzlich verändern, weil der Zusammenhang zwischen den Blutgefäßen und den einzelnen Organen unveränderlich bleibt. Daher bleibt der Bauplan auch hinter aller Veränderung von Form und Funktion erkennbar.

In einem Punkt jedoch mußte E. Geoffroy Saint-Hilaire von seinem Vorbild und seinem Schüler, von Meckel und Serres, Abstand nehmen. Wie Toby A. Appel in seiner Darstellung des Akademiestreites von 1832 besonders klar zum Ausdruck bringt, war der Geist von E. Geoffroy Saint-Hilaire ein durchaus spekulativer, auch vor weit über die Beobachtungsgrundlagen hinausgehenden Annahmen nicht zurückschreckend. So erstaunt es nicht, wenn er mit seiner Hypothese adaptiver Transformation nicht beim Vergleich von Mammut und Elefant stehenblieb, sondern auch kühnere Brücken zu schlagen versuchte. Reptilien und Vögel gehören demselben Organisationstyp an, den Wirbeltieren, doch stellen sie ihrerseits deutlich verschiedene Anpassungsformen dar, angepaßt an radikal verschiedene Umwelten. War es denkbar, daß auch diese Gruppen aufgrund einer Transformationshypothese miteinander verknüpft werden können?

Das Konzept der terminalen Addition, durch die *«monstres par excès»* und die *«monstres par défaut»* empirisch untermauert, steht mit dem Konzept der Kette der Wesen, mit einer linearen Naturordnung, in engem Zusammenhang. Anders ausgedrückt: Evolutive Veränderung durch das Hinzufügen neuer Metamorphoseschritte an eine bestehende Sequenz von Embryonalstadien kann nur die Veränderung schon bestehender Strukturen erwirken, nicht aber neue, radikal unterschiedliche Strukturen schaffen. Der Transformationsprozeß ist ein additiver, dessen Fortgang immer nur auf bereits Bestehendem aufbauen kann. Geoffroy erkannte, daß sich auf diese Art und Weise die Unterschiede zwischen Reptilien und Vögeln kaum erklären und überbrücken ließen. Dies um so mehr, als sich die Vögel nicht zwanglos und kontinuierlich den Reptilien anschließen. Natürlich ist ihr Gehirn über das der Reptilien hinaus entwickelt, natürlich stellt die Warmblütigkeit einen Fortschritt gegenüber der Organisation der Reptilien dar. Die Lunge der Vögel aber, im erwachsenen Tier ein hochentwickeltes Organ, das die Sauerstoffzufuhr während des anstrengenden Fluges zu gewährleisten hat, schien Geoffroy von radikal anderem Bau als jene der Reptilien, und von dieser durch eine einfache Hinzufügung zusätzlicher Wandlungsschritte nicht ableitbar. Bestenfalls ähneln sich die frühen embryonalen Anlagen der Lungen bei Reptil und Vogel, doch dann muß ihre Entwicklung verschiedene Wege gehen, um die spezielle Form und Funktion, wie sie den Vögeln eigen ist, hervorzubringen.

E. Geoffroy Saint-Hilaire erkannte, daß der Wechsel vom Landleben zum Flugtier eine radikale Umkehr der Anpassung bedeutet. Weiterhin wurde ihm klar, daß eine solche Anpassung nicht einfach durch den allmählichen Umbau bereits bestehender Organe erreicht werden könne, so wenig wie ein kontinuierlicher Übergang feststellbar ist vom Körperbau der Reptilien zu jenem der Vögel. Das Konzept der Kette der Wesen fußt auf dem Kontinuitätsprinzip und impliziert damit die Forderung nach graduellen, fein abgestuften Veränderungen zwischen den einzelnen Gliedern, wie sie durch die Hinzufügung neuer Metamorphose-

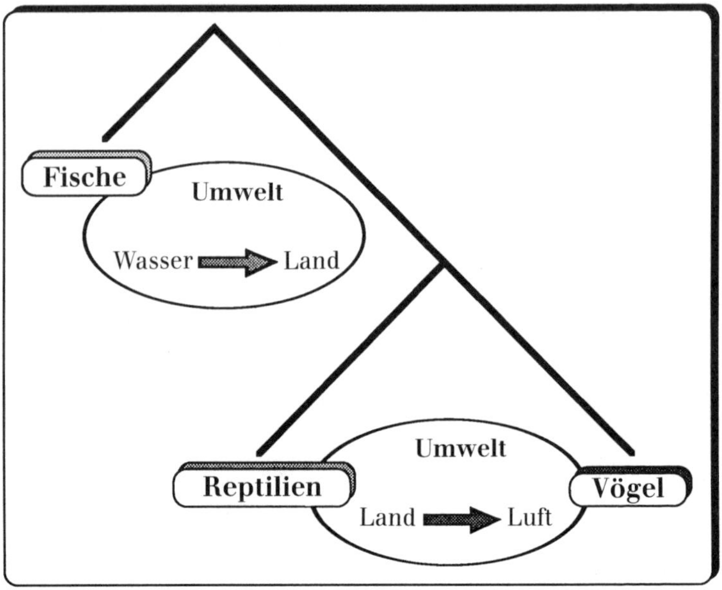

Abb. 4: Anpassung aufgrund frühembryonaler Divergenz führt zur verzweigten Naturordnung.

stadien leicht zu bewerkstelligen ist. Dagegen konstatierte Geoffroy in einer Arbeit aus dem Jahre 1833:

«Die niederen Typen der eierlegenden Tiere haben höhere Organisationsformen wie jene der Gruppe der Vögel offensichtlich nicht durch graduellen Wandel hervorgebracht. Es genügt eine mögliche [die Lebensprozesse und damit den Fortgang der Entwicklung nicht hemmende], in ihrem Ursprung wenig bedeutsame, aber in ihren Folgen unabsehbare Ursache (eine Ursache die ein Reptil traf, dessen Bestimmung ich mir nicht anmaße), um in allen Teilen des Körpers jene Zustände hervorzubringen, die den ornithologischen Typus charakterisieren.»

Geoffroy folgert, daß die Entwicklung der Vogellunge von den frühesten Differenzierungsstadien der Reptillunge ihren Ausgang genommen haben muß. Ausgehend von einer Ähnlichkeit früher Differenzierungsstadien muß der Entwicklungsweg der Vogellunge von jenem der Reptillunge «abzweigen», also einen gegenüber der Reptillunge *divergenten* Verlauf nehmen. Die Ursache des Wandels erscheint dann bedeutungslos in ihrem Ursprung, jedoch von unberechenbarer Konsequenz in ihren Auswirkungen, wenn sie frühe Phasen der Embryonalentwicklung trifft, während welcher grundsätzliche Organisationsmerkmale festgelegt werden. Was E. Geoffroy Saint-Hilaire im Gegensatz zu E. Serres in den Vordergrund stellte, war das Prinzip der *ontogenetischen Divergenz.* Eine in frühen Embryonalstadien einsetzende Gabelung der Entwicklungswege kann durch scheinbar geringfügige Veränderungen der den Entwicklungsprozeß steuernden Kontrollmechanismen ausgelöst werden. Die Kontinuität der einen Wandel der Form verursachenden Kausalkette bleibt damit erhalten. In ihrer Auswirkung aber kann eine ontogenetische Divergenz ganz beträchtliche Folgen zeigen, wie etwa die Bildung diskreter, scharf voneinander abgesetzter Organisationsformen. Ontogenetische Divergenz führt zu einer gegabelten Naturordnung (Abb. 2) und damit zu Lücken in der Kette der Wesen. Obwohl eine Kontinuität der Ursachen fortbesteht, fällt eine Kontinuität der Erscheinungen dahin.

Zusammenfassend müssen wir verschiedene Evolutionsprinzipien und in Verbindung damit unterschiedliche Konzepte der Naturordnung berücksichtigen. Das Prinzip der Höherentwicklung ist mit dem Konzept einer aufsteigenden Stufenfolge zunehmender Komplexität verknüpft. Die Linearität der Palingenesis wird durchbrochen durch Anpassungsprozesse, was zu einer Verzweigung der Kette der Wesen führt. Da jede evolutive Veränderung der Form in einer Veränderung der Embryonalentwicklung ihren Niederschlag finden muß, gilt terminale Addition als Mechanismus der linearen Höherentwicklung, während ontogenetische Divergenz zu einer gegabelten Naturordnung führt. Wir könnten auch sagen, daß ontogenetische Divergenz die Serie der terminalen Addition «stört». Wir nähern uns damit der Sprechweise von Ernst Haeckel, der die «Störungs-Entwicklung» von der Rekapitulation früherer Vorfahrenzustände unterschied. Die fortschrittliche Entwicklung bezeichnete Haeckel als Palingenesis, die allein in verkürzter Weise (daher auch «Auszugs-Entwicklung» genannt) rekapituliert wird. Sie liefert den Stamm für den

Stammbaum. Ontogenie kann die Phylogenie nur verkürzt wiedergeben, da sonst bei fortlaufender terminaler Addition die Embryonalentwicklung stetig verlängert würde. Die Rekonstruktion dieser Höherentwicklung aus den Daten der vergleichenden Embryologie wird aber durch die «Störungs-Entwicklung» erschwert, welche Haeckel die *«Caenogenese»* nannte. Ursprünglich bezeichnete er damit embryonale Anpassungen, später jedoch faßte er unter diesem Begriff auch andere Erscheinungen zusammen, die alle den linearen Gang der Palingenesis durchkreuzen, ihn mithin verfälschen (daher auch «Fälschungs-Entwicklung» genannt). Die Caenogenese liefert die Äste für den Stammbaum.

Fossilien im Wandel der Zeit

Die Kette der Wesen war ursprünglich als statisches Prinzip der Naturordnung konzipiert worden, als gottgewollte Ordnung der Natur, die, selbst wenn sie sich erst im Laufe der Erdgeschichte zu verwirklichen schien, doch ihren ausreichenden Grund im zeitlosen Denken Gottes fand. Im Laufe des 18. Jahrhunderts wandelte sich das Bild der Natur zusehends. Es kam zu dem, was Wolf Lepenies die «Verzeitlichung der Naturgeschichte» nannte. Eine andere Sichtweise der Natur schaffte Freiraum für neue Bilder, für ein neues Bewußtsein, geprägt von der Einsicht in die Dynamik der Geschichte, in das Wesen historischen Wandels. Georges Buffon ist einer der Brennpunkte dieser Entwicklung. Er verknüpfte einen Mechanismus des Formwandels mit der Vision einer Erdgeschichte. Die atomistische Konzeption der Organisation legte das Fundament für die Hypothese eines Formwandels, während die meßbare Abkühlung einer erhitzten Metallkugel in Analogie zu einer Erdgeschichte mit definiertem Anfang und festgelegter Richtung gesetzt wurde. Der Unterschied von toter und lebender Materie war kein wesensmäßiger mehr, sondern bloß noch ein gradueller. Leibniz hatte schon früher die Vision einer Erdgeschichte in seiner *Protogaea* festgehalten, einer Schrift, die überdies die erste bildliche Darstellung der Rekonstruktion eines Fossils enthielt. Aus verschiedenen Knochen, hauptsächlich solchen des Mammuts, hatte Otto von Guericke dem «fossilen Einhorn» Gestalt verliehen. Nach Leibniz war die Erdkugel durch einen Prozeß der Abkühlung aus einem Feuerball hervorgegangen, eine Hypothese, die Buffon getreu den Tendenzen seiner Zeit durch das Experiment zu prüfen gewillt war. Aus seinen Experimenten errechnete er ein Alter der Erde, das weit über die Maßgabe bisheriger Bibelauslegungen hinausging. Um einen Streit mit kirchlichen Autoritäten zu vermeiden, veröffentlichte Buffon nur eine beschönigte, nach unten hin korrigierte

Zahl; auch teilte er die Erdgeschichte in sechs Epochen auf, um die Analogie zur Schöpfungsgeschichte zu bewahren.

Ein skurriles Bild einer dynamisierten Naturgeschichte zeichnete Benoît de Maillet mit seinem um die Jahrhundertwende entstandenen, aber erst im Jahre 1749 erschienenen Traktat *Telliamed, ou Entretiens d'un Philosophe Indien avec un Missionaire Francois.* Jacques Marx hat darauf hingewiesen, daß der phantastische Aspekt von de Maillets Naturbild kein Zufall ist, soll er doch bei der Wahl seiner Themen in der Science-Fiction-Literatur seiner Zeit ausgiebige Anleihen aufgenommen haben. Der Erdball soll ursprünglich von Wasser bedeckt gewesen sein, das sich erst langsam, infolge der Sonnenwärme, in die nachmaligen Ozeanbecken zurückzog. Das Ende des Globus würde erreicht werden, wenn das Prinzip der Sonne, also der Hitze, den Gegensatz des Wassers vollständig überwunden haben und der Globus einem apokalyptischen Feuer anheimfallen würde. Interessant ist de Maillets Hypothese, daß im Zuge der Trockenlegung von Kontinenten die Landtiere aus den Wassertieren hervorgegangen seien. Gemäß der Auslegung der Genesis durch Aurelius Augustinus hätten sich die Vögel aus den freischwimmenden Fischen entwickelt, ein Prozeß, den die Zwischenformen der fliegenden Fische belegten. Daß jedes Landtier seine Entsprechung in den Tiefen des Ozeans findet, würde durch Formen wie Seekühe und See-Elefanten belegt. Zum Zeugnis der Abstammung von Menschen aus Meerjungfern zitierte de Maillet notariell beglaubigte Berichte von Kapitänen, welche die Nordmeere durchkreuzt haben wollen. Denn der Übergang vom Wasser aufs Land sollte sich in den nur schwer zugänglichen Regionen der Arktis abspielen, weil dort das Klima dank seiner relativ hohen Luftfeuchtigkeit einem entsprechenden Wandlungsprozeß förderlich sei.

So fragwürdig solche Visionen auch klingen mögen und wohl auch damals schon klangen, so stellte de Maillets Roman nebst anderen, ähnlich gelagerten Werken wie jenes des kaum weniger eigentümlich wirkenden Jean Baptiste René Robinet ein Mosaiksteinchen dar im Bild einer zunehmend dynamisierten Natur. Der fliegende Fisch als Zwischenform zwischen Fisch und Vogel: Es kam in zunehmendem Maße zu einer «Temporalisierung der Kette der Wesen», wie Arthur O. Lovejoy sich ausdrückte. Die *scala naturae* wurde zum Muster für einen historischen Entwicklungsprozeß. Fossilien als Zeugen der Erdgeschichte spielten in dieser Umwälzung des Weltbildes keine geringe Rolle. Voraussetzung war jedoch, daß sie auch wirklich als das, was sie sind, nämlich als Zeugen vergangenen Lebens, verstanden wurden. Diese Erkenntnis war allerdings nicht selbstverständlich und setzte sich nur langsam durch. Heute ist es uns kaum mehr möglich, in den Fossilien etwas anderes zu erblicken als empirische Evidenz für die Tatsache eines Entwicklungsprozesses des Lebens im Laufe geologischer Zeiten. Die mannigfaltigen Schwierigkeiten aber, welche einer solchen Interpretation der Fossilien entgegenstanden, bezeugen die Tatsache, daß unvoreingenommene Beobachtung als solche nicht zu Erkenntnis führen kann. Eine voraussetzungsfreie Beobachtung von Fossilien, angenommen sie wäre überhaupt möglich, könnte in diesen kaum einen Beleg des Evolutionsprozesses erkennen. Tatsächlich zeigt die Geschichte der Paläontologie, daß die Fossilien erst aus dem Blickwinkel einer dynamisierten Naturgeschichte betrachtet, also vor dem Hintergrund einer Hypothese von Transformation, die Bedeutung erlangten, die ihnen heute noch zukommt. Das Konzept einer dynamischen Erd*geschichte*, die Hypothese einer Transformation der Arten, mußte der Beobachtung der Fossilien vorangestellt werden!

Antike Philosophen und Naturforscher wie etwa Aristoteles' Schüler Theophrast hatten wenig Probleme, in den Fossilien Reste einst lebender Organismen zu erkennen, auch wenn sie aus dieser Beobachtung nicht auf eine Deszendenztheorie schlossen. Das antike Wissen um die Natur der Versteinerungen ging im Mittelalter «verloren», doch spielte dabei wohl nicht allein die Unzugänglichkeit antiker Schriften eine Rolle, sondern ebensosehr die Dominanz eines anderen, theologisch begründeten Weltbildes, das eine Transformation der Arten nicht zuließ. Von diesem Weltbild ausgehend, mußten zwei Erkenntnisschritte vollzogen werden, ehe die Deutung der Fossilien als Belege von Evolution möglich wurde. In einem ersten Schritt mußte die Einsicht (wieder)gewonnen werden, daß Versteinerungen Reste einst lebender Organismen darstellen; ein zweiter Schritt mußte zum Vergleich fossiler mit noch lebenden Organismen führen, woraus allein sich eine evolutive Veränderung erschließen läßt.

Agricola, mit bürgerlichem Namen Georg Bauer (1494–1555), war ein im Zentrum des deutschen Bergbaus tätiger Mediziner. Er unternahm es, das gesamte Wissen seiner Zeit über das Erdinnere in einem mehrbändigen Werk zu sammeln. Mit seiner Deutung der Fossilien trat er der Meinung des mittelalterlichen Theologen und Philosophen Albertus Magnus auf das entschiedenste entgegen. Nach aristotelischem Muster waren es für Albertus Magnus die Sterne – ihrerseits bewegt vom Ersten Unbewegten Beweger –, die kraft ihrer Größe, ihres Lichtes und ihrer Bewegung die gesamte Weltmasse in Gang hielten, diesen Gang aber zugleich auch bestimmten. Die Kraft der Sterne würde in die Bildung der Fossilien übergehen, welche damit eine Zeugung *sui generis* der Erde darstellen, geformt unter dem Einfluß der Himmelskörper. Den «geformten Steinen» käme damit dieselbe schicksalsbestimmende Kraft zu, welche die Astrologie den Sternen (noch heute) zuschreibt.

Agricola verwies diese Vorstellungen «verrückter Magier» in das Reich der Märchen oder sprach in Anspielung auf die hermetische Philosophie von einem «Traum des Hermes». Tatsächlich galten im Lichte dieser neuplatonisch gefärbten Metaphysik die Fossilien als den Sternen wesensverwandt und damit als Medizin, ein Thema, das Agricola schon rein beruflich interessieren mußte. Für ihn stand fest, daß die «Fossilien», die «gegrabenen Steine» im allgemeinen Wortsinn, die allerlei Formen nachahmen, aus einem «Gemenge» fester und flüssiger Substanzen unter der Einwirkung von Hitze und Kälte entstünden. Es waren somit Bildungen der Erde, die organische Formen nur nachbildeten. Als Analogie zu diesem Prozeß diente ihm das Wachstum von Korallenriffen im Meer. Agricola erstellte eine lange Liste der ihm bekannten Fossilien und bezeichnete darin den Ammoniten, das Gehäuse eines fossilen Tintenfisches, als eine Nachahmung eines Widderhornes. Der Belemnit, Hartteil eines anderen fossilen Tintenfisches, war für ihn ein Pfeil, fossile Haifischzähne verglich er mit der Natternzunge, Edelsteine oder andere Mineralien sollten die Augen von Menschen, Ziegenböcken oder Wölfen nachbilden, es waren Marmorblöcke bekannt, in deren Maserung sich Johannes

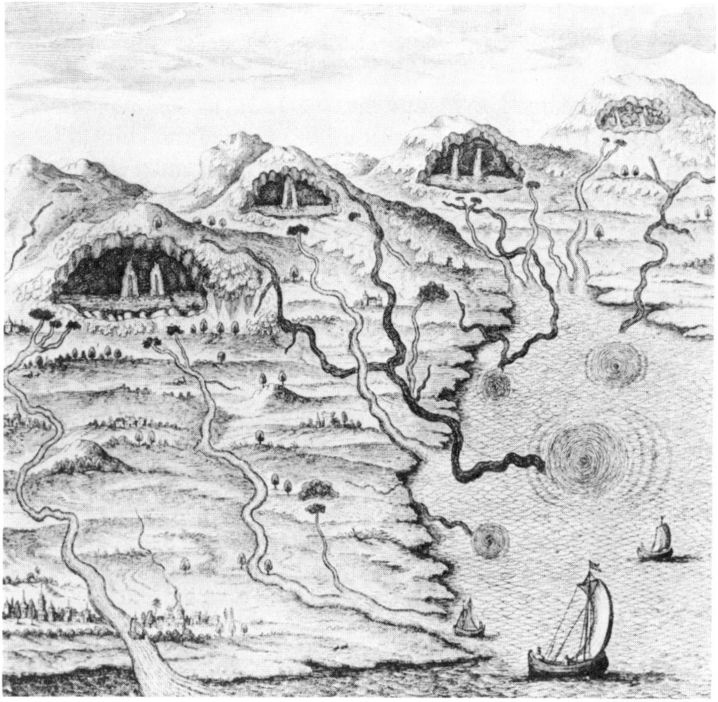

Abb. 5: Der Kreislauf des Wassers auf Erden. Athanasius Kircher beschrieb in seinem 1665 erschienenen «*Mundus subterraneus*», wie das Wasser durch unterirdische «Venen» in die Berge aufsteige, um durch oberirdische Arterien wieder ins Meer abzufließen. Es war Antonio Vallisnieri (1661–1730), der als erster die Frage stellte, welcher Mechanismus denn das Wasser in die Berge hinaufpumpen und dabei gleichzeitig das Salz aus dem Wasser entfernen sollte?

der Täufer oder der griechische Hirtengott Pan abbilden sollten. In einem Punkt aber traf Agricola mit seinen Erklärungen die organische Natur von Versteinerungen. Er sprach von einem «versteinernden Saft» («*succus lapidescens*»), der aus den Höhlen, Spalten und Ritzen des Gesteins quillt, wie durch die Bildung von Tropfstein bewiesen wurde. Fällt ein Gegenstand in ein stehendes Gewässer, das mit diesem Saft versetzt ist, so würde er darob versteinern oder mit einer steinernen Rinde überzogen. Das gilt für Handschuhe so gut wie für Holz, Blätter, Früchte oder Knochen.

Karl Nikolaus Lang, Stadtarzt in Luzern und bekannt als Entdecker der Giftigkeit des Mutterkorns, veröffentlichte im Jahre 1708 seine *Historia Lapidum Figuratorum Helvetiae*, eine Naturgeschichte der Schweizer «Figurensteine» oder Fossilien. Seine Erklärung für das Auftreten von Fossilien in den Schweizer Alpen, weitab vom Meer, mutet aus heutiger Sicht phantastisch an, doch stand Lang mit seinen Ansichten nicht allein. Tatsächlich strebte er eine Synthese mannigfaltiger neuerer Forschungsergebnisse an. Langs Theorie entsprach in Teilen jener des Engländers Edward Lhwyd und ging von der Doktrin des Theophrast aus, daß Organismen jederzeit und überall aus im Kosmos verbreiteten Samen entstehen können – vorausgesetzt diese gelangen in ein ihrer Entwicklung förderliches Milieu. Lang griff des weiteren auf den deutschen Geologen Athanasius Kircher zurück, dessen Beschreibung des Wasserkreislaufs der Erde sich an der Bibel (Prediger I, 7) orientierte: «Alle Flüsse gehen zum Meer, und doch wird das Meer nicht voll; an den Ort, wohin die Flüsse gehen, dahin gehen sie immer wieder.» Nach Kircher würde das Wasser durch unterirdische Kanäle, von ihm als Venen der Erde bezeichnet, in die Berge hinaufsteigen, dort aus Quellen an die Erdoberfläche treten und in den Flüssen, den Arterien, wieder ins Meer zurückfließen. Das Bild des Blutkreislaufs, 1628 durch William Harvey beschrieben, fand so seinen metaphorischen Niederschlag in der Erdgeschichte. Die Samentierchen des männlichen Samens schließlich wurden vom Niederländer Anton van Leeuwenhoek entdeckt, wie aus seinen Mitteilungen an die Royal Society in London hervorgeht, die er ab 1673 in regelmäßiger Folge verfaßte. Diese Entdeckung regte nicht nur seine, sondern auch die Phantasie seiner Zeitgenossen an. Es formulierte sich der sogenannte «Animalkulismus», eine Doktrin, wonach der sich daraus entwickelnde Organismus im Samentierchen bereits vorgeformt enthalten wäre. Der «Homunculus im Samenkopf» fand in dem *Essay de dioptrique* (1694) von Nicolaus Hartsoeker seinen bildlichen Niederschlag. (Es ist diese Doktrin des Animalkulismus, die durch Bonnets Nachweis der Jungfernzeugung bei Blattläusen widerlegt wurde. Bonnet wurde durch diesen Befund zum «Ovulisten», der behauptete, die Keime wären in den Eiern präformiert.) Damit sind nun alle Mosaiksteinchen gegeben, die Lang zu einem Bild der Erdgeschichte zusammenzufügen versuchte.

Lang behauptete, die Samentierchen der Meeresorganismen könnten durch unterirdische Kanäle, durch die «Venen» des Wasserkreislaufs, in das Gebirge sich verirren. In einer Felsspalte stecken geblieben, würden sie dort zur arteigenen Form auswachsen und so Fossilien bilden, die den lebenden Organismen aufs trefflichste ähneln. Würden sich die Samentierchen auf ihrem beschwerlichen Weg verletzen, bliebe das aus ihnen hervorgehende Fossil der Art der Verletzungen entsprechend unvollständig.

Den Durchbruch schaffte schließlich Niels Stensen, allgemein Steno genannt, ein dänischer Mediziner und Naturforscher, dessen anatomische Studien von den Medicifürsten in Florenz gefördert wurden. Als im Herbst 1666 in der Nähe von Livorno ein Hai an Land gezogen wurde, ordnete Ferdinand de' Medici an, daß der Kopf des Tieres zuhanden von Steno nach Florenz gebracht werde. Dieser benützte die Gelegenheit, die Kopfmuskulatur dieses Tieres genauer zu untersuchen. Der Bericht, den Steno vorlegte, wirkt jedoch auf eigentümliche Art und Weise unvollständig, zumindest oberflächlich. Seine Aufmerksamkeit scheint von einer anderen Beobachtung gefesselt worden zu sein. Der Anblick der zahnbewehrten Kiefer mußte ihn plötzlich zur Einsicht gebracht haben, daß gewisse Fossilien, gemeinhin «Zungensteine» («*glossopetrae*») genannt, in Wirklichkeit nichts anderes darstellten als im Gestein der Toscaner Hügel eingeschlossene Zähne einst lebender Haie. Wie aber, so mußte sich Steno fragen, konnte der harte Teil eines Meeresbewohners in hartem Stein eingeschlossen werden? Wie konnte Festes natürlicherweise in Festem eingeschlossen werden? Eine vorläufige Antwort auf diese Frage veröffentlichte Steno im Jahre 1669 in der vorläufigen Mitteilung *De solido intra solidum naturaliter contento*, der ein ausführliches Werk folgen sollte. Womöglich infolge seiner Konversion zum katholischen Glauben ließ Steno das Projekt fallen, doch seine kurze Schrift erwies sich als ausreichend revolutionär, um der Wissenschaft der Erdgeschichte eine neue Wendung zu geben. Stenos Antwort auf das scheinbare Paradoxon war ebenso einfach wie verblüffend: Der eingeschlossene Körper, in seinem Fall der Haizahn, mußte fest geworden sein, bevor das einschließende Medium Stein sich verfestigt hatte. Damit war die Aufmerksamkeit der Geologen auf den Sedimentationsprozeß gelenkt. Partikel fester Materie, zunächst im Wasser aufgeschwemmt, setzen sich im Laufe der Zeit ab und bilden so einen zuerst weichen, sandigen Bodenbelag, der sich erst im Laufe der Erdgeschichte zu Gestein verfestigt. Tote und absinkende Tiere beziehungsweise deren Hartteile wie Schalen, Skelette oder Zähne können fossil erhalten bleiben, wenn sie zuvor im Sand eingebettet werden. Ein springender Punkt in der Argumentationskette Stenos, auch heute noch von größter Bedeutung für die Methode der Paläontologie (Lehre der Fossilien), ist der «Rezentvergleich»: Versteinerungen können erst im Lichte des Vergleichs mit heute noch lebenden Tier- oder Pflanzenformen als das erkannt werden, was sie wirklich sind. Dies ist eine methodische Regel, die jedem paläontologischen Forschungsprogramm vorauszustellen ist. Steno war der erste Autor, der diese Regel in aller Konsequenz anwandte und damit die Erforschung der Erdgeschichte revolutionierte.

In eine ähnliche Richtung zielte die Argumentation von Robert Hooke, Arzt, Mathematiker und Leiter der experimentellen Forschung in der Royal Society von London. Seine Begeisterung galt dem Mikroskop und fand ihren Niederschlag in der im Jahre 1665 veröffentlichten *Micrographia*, einer bunten Mischung mikroskopischer Beobachtungen. Mit darin enthalten war die Beschreibung versteinerten Holzes, das in seiner mikroskopischen Textur in allen Punkten der Holzkohle glich. Neben dem Rezentvergleich spielte für Hooke allerdings auch noch die Aristotelische Ursachenlehre eine wesentliche Rolle, wie Martin Rudwick betonte. «Die Natur macht nichts umsonst», lautete Hookes Grundsatz. Unter Voraussetzungen dieses Satzes scheint es absolut verfehlt, Fossilien als bloße Spielerei der Natur abzutun, wie dies von manchen mittelalterlichen Autoren vertreten worden war.

Wie erinnerlich unterschied Aristoteles vier Ursachen, wovon er die eine als Zweckursache (*causa finalis*) bezeichnete. Hinter der Zweckursache steht die Frage nach dem Zweck einer speziellen Einrichtung, eines Werkzeuges. Mit der Ausklammerung der Wesensfrage wurde auch die Frage nach der Zweckursache aus der Naturwissenschaft verbannt, setzt sie doch eine Instanz voraus, letztlich ein Bewußtsein, das den Zweck einer speziellen Einrichtung deren Bildung vorwegnimmt. Dies galt noch nicht für Hooke und seine Zeitgenossen. Wenn er in der Textur fossilen Holzes Kanäle feststellte, so konnte und mußte er sich fragen, *wozu* diese Kanäle wohl dienen könnten. Im Vergleich zu heutigem Holz mußte klar werden, daß diese Kanäle gleich jenen im Stamm lebender Bäume dem Transport von Nährflüssigkeit gedient haben müssen. Das aber bedeute, daß das fossile Holz einst gelebt hat. Entspräche es bloß einer steinernen Nachahmung des Holzes, so würde die Frage nach dem Zweck der mikroskopisch erkennbaren Strukturen unbeantwortet bleiben müssen.

Noch sinnfälliger stellt sich dasselbe Problem beim Vergleich fossiler und heutiger Muschelschalen. Die Klappen heute lebender Muscheln stehen durch kompliziert gebaute «Schloß»-Strukturen miteinander in Verbindung. Diese Strukturen erfüllen ihre Funktion aber erst, wenn die Muschelschalen gegeneinander bewegt, geöffnet und geschlossen werden können. Bei fossilen Muschelschalen finden sich dieselben Strukturen in entsprechender Komplexität. Wären diese Fossilien eine Bildung der Erde *sui generis*, eine Nachahmung von Muscheln nur, im Gestein entstanden und somit stets im Gestein eingeschlossen, so hätten die Klappen der Muschelschale nie gegeneinander bewegt werden können. Erneut müßte die Frage nach dem Zweck des Schlosses unbeantwortet bleiben. Die Frage nach dem Zweck allein garantiert allerdings noch nicht eine aus heutiger Perspektive als «richtig» eingestufte Interpretation der Fossilien. Ein Jahrhundert später glaubte Voltaire in seiner satirischen Art, fossile Austern, die auf den Höhen der Pyrenäen gefunden wurden, als Reiseproviant ehemaliger Pilger abtun zu können. Er konnte sich nicht vorstellen, wie Meerestiere im Gestein hoher Berge, weit weg vom Meer, erhalten geblieben sein sollten. Dies war in der Tat die nächste Frage, die es befriedigend zu beantworten galt.

Naheliegend, speziell aus der Sicht eines theologisch geprägten Weltbildes, war der Rückgriff auf die Sintflut. Johann Jakob Scheuchzer, Stadtarzt in Zürich, trat im Jahre 1726 mit einem

Flugblatt an die Öffentlichkeit, in dem er ein fossiles Salamanderskelett als «*Homo diluvii testis*», als den Rest eines in der Sintflut umgekommenen Sünders, beschrieb. (Wie Georges Cuvier später herausfinden sollte, handelte es sich um einen fossilen Riesensalamander.) Fossilien waren für Scheuchzer Reste von in der Sintflut umgekommenen Lebewesen, genauer: Er anerkannte sie als Zeugen der biblischen Geschichte nach seiner Übersetzung des Werkes von John Woodward, *An Essay towards a Natural History of the Earth, and Terrestrial Bodies*, im Jahre 1703. Denn es ist dessen Deutung der Fossilien, die Scheuchzer übernahm und in seiner Kupferbibel, der *Physica Sacra*, postum erschienen in den Jahren 1731–1735, zur vollendeten Darstellung brachte.

Die Sintfluttheorie erfreute sich zu Scheuchzers Zeit großer Beliebtheit, obwohl gewichtige Einwände gegen sie sprachen. Einmal mehr ein Beweis für die Tatsache, daß wissenschaftliche Theorien trotz eines Konfliktes mit der Beobachtungsgrundlage überleben können, wenn sie dem Geist der Zeit entsprechen. Die Öffnung der Schleusen des Himmels hätten nach dieser Theorie die Erdoberfläche aufgewühlt, ein guter Teil des Bodengrundes sei aufgeschwemmt worden. Verendete Tiere seien auf den Boden des Weltmeeres abgesunken und vom sich wieder absetzenden Grund zugedeckt worden. Diese Theorie müßte zur Voraussage Anlaß geben, daß die Fossilien vollkommen regellos im Gestein eingebettet sind. Empirisch war diese Voraussage jedoch nicht zu bestätigen. Vielmehr zeigte sich eine Regelmäßigkeit der Verteilung fossiler Arten in der Aufeinanderfolge der Gesteinsschichten. Martin Lister, ein Engländer – und gerade in England sollte sich unter dem Einfluß der «Natürlichen Theologie» die Sintfluttheorie besonders lang halten –, war einer der ersten, aber keineswegs der einzige, der auf die Regelmäßigkeit im Auftreten fossiler Tintenfische (Ammoniten) hinwies. Tatsächlich eignet sich diese Gruppe besonders gut zur biostratigraphischen Forschung. Es geht dabei darum, die relative zeitliche Einordnung von Ablage-

Abb. 6: Darstellung der Sintflut durch Johann Jakob Scheuchzer (1672–1733) in dessen Kupferbibel, erschienen in den Jahren 1731–1735. Scheuchzer verfolgte mit seinem Werk eine «Geheiligte Natur-Wissenschaft», also eine Untermauerung der Bibel mit naturwissenschaftlichen Erkenntnissen.

rungen durch ihren Fossilinhalt zu bestimmen. Angenommen es läßt sich in einem gegebenen Aufschluß, einem Steinbruch beispielsweise, die Abfolge der Gesteinsschichten durch eine geregelte Aufeinanderfolge fossiler Arten charakterisieren, so ist damit die Grundlage geschaffen, die Gesteinsschichten anderer Aufschlüsse aufgrund eines entsprechenden Fossilinhaltes mit jenen des ersten Untersuchungsgebietes in Verbindung zu bringen. Schichten, welche dieselben fossilen Arten einschließen, werden demselben geologischen Zeitraum zugeordnet. Die Biostratigraphie trachtet unter Verwendung sogenannter Leitfossilien, Arten, die für einen bestimmten Zeithorizont typisch sind, Ablagerungen verschiedener Lokalitäten in ein relatives Zeitschema einzuordnen.

Die Widerlegung der Sintfluttheorie durch die Methode der Biostratigraphie war aber nicht der einzige Grund, von einer allzu wörtlichen Auslegung der Bibel Abstand zu nehmen. Vielmehr stand ein vielleicht noch gewichtigeres Argument zur Debatte. Es ging letztlich um die Möglichkeit von Wissenschaft schlechthin. Das Auftreten einer Sintflut kann nur durch ein direktes Eingreifen Gottes in sein Schöpfungswerk erklärt werden. Sie kommt einem göttlichen Wunder gleich. Wird jedoch die Möglichkeit göttlicher Wunder auch nur im Prinzip zugelassen, so müßte die Methode der Naturwissenschaften einen Vertrauensschwund erleiden. Diese trachtet ja danach, die Naturgesetze aufzuspüren, welche eine Regelmäßigkeit der Erscheinungen bedingen. Die Kenntnis von Naturgesetzen soll vertrauenswürdige Voraussagen gestatten, wodurch der natürliche Lauf der Dinge überblickbar, womöglich sogar zum Vorteil der Menschheit manipulierbar wird. Göttliche Wunder können nun zu jeder Zeit und für die Menschheit völlig unvorhersehbar den natürlichen Lauf der Dinge durchbrechen, die Naturgesetze zeitweilig außer Kraft setzen. Ohne die Möglichkeit göttlicher Wunder an sich ausschließen zu können, mußten die Vertreter der Naturwissenschaften schon allein aufgrund ihres Anspruchs und ihrer Methode die gleichförmige Gültigkeit der Naturgesetze fordern, die Möglichkeit ihrer zeitweiligen Aufhebung bestreiten.

Unabhängig von den Querelen um die Gültigkeit der Sintfluttheorie setzte sich die Methode der Biostratigraphie in zunehmendem Maße durch und leistete als Hilfswissenschaft gute Dienste der Geologie. Den Weg dieser Entwicklung nachzuzeichnen würde uns allerdings von unserem Thema wegführen. Wir springen daher in das Jahr 1795, als Georges Cuvier, auf Betreiben seines damaligen Freundes und nachmaligen Gegners Etienne Geoffroy Saint-Hilaire, seinen Posten als vergleichender Anatom am Naturhistorischen Museum in Paris antrat. Cuviers Einfluß sollte die Zoologie Frankreichs für die nächsten dreißig Jahre weitgehend bestimmen, seine Schüler und Anhänger sich als versierte Kritiker des Darwinismus profilieren – Grund genug, sich mit Cuvier und seinen Leistungen etwas eingehender zu beschäftigen.

Cuvier ging unter verschiedenen Aspekten in die Geschichte der Biologie ein. Seine Bewunderer betonen seine Leistungen auf dem Gebiet der vergleichenden Anatomie und der Paläontologie. Eine kritischer eingestellte Geschichtsschreibung, wie etwa jene Toby A. Appels, streicht die Schamlosigkeit heraus, mit der Cuvier sozialen und politischen Einfluß ausnützte, um in der Biologie Frankreichs Beobachtung durch die Macht der Autorität zu ersetzen, dabei selber aber den Anspruch absoluter und unbestechlicher Empirie hochhaltend. Zu Beginn seiner Karriere profilierte sich Cuvier als Gegner der von Georges Buffon entworfenen Erdgeschichte. Man erinnert sich: Buffon nahm eine zunehmende Abkühlung des Erdballs an, dessen erste Bewohner sich in nördlichen Breitegraden aufgehalten hätten. Mit kontinuierlich zunehmendem Frost seien die Tiere langsam gegen Süden ausgewichen, dabei in veränderte Umweltbedingungen gekommen, die schließlich eine «Degeneration» der Form innerhalb eines Organisationstyps ausgelöst hätten. Als Beweis für seine Theorie führte Buffon den Vergleich fossiler und heutiger Elefanten an. Der in seinen Theorien enthaltene Ansatz zum Transformatismus war schon zu Buffons Lebzeiten geeignet, ihn in ein gespanntes Verhältnis zu Kirche und Staat zu bringen, waren doch im späten 18. Jahrhundert materialistisch gefärbte Theorien der Transformation von einiger politischer Brisanz. Es kommt nicht von ungefähr, daß Charles Bonnet mit seiner Doktrin präexistenter Keime die alte, gottgewollte und daher unverrückbare Ordnung sowohl der organischen Erscheinungen als auch der Gesellschaft gegen den Ansturm der Aufklärung zu verteidigen trachtete. Die Transformation setzte sich schließlich durch, nicht nur in der Biologie, sondern auch in der Gesellschaft, durch die Französische Revolution. Cuviers Wirken fällt in die nachrevolutionäre Ära. Enttäuscht von den Folgen der Revolution und konservativ in seiner Einstellung, setzte er seine Macht und seinen Einfluß ein für die Erhaltung der «neuen» Ordnung, für die Politik der Restauration. Transformation lag nicht mehr drin.

Den Todesstoß glaubte Cuvier den Theorien Buffons mit einem Vortrag versetzen zu können, den er am 21. Januar des Jahres 1796 im neugegründeten «Institut National» in Paris hielt – ein denkwürdiges Datum in der Geschichte der Paläontologie! Im Zentrum seiner Ausführungen stand einmal mehr der Vergleich fossiler «Elefanten» mit heutigen Vertretern der Gruppe. Es gelang Cuvier erstmals nachzuweisen, daß unter heutigen Elefanten nicht nur eine, sondern zwei Arten zu unterscheiden sind, eine afrikanische und eine indische. Ferner konnte er überzeugend darlegen, daß unter den fossilen «Elefanten» wiederum zwei Arten vertreten sind, das von ihm so benannte Mastodon und das Mammut. Dieser Nachweis aber mußte bedeuten, daß nicht nur das Mastodon, wie schon Buffon vermutet hatte, sondern auch das Mammut einer ausgestorbenen Art gleichkommt. Damit war Transformation *ad acta* gelegt. Das Mammut hatte sich nicht zum modernen Elefanten gewandelt, es war vielmehr ausgestorben: eine «verlorene Art». Die Existenz des Mammuts war zu einem Ende gekommen, es bestand für Cuvier keine Kontinuität der Abstammung zwischen dem Fossil und heutigen Elefanten.

Cuvier hatte sich in seinem Argument mit Bedacht auf Großsäuger konzentriert. Hätte er auf einen Vergleich fossiler und heutiger Muscheln oder Schnecken abgehoben und dabei Unterschiede festgestellt, so hätte man ihm stets entgegnen können, daß die fossilen Arten nicht eigentlich ausgestorben seien. Es bestünde ja noch immer die Möglichkeit, daß die fossilen Arten überlebt hätten, in den Untiefen der Meere oder in einer noch unerforschten Bucht. Für das Mammut konnten solche Argumente nicht gelten. Hätte es überlebt, es wäre von den Forschungsreisenden bestimmt nicht übersehen worden!

Cuviers Spekulationen gingen noch weiter. Im Jahre 1812

veröffentlichte er eine mehrbändige Übersicht seiner Studien fossiler Säugetiere und Reptilien. Dem ersten Band stellte er eine Einleitung voran, die später separat unter dem Titel *Discours sur les révolutions de la surface du globe* gedruckt wurde und weite Verbreitung fand. Mit dem *Discours* begründete Cuvier eine Tradition, die unter dem Begriff des Katastrophismus in die Geschichte der Biologie eingehen sollte.

Den Fund eines behaarten Mammuts in Sibirien erneut aufgreifend, betonte Cuvier, daß dieses Tier sehr plötzlich vom Eis überrascht worden sein mußte. Hätte sich das Eis langsam und kontinuierlich gegen Süden ausgedehnt, so wäre dem Mammut Zeit geblieben, sich durch eine südwärts gerichtete Wanderung in Sicherheit zu bringen, wie dies Buffon gefordert hatte. Wäre das Mammut andererseits schon lange tot gewesen, bevor es vom Eis zugedeckt wurde, so wäre sein Fell kaum erhalten geblieben: es hätte verwesen müssen. Was Cuvier nicht in Rechnung stellte, war die Möglichkeit einer Anpassung des behaarten Mammuts an ein kaltes Klima. Daher forderte er, daß das Tier einem katastrophalen Kälteeinbruch erlegen sein müsse.

Wir müssen uns klar machen, daß die ganze Argumentation Cuviers auf einem Artkonzept fußte, das von jenem Buffons sich grundlegend unterschied. In seinen Schriften sprang Buffon recht unbekümmert mit Begriffen wie *espèce* und *famille* um, was die Interpretation seiner Werke nicht eben erleichtert. Was er wohl jeweils damit meinte, war ein bestimmter Organisationstyp, der in seinen Grundzügen (infolge der «inneren Ausgüsse», der «*moules intérieurs*») unverändert blieb. Die «Degeneration» der Form vollzog sich als ununterbrochener, kontinuierlicher Prozeß innerhalb eines solchen Organisationstyps in fein abgestufter Weise. Dies hat zur Folge, daß sich beispielsweise im Rahmen einer *famille* Arten nur willkürlich voneinander abgrenzen lassen, weil sie – theoretisch zumindest – infolge der Kontinuität der «Degeneration» übergangslos ineinander fließen. Es kann keine scharfen Grenzen geben zwischen Arten. Was in der Natur vorliegt, ist ein Kontinuum der Generationenfolge; jede scharfe Abgrenzung von Arten wird unter der Voraussetzung kontinuierlichen Wandels zu einer Konstruktion beziehungsweise zu einer Abstraktion der ordnenden Intelligenz des Naturforschers.

Cuvier verstand den Begriff der Art auf eine radikal andere Weise, ohne die Voraussetzung einer Kontinuität der Erscheinungen. Er war Paläontologe und als solcher mit der Methode der Biostratigraphie vertraut. Die Untersuchung der Geologie des Pariser Beckens, unter Mitarbeit von Alexandre Brongniart, hatte ihn gelehrt, daß die in aufeinanderfolgenden Gesteinsschichten auftretenden Arten jeweils andere sind. Diese Erkenntnis setzt voraus, daß Arten prinzipiell an mehr als einem Ort und zu mehr als einer Zeit wiedererkennbar sind – eine Voraussetzung jeden Bestimmungsschlüssels – oder, umgekehrt: Einer biostratigraphischen Untersuchung muß die Überzeugung vorausgehen, daß die Arten aufgrund wesenseigener, artkennzeichnender Merkmale zu mehr als einer Zeit und an mehr als einem Ort wiedererkennbar sind. Das sind sie aber nur, wenn zwischen den Arten aufeinanderfolgender Ablagerungen morphologische Diskontinuität vorherrscht. Im Gegensatz zu Buffon stellte Cuvier die Diskontinuität der Erscheinungen in den Vordergrund seiner Naturforschung, woraus die Unmöglichkeit kontinuierlichen Wandels folgen muß. Man könnte auch sagen: Cuviers Methode war analytisch und betonte die Unterscheidung. «Cuvier arbeitet unermüdlich als Unterscheidender», schreibt Goethe in seinem berühmten Kommentar zum Akademiestreit von 1830. Das Denken der Transformisten dagegen war synthetisch orientiert, die Ähnlichkeit der Erscheinungen betonend. Sie waren «im stillen um die Analogie der Geschöpfe und ihre geheimnisvollen Verwandtschaften bemüht …», um mit Goethe zu sprechen.

Doch allein auf die methodischen Prinzipien der Biostratigraphie läßt sich Cuviers Sichtweise der Natur nicht abschließend zurückführen. Vielmehr entwickelte er aus seiner vergleichenden Anatomie ein Gesetz, das die Konstanz der Art und damit die Unmöglichkeit ihres kontinuierlichen Wandels begründen sollte. Nach Isidore Geoffroy Saint-Hilaire war das «Gesetz der Korrelation der Teile» für Cuvier das einzige Naturgesetz, dem sich Gott selbst in seiner Freiheit und Allmacht unterworfen habe. Als später Anhänger der Präformationslehre forderte Cuvier eine gegenseitige funktionelle Abhängigkeit der Organe und Organsysteme eines Organismus. Durch einen publikumswirksamen Auftritt wußte Cuvier seinem Gesetz Nachachtung zu verschaffen.

Aus den Steinbrüchen von Montmartre stammte das noch unvollständig freigelegte Skelett eines Beuteltieres. Insbesondere war die Beckenregion noch nicht von dem umgebenden Gestein befreit, was Cuvier die Gelegenheit gab, die Existenz eines Beutelknochens vorauszusagen, denn er hatte die Zugehörigkeit dieses Fossils zu der Gruppe der Beuteltiere bereits aufgrund anderer Merkmale erkannt. Die Voraussage setzte eine gesetzmäßige Verknüpfung dieser anderen Merkmale der Gruppe mit dem Beutelknochen voraus. Die Voraussage ist heute teilweise widerlegt, doch Cuvier hatte Glück mit seinem Theatercoup. Die Existenz eines Beutelknochens konnte durch Freilegung des Fossils vom umgebenden Gestein nachgewiesen werden.

Der Organismus wurde von Cuvier mit einer komplizierten, zweckmäßig konstruierten Maschinerie gleichgesetzt, deren einer Teil nicht verändert werden kann, ohne daß dadurch die gesamte Organisation und deren harmonische Funktion mit betroffen wäre. Es bestand für Cuvier eine Hierarchie der Organsysteme. Einige wie etwa das Zentralnervensystem oder das Blutkreislaufsystem waren von zentraler Bedeutung, andere Systeme waren von mehr untergeordneter, weniger wichtigen Bedeutung. Die Ausbildung der übergeordneten Organsysteme würde aber die in Abhängigkeit von ihnen stehenden, untergeordneten Merkmale bestimmen. So kam es, daß Cuvier das Tierreich gemäß der Ausbildung der wichtigsten Organsysteme in vier große Hauptgruppen gliederte, sogenannte *embranchements*, die seiner Meinung nach nicht aufeinander zurückgeführt werden konnten. Jedes *embranchement* gliederte sich weiter in eine Hierarchie untergeordneter Typen, jeder für sich eine festgefügte Form ohne Möglichkeit der Transformation. Am Fuße der Hierarchie steht die unveränderliche Art.

Die unveränderliche Art war für Cuvier eine Voraussetzung, um die Methode der Biostratigraphie auf ein festes, den hohen Ansprüchen der Wissenschaft genügendes Fundament zu stellen. Andererseits warf die Paläontologie die Frage auf, wie es denn zu erklären sei, daß die Arten aufeinanderfolgender Gesteinsschichten sich unterscheiden, daß jede Ablagerung durch für sie und nur für sie typische Arten gekennzeichnet ist? Die Erklärung, die Cuvier für dieses Phänomen anbot, bestand in der Annahme einer

Abfolge von Katastrophen. Jede deutlich abgrenzbare Gesteinsschicht würde nach der Theorie des Katastrophismus einem bestimmten Abschnitt der Erdgeschichte, einer erdgeschichtlichen «Epoche» entsprechen. Die Grenzen zwischen Gesteinsschichten wären Zeichen wiederholter Katastrophen. Jede Katastrophe würde das gesamte Leben in dem von ihr betroffenen Raum auslöschen: die Arten der vorhergehenden Epoche würden aussterben. Der nachfolgende Zeitabschnitt wäre durch eine neue, ihm eigene Fauna gekennzeichnet, deren Elemente aus Randgebieten, die nicht von der Katastrophe erfaßt worden wären, ins Untersuchungsgebiet eingewandert wären. Erdgeschichtlich frühe Katastrophen hätten eine weitere Ausdehnung gehabt als spätere. Hinsichtlich der Natur dieser Katastrophen wollte Cuvier sich nicht genauer festlegen. Er betonte jedoch, das heute beobachtbare Mechanismen wie Erosion, Überschwemmungen, Vulkanismus und Erdbeben nicht ausreichten, um das plötzliche und großflächige Aussterben einer vielfältigen Fauna zu erklären.

Was Cuvier mit diesem Katastrophismus leugnete, war die Möglichkeit, von der Gegenwart auf die Vergangenheit zu schließen. Das in der Paläontologie verankerte Aktualitätsprinzip fordert, daß die Erdgeschichte im Lichte der Kenntnis heute wirksamer und daher unmittelbar beobachtbarer Ursachen geschrieben werde. Das Aktualitätsprinzip setzt natürlich die Uniformität der Naturgesetze voraus, deren Wirkung in der Vergangenheit dieselbe gewesen sein muß wie die heutige. Was Cuvier demnach behauptete, war, daß sich in der Vergangenheit an Katastrophen gemahnende Ereignisse abgespielt haben, die den natürlichen Lauf der Dinge, wie er heute beobachtbar ist, durchbrochen haben. Es ist bei solcher Sachlage verständlich, daß Cuviers Katastrophismus häufig im Sinne der Sintfluttheorie mißverstanden wurde, etwa in der Übersetzung seines *Discours* ins Englische. Die Mißachtung der Forderung nach einer gleichbleibenden, uniformen Wirkung der Naturgesetze durch Cuvier war erneut ein klarer Gegensatz zu Buffons Sicht der Dinge, der schon 1749 gefordert hatte:

«Als Historiker verwerfen wir solche wilden Spekulationen ... welche von einer Umwälzung des Universums ausgehen, innerhalb dessen unsere Erde, wie ein Stückchen verlassene Materie, unserer Sicht sich entzieht und unserer Aufmerksamkeit nicht länger wert ist; man muß seine Aufmerksamkeit auf den Globus richten so, wie er heute ist, all seine Teile studieren und durch Induktion von der Gegenwart auf die Vergangenheit schließen.»

Dieses kurze Zitat ist bedeutungsvoll, enthält es doch im Kern das ganze Wesen der Wissenschaft. Die Erde, ein verlassenes, aus dem Zusammenhang der natürlichen Folge von Ursache und Wirkung herausgerissenes Stückchen Materie, entzieht sich nicht nur dem Zugriff der wissenschaftlichen Methode, sondern ist unter diesen Umständen unserer Aufmerksamkeit auch gar nicht mehr wert. Was wir hier antreffen ist eine Bestimmung dessen, was der Erforschung wert ist und was nicht – es handelt sich hier nicht um einen Beobachtungssatz, sondern um einen Imperativ, der befiehlt und verbietet! Was sich nicht einer gleichförmigen Wirkung der Naturgesetze unterwirft, kann und soll nicht Gegenstand von Wissenschaft sein, denn verläßliche Erkenntnis und Voraussage sind nie möglich. Cuvier vertrat ein radikal anderes Verständnis von Wissenschaft, das ihn naturgemäß zu anderen Resultaten und Erkenntnissen führte. Angefangen mit der Leugnung einer Gleichförmigkeit der Naturgesetze, setzte er sich über die Kontinuität von Erscheinungen hinweg, postulierte unveränderliche Arten und gelangte so zu einem Katastrophismus, der in letzter Instanz auf Gott als allmächtigen Schöpfer zurückverweist.

Eine Äußerung Cuviers vom 21. Januar 1796, weggelassen in der Publikation seines Vortrags, aber in der Biographie Lamarcks von Richard W. Burkhardt wieder aufgegriffen, ist auch in dem uns hier interessierenden Zusammenhang unterschlagen worden. Es geht um jene Stelle, wo Cuvier die Behauptung in den Raum stellte: «... mehrere gelehrte Conchyologen behaupten, daß unter den fossilen Formen keine heute noch lebenden Arten von Schalentieren aufzufinden sind.» Kühn über die Meinung seiner Kollegen am Museum hingweggehend, behauptete Cuvier, daß seine Theorie wiederholter erdgeschichtlicher «Revolutionen» auch durch die Untersuchung fossiler Muscheln und Schnecken gestützt werde. Durch seine Bemerkung wurden die Vertreter der Conchyologie unter massiven Erfolgsdruck gesetzt. Würden sie Cuviers Theorie ausgestorbener Arten bestätigen oder widerlegen? Eine Beantwortung mußte auf einem sorgfältigen Vergleich fossiler und heutiger Formen fußen, doch setzte dieser eine gründliche Bearbeitung der Systematik heute lebender Muscheln und Schnecken voraus. Das war denn auch der Forschungsauftrag, der Jean-Baptiste Lamarck übertragen worden war. Die von ihm bereits angekündigten *Eléments de conchyologie*, von den Kollegen sehnlichst erwartet, sollten jedoch nie erscheinen. Statt dessen schrieb er ein *Système des animaux sans vertébrés*, ein Standardwerk über die Stämme wirbelloser Tiere. Barthélemy Faujas de Saint-Fond, Professor für Geologie am *Muséum*, führte, wie R. W. Burkhardt darlegt, auf der Grundlage dieses Werkes den Nachweis, daß der größte Teil der fossil bekannt gewordenen Weichtiere sich den heutigen Arten zuordnen ließe und daß die Übereinstimmung wohl noch perfekter werde, wenn Lamarcks Arbeit in derselben vielversprechenden Form fortschritte.

Lamarck war sich über die paläontologische und erdgeschichtliche Bedeutung seiner Untersuchungen vollkommen im klaren, doch war er im Unterschied zu Cuvier nicht bereit, die gleichförmige Wirkung der Naturgesetze in Frage zu stellen: «Ich nehme mir hier vor zu beweisen, daß die Tatsachen, um die es geht, positive sind, daß sie das Resultat sind eines konstanten Naturgesetzes, das immer gleichförmig wirkt», schrieb er 1809 in seiner *Philosophie zoologique*. Seine Theorie der Transformation fußte auf genau dieser Prämisse, weswegen er auch kontinuierlichen, ununterbrochenen Wandel entlang einer Stufenfolge zunehmender Organisationshöhe forderte. Die von Cuvier untersuchten Großsäuger mochten tatsächlich ausgestorben sein, soviel war er bereit zuzugeben. Doch konnte dies aus der Sicht Lamarcks seine Ursache nicht in einer Katastrophe haben, sondern mußte in der Tätigkeit des Menschen seinen Grund finden. Das Mastodon mußte durch die Jagd ausgerottet worden sein. So betonte er in seinem Hauptwerk: «Wenn man einerseits bedenkt, daß in allem, was die Natur bewirkt, sie nichts abrupt macht, sondern stets mit Langsamkeit und in aufeinanderfolgenden Schritten arbeitet; während andererseits die besonderen oder lokalen Ursachen von Unordnung, von Umwälzungen, von Veränderungen etc. alles, was wir auf der Erdoberfläche beobachten, erklären können, dabei aber stets der uniformen Wirkung der Gesetze unterworfen bleiben; so wird man erkennen, daß es vollkommen unnötig ist, eine universelle Katastrophe anzunehmen, die einen großen Teil der durch die Natur selbst hervorgebrachten Werke zerstören würde.» Alles, was er zuzugeben bereit war, waren Umwälzungen von heute noch beobachtbarem Ausmaß: Erdbeben und Vulkanausbrüche. Dies gebot das Prinzip der Einfachheit der Naturerklärung.

Unter den fossilen Muscheln und Schnecken glaubte Lamarck keine ausgestorbenen Arten erkennen zu können. Immerhin mußte er zugeben, daß nicht für jede fossile Art eine Entsprechung in der Moderne nachgewiesen werden konnte. Auf das Argument, daß solche modernen Analogien zwar existierten, aber in einem noch nicht erforschten Winkel der Weltmeere sich dem Zugriff der Wissenschaft bislang erfolgreich entzogen hätten, wollte sich Lamarck nicht herausreden. Er erklärte die Unterschiede zwischen heutigen und fossilen Formen mittels seiner Hypothese einer Transformation:

«Wenn also eine Vielzahl fossiler Schalentiere Unterschiede aufweisen, die es uns verunmöglichen, sie als eine Entsprechung der uns [heute] bekannten Arten anzusehen, muß daraus notwendigerweise folgen, daß diese Schalenreste echt ausgestorbenen Arten [*des espèces réellement perdues*] entsprechen? Warum überhaupt sollten sie ausgestorben [*perdues*] sein, wenn der Mensch ihre Ausrottung nicht vorantreiben konnte? Wäre es denn nicht statt dessen möglich, daß die in Frage stehenden fossilen Individuen eigentlich heute noch existierenden Arten zuzuordnen sind, die aber seit jener Zeit sich verändert haben ...»

Gleich Buffon, und in Übereinstimmung mit der Forderung nach gleichförmig wirkender Naturgesetzlichkeit, glaubte Lamarck an eine langsame, kontinuierliche Veränderung der Lebensbedingungen auf der Erdoberfläche. Es gab für ihn keine Katastrophen, keinen Grund für das Aussterben von Arten im Sinne eines Erlöschens von Entwicklungslinien. Vielmehr würden sich die Arten den Veränderungen der Umwelt entsprechend kontinuierlich wandeln. Das Pendel schwang bei Lamarck zurück. Die Realität der Art als eigenständige, scharf abgrenzbare Einheit der Natur wurde zugunsten eines fließenden Kontinuums der Generationenfolge aufgehoben. Wohl blieb es möglich, die Art im Zeitquerschnitt der Gegenwart durch die Möglichkeit zur

Fortpflanzung der ihr zugehörigen Individuen untereinander zu definieren. In der Zeitachse aber kann es nur die Abstammungsgemeinschaft geben, die ununterbrochene Abfolge von Generationen, innerhalb deren die Arten der Vorfahren und Nachfahren nur willkürlich abgrenzbar sind. Eine andere Möglichkeit bestünde darin, alle Vertreter einer Entwicklungslinie ungeachtet ihrer äußeren Erscheinung ein und derselben Art zuzuordnen. Tatsächlich klingt eine solche Lösung des Paradoxons der evoluierenden Art in Lamarcks *Philosophie zoologique* an, denn seine Theorie betonte die Transformation mehr als die Deszendenz:

«Man hat als Art die Summe von unter sich ähnlichen Individuen bezeichnet, die von anderen, ihnen wiederum ähnlichen Individuen gezeugt wurden. Diese Definition [Cuviers] trifft zu ... doch hat man [d. h. Cuvier] sie mit der Vermutung verknüpft, daß die Individuen, welche eine Art ausmachen, in ihrem arttypischen Merkmal niemals variieren würden. Es ist allein diese Vermutung, die ich bestreite ...»

Besonders Cuvier, der federführende Gegner jeglicher Transformation, machte immer wieder geltend, wie sehr sich seine Theorie auf Beobachtung stütze, während Lamarcks Sicht der Dinge in das Reich der Träume gehöre. Tatsächlich konnte Cuvier mit seinem starken Artbegriff Erfolge in der Biostratigraphie verbuchen, während Lamarck die Erscheinungen organischer Vielfalt im Vergleich der Vergangenheit mit der Gegenwart vor dem Hintergrund einer Hypothese der Transformation zu interpretieren versuchte. In Wahrheit aber kennzeichneten die Standpunkte der Kontrahenten nicht den Gegensatz zwischen Beobachtung und Theorie, sondern zwischen zwei Sichtweisen der Natur, bedingt durch unterschiedliche Voraussetzungen.

Cuviers unterscheidende Sichtweise betonte die Konstanz der Art und die Möglichkeit ihrer Abgrenzung gegenüber anderen Arten derselben Gattung aufgrund artkennzeichnender Merkmale (ein aristotelisches Denkmuster). Die Mitglieder der Art haben damit teil an einem gemeinsamen Merkmalskomplex, Ausdruck einer gemeinsamen Wesenhaftigkeit. Cuviers Sicht der Natur liegt die Auffassung der Art als ein *geschlossenes System* zugrunde. Heute würde man mit Gerry Webster von den unveränderlichen Artmerkmalen als von einer «nominellen Essenz» sprechen, jener Gemeinsamkeit, auf welcher die Identifikation, Beschreibung und Benennung der Art fußt. Diese äußerliche Gemeinsamkeit aber ist Ausdruck einer tiefer sitzenden Entsprechung, einer «realen Essenz», die in jenen wesenhaften Gesetzen der Struktur verankert ist, welche die konstante Erscheinungsform der Art bedingen. Wir werden auf diese Sicht der Dinge im neunten Kapitel zurückzukommen haben.

Lamarck dagegen faßte die Art als *offenes System* auf, was unter der Voraussetzung des Kontinuitätsprinzips die einzig mögliche Sichtweise darstellt. Im Zeitquerschnitt als eine Gruppe ähnlicher, sich untereinander fortpflanzender Individuen definiert, wird die Art in der Zeitachse zu einem offenen System, das sich im Laufe geologischer Zeiträume in jeder Hinsicht verändern kann. In der Zeitachse kann damit einer Art keine unveränderliche, diese kennzeichnende Gemeinsamkeit mehr zugebilligt werden, denn sie zerfließt in einer ununterbrochenen Kette von sich in ständigem Wandel befindenden Populationen. Es können der Art keine Grenzen mehr gesetzt werden.

«Man kann außerdem festhalten, daß unter all ihren Produkten die Natur nie wirkliche Klassen, keine Ordnungen, Familien, Gattungen oder konstante Arten hervorgebracht hat, sondern bloß Individuen, die aufeinanderfolgen und die denjenigen ähneln, die sie hervorgebracht haben. Diese Individuen aber gehören unendlich diversifizierten *Rassen* an, nuanciert in allen Teilen der Form, in allen Aspekten der Organisation und die, jede für sich, ohne Veränderung bestehen bleiben, solange keine Ursache des Wandels auf sie wirkt.»

An anderer Stelle betont Lamarck: «... die *Rassen* – das, was man Arten genannt hat ...» Er konnte den Arten keine eigentliche Realität zubilligen. Die Art stellte aus seiner Sicht der Dinge eine Abstraktion dar, eine willkürliche Unterteilung des genealogischen Kontinuums, der Abfolge von Vorfahren und Nachfahren innerhalb einer Entwicklungslinie.

Es liegt hier eine Paradoxie alternativer Sichtweisen, eine logische Falle verborgen, die nichts mit Beobachtung zu tun hat, sondern mit Konzepten und Prinzipien, die der Beobachtung vorangestellt werden müssen. Wird das Kontinuitätsprinzip zur Grundlage der Naturforschung gemacht, wofür es gute Gründe gibt, dann muß die Art als offenes System aufgefaßt werden, denn so allein ist kontinuierlicher Wandel möglich. Damit verliert sich die Art aber in eben dieser Kontinuität des Wandels. Wird die Art umgekehrt als geschlossenes System gesehen, so ist damit bereits Wandel, zumindest kontinuierlicher, ausgeschlossen. Die Art kann sich nicht ändern – tut sie dies, ist sie nicht mehr dieselbe Art. Die Essenz einer Art schließt deren Evolution aus. Wird eine solche gefordert, so muß sich der Wandel von einer Art zur anderen sprunghaft vollziehen.

Wenn mit Cuvier ein konservatives, theologisch untermauertes Naturbild gezeichnet werden soll, so muß die Art als geschlossenes System betrachtet werden. Gott hat ja die Organismen «jedes nach seiner Art» geschaffen. Damit ist Wandel der Art ausgeschlossen. Weisen die Arten aufeinanderfolgender Gesteinsschichten unterschiedliche Merkmale auf, so können es nicht dieselben Arten sein. Jede Ablagerung muß durch eine ihr eigene Fauna gekennzeichnet sein. Fließende Übergänge sind ausgeschlossen, und damit auch die Kontinuität eines Transformationsprozesses. Die Diskontinuität der Erscheinungen muß letztlich in göttlicher Schöpfung ihren Grund finden, was in der Tat auch Cuviers letzter Schluß war. Wenn er auch vorsichtigerweise die Neubelebung der Erdoberfläche in einem von einer Katastrophe heimgesuchten Teilgebiet durch seitliche Einwanderung erklärte und damit der Hypothese einer fortlaufenden Kreation neuer Arten, also eines fortwährenden direkten Einwirkens des Schöpfers auf sein Werk, geschickt auswich, so mußte er doch in letzter Konsequenz das Erscheinungsbild jeder Art auf göttliche Schöpfung zurückführen, wie es sich denn auch in seiner Annahme der Präformation ausdrückte.

Unter Voraussetzung des Kontinuitätsprinzips wird aber eine mögliche Diskontinuität im Erscheinungsbild fossiler und heutiger Arten durch die Hypothese einer kontinuierlichen Transformation überbrückbar. Die Kontinuität des Prozesses gewährleistet dessen durchgängige ursächliche Bestimmung, und diese wiederum erlaubt den Ausschluß direkten göttlichen Eingreifens in den natürlichen Verlauf der Dinge.

Ideengeschichtliche Voraussetzungen des Darwinismus: Ein Rückblick

Georges Cuvier starb am 13. Mai des Jahres 1832. Im Dezember 1831 war die H. M. S. Beagle zu ihrer fünf Jahre dauernden Weltumsegelung ausgelaufen, mit Kapitän Robert Fitzroy an Bord, und mit Charles Darwin als «gentleman-companion» des Kapitäns, wie Peter J. Bowler die Situation kennzeichnete. Im Reisegepäck führe der junge Naturkundler ein Buch mit, das ihn entscheidend beeinflussen sollte: die *Principles of Geology* von Charles Lyell, deren erster Band soeben – im Jahre 1830 – erschienen war. Die Periode ist eine des Umbruchs. In Darwins Überlegungen beginnt die Idee des Ursprungs neuer Arten zu dominieren, die Frage ist nur: Welches sind die Mechanismen, die zum Ursprung neuer Arten führen können? Lyell hatte in seinem Buch auf die langsame, kontinuierliche Veränderung der Erdoberfläche hingewiesen. Ein immerwährender Kreislauf der Natur würde durch die gegensätzlichen Mechanismen der Erdgeschichte in Gang und zugleich im Gleichgewicht gehalten: Feuer und Wasser, Erosion und Sedimentation, Abbau und Aufbau. «Geologie ist die Wissenschaft von den aufeinanderfolgenden Veränderungen, welche im anorganischen und organischen Reich der Natur stattgefunden haben; sie untersucht die Ursachen dieses Wandels und deren Wirkung in der Veränderung der Oberfläche und der äußeren Struktur von unserem Planeten.» So definierte Lyell sein Fachgebiet auf Seite eins des ersten Bandes seiner *Principles*, dessen neuntes Kapitel von der Frage des Aussterbens von Arten und von der «Kreation» neuer Arten handelt:

«Wir haben in den vorausgehenden Kapiteln dargelegt, daß jede Art von Pflanze oder Tier strikt an die jeweils gegebenen physikalischen Bedingungen des jeweiligen Zustandes der Erdoberfläche gebunden ist sowie auch von der Zahl und den Eigenschaften der anderen Organismen, welche dieselbe Region bewohnen, abhängt. Wir haben es fernerhin unternommen zu zeigen, daß all diese Bedingungen in konstanter Fluktuation begriffen sind, daß Feuer und Wasser von Zeit zu Zeit die physikalische Geographie des Globus verändern, während die Wanderungen der Arten neue Vergesellschaftungen von organischen Wesen hervorbringen. Wir haben aus diesen Fakten die Schlußfolgerung gezogen, daß die Arten, die zu irgendeiner bestimmten erdgeschichtlichen Epoche existierten, im Laufe der Zeitalter ausgestorben sein müssen, eine nach der anderen … gibt es irgendeinen Mechanismus, der diese Verluste wiedergutmachen könnte? … Ist es möglich, daß von Zeit zu Zeit neue Arten entstehen, daß jedoch ein solch erstaunliches Phänomen sich der Beobachtung durch Naturforscher entziehen sollte?»

Damit war Darwins Forschungsprogramm umrissen. Welches sind die natürlichen Mechanismen, die zum Ursprung neuer Arten führen? Darwin, obwohl unterwegs entlang der Küste Südamerikas, war nicht gänzlich abgeschnitten von der kulturellen Welt seiner Heimat. Er war in einem gebildeten Elternhaus aufgewachsen. Sein Großvater hatte in Gedichten den Wandel der Naturerscheinungen und die Tendenz der Lebewesen zur Perfektion durch die Vererbung erworbener Eigenschaften besungen. Darwin hatte die Universitäten von Edinburgh und Cambridge besucht und dabei Vorlesungen zeitgenössischer Größen der Naturwissenschaft gehört. Er entwickelte seine Ideen und Theorien nicht im geistigen Vakuum, sondern als Kind seiner Zeit.

Die vorausgehenden Kapitel dieses Buches sind der Versuch, die ideengeschichtlichen Voraussetzungen jener Zeit, und damit auch der Entwicklung der Theorie Darwins, in groben und zugegebenermaßen verkürzten Zügen nachzuzeichnen. Es soll an dieser Stelle nicht auseinandergesetzt werden, welchen direkten Einflüssen der junge Darwin ausgesetzt war, wen er getroffen, was er gelesen hat. Solche Angaben folgen später. Wir wollen auch nicht behaupten, daß etwa der eine oder andere Autor der französischen Aufklärung den jungen Darwin unmittelbar beeinflußt habe: die Naturgeschichte Buffons hat Darwin erst in späteren Jahren gelesen. Wir wollen an diesem Punkt gröbere Linien, umfassendere Tendenzen zeichnen. Es geht um ideengeschichtliche Voraussetzungen grundsätzlicher Natur, um Prinzipien und Konzepte, die sich nicht aus der Beobachtung ergeben und sich auch nicht durch Beobachtung widerlegen lassen, sondern jeder Beobachtung vorauszugehen haben.

Als Prinzip gilt eine nicht weiter begründbare Voraussetzung der Schlußfolgerung. Prinzipien lassen sich nicht durch die Beobachtung begründen, sondern müssen dieser vorausgehen. Sie werden der empirischen Forschung vorangestellt, weil sie sich als nützlich und fruchtbar erweisen. Reinhard Löw kennzeichnete den Prinzipienbegriff von Aristoteles wie folgt: «Prinzipien kann man nicht beweisen, sie werden durch sich erkannt, aber nicht durch Intuition, sondern dadurch, daß es gelingt, durch sie etwas zu erkennen.» Prinzipien sind eine Netz von Glaubensgewißheiten, die es erlauben, einen Teil der Wirklichkeit in einem ursächlich verknüpften Zusammenhang einzufangen. Die vorausgehenden Kapitel haben im Rahmen eines Abrisses der Geschichte der Biologie einige solcher Prinzipien und Konzepte eingeführt, Voraussetzungen, die auch in Darwins Denken wieder auftauchen, sei es als Grundlage seiner Sicht der Natur, sei es um als Strohmann aufgebaut sogleich theatralisch niedergemacht zu werden. Hier sollen die wesentlichsten Prinzipien aus dem Kontext herausgeschält und nochmals zusammengefaßt werden, um in der Folge die Entwicklung des Darwinismus sowie aber auch die Kritik, die ihm entgegenschlug, besser verständlich zu machen. In unserer von Wissenschaftsgläubigkeit durchdrungenen Zeit fällt das Bewußtsein, daß jeder Möglichkeit von Erkenntnis ein prinzipieller Rahmen vorzugeben ist, nur allzu leicht unter den Tisch – nicht nur bei Laien, sondern auch bei «Leuten vom Fach». Der Erfolg der Technik macht glauben, daß die Methoden der Naturwissenschaft die Realität der Dinge so einfängt, wie sie schlechterdings ist. Wird gegenüber dem ungebremsten (und unreflektierten) Erkenntnisdrang ein Geltungsvorbehalt angemeldet, so entspricht dies einer Durchbrechung unserer Denkgewohnheiten, die eine zusammenfassende Wiederholung selbst auf die Gefahr von Langweiligkeit hin angezeigt erscheinen lassen. Wer allerdings die Einsicht in die prinzipiellen Voraussetzungen von Erkenntnis in die Kategorie banaler Alltäglichkeit einreiht, mag das Kapitel getrost überschlagen und gleich zur Person Darwins übergehen – auch wenn er womöglich hin und wieder zurückblättern muß.

Das erste, umfassendste und daher wohl auch das wichtigste

dieser Prinzipien ist die *Uniformität der Naturgesetze.* Es rührt direkt an die Möglichkeit von Wissenschaft schlechthin. In hypothetischer Kenntnis gleichförmig wirkender Naturgesetze sieht sich der Mensch in die Lage versetzt, die durch sie bestimmten Erscheinungen und Prozesse erfolgreich zu prognostizieren; bleibt der Erfolg aus, muß die vermeintliche Kenntnis der Naturgesetzlichkeit revidiert werden. Eine erfolgreiche Voraussage der Naturprozesse bringt die Wissenschaft an ihr Ziel: Manipulation dieser Naturprozesse beziehungsweise die Voraussage zukünftiger Entwicklungen – zum Vorteil der Menschheit.

Diese Wissenschaft steht allerdings unter einem absoluten «Geltungsvorbehalt», wie Arend Kulenkampff in seiner Analyse des Empirismus erklärte. Um die Naturwissenschaft im genannten Sinne zum Erfolg zu führen, muß gelten, daß die Gesetze eine uniforme Wirkung ausüben, daß sie also in der Vergangenheit so gewirkt haben, wie es heute beobachtbar ist, und daß sie auch in Zukunft auf unveränderte Weise weiterwirken werden. Da weder die Vergangenheit noch die Zukunft einer Beobachtung zugänglich ist (zukünftiges Wissen ist ein Widerspruch in sich, da das Gewußte nicht mehr Zukunft sein kann), ist die uniforme Wirkung der Naturgesetze keine Beobachtungssaussage. Das Uniformitätsprinzip kann mit Ortega y Gasset als eine Glaubensgewißheit bezeichnet werden. Jedenfalls ist es eine der Beobachtung vorausgehende Voraussetzung empirischer Wissenschaften.

Seinen Ursprung hat das Uniformitätsprinzip in einem *deistischen Weltbild* – das auch das Weltbild von Darwins Großvater Erasmus war! Nach der Doktrin des Deismus hat Gott die Welt geschaffen und gemäß den Gesetzen, die er erlassen hat, in Gang gesetzt. Fortan überläßt er sein Werk sich selbst, auf daß die Dinge ihren natürlichen Lauf nehmen. Da Gott nicht seinem Wesen zuwiderhandeln kann, sein Wesen aber außerhalb der Zeit liegt, muß auch die Gültigkeit der Naturgesetze zeitlos sein. Ein Naturgesetz gilt immer und überall in gleichförmiger Weise. Sowenig Gott sich ändern kann, kann sich ein Naturgesetz und seine Wirkung ändern. Indem Gott sich als Primärursache von seiner Schöpfung nach getanem Werk zurückzieht, diese den von ihm erlassenen *Sekundärursachen* (Naturgesetzen) überläßt, schafft das deistische Weltbild die Möglichkeit von Wissenschaft. Es steht aber im Gegensatz zur Doktrin der Allmächtigkeit Gottes, denn unter dem Aspekt der Freiheit und Allmächtigkeit des Schöpfers ist nicht einzusehen, warum dieser nicht nach Belieben in sein Werk eingreifen und die Naturgesetze zeitweilig außer Kraft setzen sollte, um Wunder zu wirken. Die historische Antwort auf das Dilemma lautet, daß Gott solche Eingriffe aus dem Grund seiner Wahrhaftigkeit oder seiner Güte unterläßt. Beides meint dasselbe: Der Mensch, Gottes Schöpfung, würde in der Möglichkeit seiner Einsicht in den natürlichen Gang der Dinge eingeschränkt, im Vertrauen auf die Naturgesetzlichkeiten getäuscht, wenn Gott beliebig mit der Schwerkraft umspringen würde.

Den Gegensatz zum Deismus bildet der *Theismus*. Hier steht der Aspekt der Freiheit und Allmächtigkeit Gottes im Vordergrund, der jederzeit in seine Schöpfung eingreifen kann und dies auch tut, die Dinge in gewohntem Gang haltend, oder aber auch diesen gewohnten Gang unterbrechend und durchbrechend. Unter dieser Voraussetzung kann das direkte Einwirken Gottes als Primärursache aus der Wissenschaft nicht ausgeschlossen werden. Wunder ganz allgemein sind die Folge, in unserem Zusammenhang: unerklärliche Katastrophen und Neuschöpfungen. Natürlich bleibt die Möglichkeit der Erkenntnis und damit die Prognostizierbarkeit von Naturprozessen prinzipiell weiterhin gegeben, aber eben nur in eingeschränktem Maße, nur unter der Voraussetzung, daß Gott sich vor einer erneuten Öffnung der Schleusen des Himmels zurückhält.

Aus dem umfassenden Prinzip der Uniformität der Naturgesetze läßt sich das Kontinuitätsprinzip ableiten. Wenn der natürliche Verlauf der Dinge durchgehend kausal bestimmt sein soll, muß nicht nur die Ursache, somit das Naturgesetz, kontinuierlich, also ununterbrochen wirken; es wird auch durch die Naturgesetzlichkeit eine Kontinuität der Erscheinungen hervorgebracht. Oder umgekehrt: Eine Kontinuität der Erscheinungen läßt auf eine durchgängige ursächliche Bestimmung schließen, womit Zufall oder Primärursachen ausgeschlossen bleiben. Der springende Punkt liegt nun darin, daß eine Kontinuität der Erscheinungen nicht in der Beobachtung fußen kann; statt dessen muß die Forderung nach Kontinuität der Beobachtung vorausgehen. Dies ist leicht durch den Versuch darzustellen, eine Kontinuität der

Erscheinungen zu beschreiben und begrifflich faßbar zu machen. Jeder, der solches anstrebt, wird feststellen müssen, daß sich eine Kontinuität nur in einer Abfolge von Schritten, Zuständen oder Stadien beschreiben läßt. Als Beispiel mag der Prozeß der Embryonalentwicklung dienen, zweifellos ein kontinuierliches Geschehen, durchgängig kausal bestimmt, das sich aber doch nicht anders als im Sinne einer Serie aufeinanderfolgender Stadien fassen und beschreiben läßt. Kontinuität erschließt sich der Anschauung nur im Sinne einer Serie diskreter Schritte, was umgekehrt heißen muß, daß unter der Voraussetzung des Kontinuitätsprinzips die der Beobachtung zugänglichen diskreten Stadien oder Zustände aufgrund einer Hypothese von lückenlosen Übergängen miteinander verknüpft werden müssen.

Fordert man eine Kontinuität der Erscheinungen, so muß hieraus die Vollkommenheit im Sinne der Vollständigkeit der Schöpfung folgen. Es darf keine Leere in der Natur geben, denn gäbe es sie, würde das Vakuum eben die Kontinuität der Erscheinungen und damit auch die Kontinuität von Ursache und Wirkung unterbrechen. Aus dem Kontinuitätsprinzip folgt also der *horror vacui* der Natur. Dies läßt sich schön an den Bewegungsgesetzen zeigen, die René Descartes in seinen *Prinzipien der Philosophie* aus dem Jahre 1644 formulierte. (Der Bezug auf den französischen Philosophen an dieser Stelle mag verwirren, doch ist seine Erwähnung notwendig für das Verständnis der Darwinschen Selektionstheorie.) Das erste der drei Bewegungsgesetze nach Descartes lautet: «... daß jede Sache, sofern sie einfach und unteilbar ist, so viel von ihr abhängt, stets in demselben Zustand verharrt und diesen nur infolge äußerer Ursachen verändert.» Stellt man Descartes' Ablehnung des Atomismus und damit der «leeren Räume» in Rechnung, so muß dieses Gesetz dahingehend verstanden werden, daß jede «Sache» eingebettet ist in eine lückenlose Kontinuität der Dinge. Jede Veränderung einer Sachlage setzt einen Bewegungsanstoß von außen voraus, was nichts anderes heißen kann, als daß die Ursache der Bewegung sich durch das Kontinuum der Dinge lückenlos fortsetzt. Jede Sache ist also in eine kontinuierliche Kausalkette eingebettet, in eine ununterbrochene Folge von Ursache und Wirkung. Erster Ursprung aller Bewegung ist Gott, von dem auch die Kontinuität der Schöpfung ihren Ausgang nimmt.

Die Zurückverfolgung der Kausalkette, ausgehend von einer Naturerscheinung, muß so letztlich bei Gott als erstem Grund aller Schöpfung enden. Es ist einleuchtend, daß sich unter solchen Voraussetzungen der Zufall (so gut wie die Primärursache) aus der Naturforschung ausschließen läßt. Dieser könnte sich erst durch eine Lücke in der Kontinuität der Beziehungen von Ursache und Wirkung einschleichen. Ist die Kette von Ursachen und Wirkungen lückenlos, so geht jede Zustandsveränderung aus dem unmittelbar vorausgehenden Zustand hervor und bedingt ihrerseits die Möglichkeit unmittelbar nachfolgender Zustandsveränderung. Alle Naturprozesse sind damit durchgehend ursächlich bestimmt, letztlich zumindest im Prinzip voraussagbar. Zufälligkeit kann sich erst dort einschleichen, wo die durchgängige Determination der Prozesse unterbrochen ist.

Die Forderung nach einer lückenlosen Kontinuität der Erscheinungen liegt dem Konzept einer Kette der Wesen, einer *scala naturae*, zugrunde. Für Leibniz so gut wie für Charles Bonnet führte das Kontinuitätsprinzip aber auch zur Doktrin einer Präexistenz der Keime. Wenn es keine Lücke geben darf in der Organisation eines Individuums, wenn der Entwicklungsprozeß sich absolut kontinuierlich vollziehen soll, so müssen alle Teile schon von Anfang an in harmonischer Verbindung miteinander vorliegen und sich in einer ununterbrochenen Folge von Stadien scheinbar auseinander hervorgehend entfalten. Im Kontinuitätsprinzip liegt letztlich die von Charles Bonnet erhobene Forderung nach einer Parallelität der Embryonalentwicklung einerseits und der Kette der Wesen andererseits begründet: Alle Naturerscheinungen sind demselben Ordnungsprinzip unterworfen.

Gerade durch diese Forderung aber sahen sich die Präformationisten ins paradoxe Abseits abgedrängt. Denn wenn die artspezifische Form der Nachkommenschaft in der Eizelle schon präexistiert, so muß folgen, daß die Arten voneinander abgesetzte, also diskrete Ähnlichkeitsklassen bilden. «Man darf nicht glauben, daß der Keim alle Merkmale in sich trägt, welche die Mutter als Individuum auszeichnen. Der Keim trägt den Stempel der Art und nicht jenen der Individualität», schreibt Bonnet. Zwischen den Arten müssen demzufolge morphologische Lücken, also Lücken der äußeren Erscheinung existieren. Dies steht aber im Gegensatz zur Forderung nach einer absoluten Kontinuität der Kette der Wesen, die nur fließende Übergänge zuläßt. Deutlich zum Tragen kommt dieser Gegensatz – wie könnte es anders sein – im Werk von Charles Bonnet:

«Zwischen dem zivilisierten Menschen und dem Affen steht eine aus zahlreichen Sprossen sich zusammensetzende, kontinuierliche Folge von Organisationsstufen.

Untersucht die Nationen der Erde, betrachtet die Einwohner eines Königreichs, einer Provinz, einer Stadt ... schaut euch die Mitglieder einer Familie an, und ihr werdet glauben, es gäbe so viele Arten von Menschen, wie es Individuen gibt.»

Durch seine Begeisterung für die absolute Kontinuität der Naturerscheinungen widersprach Bonnet selbst seiner Doktrin der Präexistenz wesentlicher (essentieller) Artmerkmale, die den «Stempel der Art» ausmachen!

Im Rahmen der atomistischen Konzeption der Organisation forderte Maupertuis die sukzessive Zusammenfügung der Elementarteilchen zu lebensfähigen Individuen. In den Augen von Charles Bonnet mußte dies bedeuten, daß die Organisation der Individuen zu Beginn ihrer Entwicklung noch unvollständig, also lückenhaft sei. Dies schien ihm nicht zulässig, da eine unvollständige, lückenhafte Organisation nicht lebensfähig wäre, wo doch andererseits der Lebensprozeß selbst Voraussetzung aller Entwicklung ist. Gleich den «leeren Räumen» im antiken Atomismus gestattete aber andererseits die atomistische Konzeption der Organisation durch die lückenhafte Organisation früher Embryonalstadien den Eintritt des Zufalls in das Naturgeschehen. Der Zufall konnte die artgemäße Kombination der Elementarteilchen verändern, variieren, wodurch sich nicht nur Mißgeburten, sondern auch neue Lebensformen entwickeln können. Der Kentauer der griechischen Mythologie liefert hierzu das passende Bild. Hierin findet zugleich der scheinbar paradoxe Sachverhalt seine Erklärung, daß die Atomisten der französischen Aufklärung sich vielfach am Konzept der Kette der Wesen und damit am Kontinuitätsprinzip orientierten, selbst wenn der Atomismus im Prinzip den «leeren Raum» zulassen muß, um die Bewegungsfreiheit der Atome zu garantieren. Aus der Möglichkeit einer variablen Zusammensetzung der Organismen aus Elementarteilchen ließ sich in den Augen der Atomisten zwangslos eine lückenlose Kontinuität der Erscheinung ableiten. Man erinnert sich der Worte Diderots, dem fiebernden d'Alembert in den Mund gelegt: «... alles Tierische ist mehr oder weniger menschlich; alles Mineralische ist mehr oder weniger pflanzlich; alles Pflanzliche ist ein Stück weit tierisch...» Wenn Organismen sich aus Teilen zusammensetzen und wenn dieser Prozeß allein auf nicht wesensnotwendige Eigenschaften der Materie und auf die Gesetze der unbelebten Natur zurückzuführen ist, so ist die Variabilität der organischen Bildungen *fundamental*, d. h. sie kann den Organismus zumindest potentiell in all seinen Teilen angreifen. Der Variabilität der Lebewesen wird nur noch durch das «letzte unteilbare Ganze» als Baustein ihrer Organe und Organsysteme eine Grenze gesetzt. Mehr noch: Der Unterschied zwischen anorganischen und organischen Erscheinungen, zwischen unbelebter und belebter Natur ist nicht länger ein prinzipieller, sondern bloß noch ein gradueller.

Die Frage, die sich notwendig an eine atomistische Konzeption der Organisation anschließt, betrifft den Ursprung der Anpassung. Kann man den Kentauer als angepaßt bezeichnen? Für die Doktrin der Präexistenz der Keime bestand in dieser Hinsicht kein Problem. Gott hat die Arten so geschaffen, daß sie sich ihrer jeweiligen Umwelt harmonisch einfügten. Das Auge ist geschaffen, um zu sehen, der Fuß, um zu gehen. Jedem Organ liegt ein Sinn und ein Zweck, eine Absicht des weisen Schöpfers zugrunde. Die zweckmäßige Ausstattung der Organismen mit den zum Überleben notwendigen Werkzeugen ist nach dieser Theorie auf die weise Voraussicht Gottes zurückzuführen. Umgekehrt offenbart sich in der perfekten Anpassung der Lebewesen an ihre jeweilige Umwelt dem Naturforscher die Weisheit des Schöpfergottes. Damit erhält aber auch die Embryonalentwicklung der Organismen ein Ziel und einen Zweck, nämlich den der Verwirklichung des göttlichen Schöpfungsplanes. Bezogen auf die Aristotelische Ursachenlehre heißt das, daß die Frage nach der Zweckursache eine naheliegende theologische Erklärung fand. Der Zweck einer Einrichtung bedingt ein planendes und damit auch vorausschauendes Bewußtsein. Im Erklärungsmodell der Natürlichen Theologie ist Gott der vorausblickende Schöpfer, während die Keimesentwicklung einer Verwirklichung seines Planes gleichkommt.

Der materialistische Standpunkt, einer atomistischen Konzeption der Organisation verpflichtet, hatte hier ein wesentlich größeres Erkenntnisdefizit zu bereinigen. Wenn die Lebensphänomene, und damit auch das Phänomen der Anpassung, allein auf die nicht wesensnotwendigen Eigenschaften der Materie und die Gesetze der Physik zurückzuführen sind, so verbietet sich recht eigentlich die Frage nach dem Zweck! Es ist leicht ersichtlich, warum Bonnet und seine Mitstreiter hinter der atomistischen Konzeption der Organisation den Atheismus lauern sahen, eine Tendenz, welche die französische Aufklärung charakterisierte. Es ist aber ebenso leicht verständlich, warum die aufgeklärten Geister Mühe bekundeten, die Anpassungsphänomene allein auf materialistischer Grundlage zu erklären – dies um so mehr, da die Anpassung der Organismen an ihre jeweilige Umwelt als perfekt galt. Woher sollte diese perfekte Passung der Werkzeuge auf die Anforderungen der jeweiligen Umwelt kommen? Es wird zu zeigen sein, daß dieser Fragenkomplex eine der schwierigsten Hürden sein sollte, die Darwin mit der Entwicklung seiner Theorie zu überwinden hatte. Die Autoren der Aufklärung drifteten derweil in die eine oder andere Form eines Vitalismus ab. Kräfte, die zuvor dem Schöpfergott zugeschrieben worden waren, wurden nunmehr in die Materie verlegt. Ihr selbst wurde zweckmäßige Selbstorganisation zugebilligt – mit Betonung auf Zweckmäßigkeit. Selbstorganisation allein wäre kein Problem gewesen.

Was für das eine Evolutionsprinzip galt, für die Anpassung, mußte auch für das andere gelten, für die Höherentwicklung nach dem Muster der Kette der Wesen. Auch hier stellte sich die Frage, ob dieser Weg der Entwicklung entlang einer Stufenfolge zunehmender Organisationshöhe vorgezeichnet, also gottgewollt sei oder nicht. Würde diese Frage bejaht, so hätte die zunehmende Komplexität der Organismen im Laufe der Erdgeschichte ein im voraus bezeichnetes Ziel; sie verliefe, um es mit dem Fachausdruck zu sagen, *teleologisch*. Die *Palingénésie* von Bonnet bringt das teleologische Weltbild in fast absurder Konsequenz zum Ausdruck. Zwar unterscheiden sich die Organismen aufeinanderfolgender erdgeschichtlicher Epochen durch zunehmende Komplexität voneinander, doch aller Formwandel ist von Gott vorgezeichnet. Die wechselnde Erscheinungsform beruht lediglich auf der Entfaltung präexistenter Strukturen, die seit dem Zeitpunkt der Schöpfung in ineinandergeschachtelter Form vorgegeben sind.

Das teleologische Weltbild läßt sich allerdings auch in weniger esoterisch anmutender Form vertreten. Der große Embryologe Karl Ernst von Baer formulierte «*Das allgemeine Gesetz der Natur in aller Entwicklung*» in einer Rede aus dem Jahre 1833. Er überarbeitete das Manuskript zur Publikation im Jahre 1864, nicht zuletzt um damit dem um sich greifenden Evolutionismus entgegenzutreten, zeigte sich dabei aber überrascht, wie weitgehend er damals doch selbst schon «die Ansicht von der Wandelbarkeit der organischen Formen im Laufe der Zeit und in der Folge von Generationen» vertreten hatte, innerhalb «beschränkten Gränzen, ungefähr so, wie ich sie noch jetzt für begründet halte».

Der springende Punkt liegt darin, von Baers Begriff der «Wandelbarkeit» richtig zu verstehen. Der Pilz, die Monade, der körperliche Mensch – sie alle sind *nur* wandelbare Erscheinungen, in deren Wandel sich letztlich ein bleibender Gedanke – nämlich jener der Schöpfung – ausdrückt, «denn durch die Zeugung hindurch wiederholt sich doch dieselbe Organisation». Im Laufe der Generationenfolge bleibt die artspezifische Form konstant, was heißen muß, daß die Zeugung letztlich dem Zweck der Aktualisierung der artspezifischen Form dient. Diese aber ist von Gott festgelegt. Also ist das Zeugungsgeschehen die Sekundärursache, deren sich Gott zu seinen Zwecken und Zielsetzungen bedient! «Der wahre Inhalt der Naturforschung ist eben die Schöpfungsgeschichte ...»

Dasselbe gilt für den Wandel der Erscheinung, wie er sich im Fossilbeleg niederschlägt. Was soll dieser bedeuten, wenn nicht «daß auch die Arten oder Zeugungsreihen vorübergehend sind»? Auch der Fossilbeleg ist nichts weiter als die zeitliche Manifestation des göttlichen Schöpfungsplanes, dem ein Ziel vorgegeben ist: Die Zunahme der Komplexität bis hin zur Krone der Schöpfung, dem Menschen!

In einem weiteren Vortrag, *Über den Zweck in den Vorgängen der Natur*, trat von Baer der Darwinschen Lehre noch direkter entgegen. Die Frage des «Wodurch» sei zu unterscheiden von der Frage des «Wozu»! Wenn also Wandel feststellbar ist in der Natur, so sei zuzugeben, daß dieser sich aufgrund von Naturgesetzen vollziehe, womit die Frage nach dem «Wodurch» beantwortet sei. Aber: «[wir gewinnen] eine viel würdigere Vorstellung von dem Urgrund aller Dinge ..., wenn wir uns denken, daß er [Gott] mit Naturgesetzen, d. h. mit geregelten Notwendigkeiten zu Zielen führt und daß diese Naturgesetze als die sich gleichbleibenden Formen oder Äußerungen seines Willens aufzufassen seien ...» Das deistische Weltbild vereint die Uniformität der Naturgesetze zwangslos mit der Vorstellung einer Zielgerichtetheit und einer Zweckdienlichkeit der Naturprozesse, da Gott, der selber Ziele setzt und Zweckmäßigkeit einrichtet, auch die passenden Gesetze erläßt. Von Baer: «Vorzüglich aber müssen wir bekämpfen, daß Darwin die ganze Geschichte der Organismen nur als einen Erfolg von materiellen Einwirkungen betrachtet, nicht als eine Entwikkelung ...», womit gemeint ist: «Die organische Entwickelung ist also durch und durch zielstrebig .. das Resultat der Entwickelung ist also vorher bestimmt.»

«Uns scheint es unverkennbar, daß die allmählige Ausbildung der Organismen zu höheren Formen und zuletzt zum Menschen eine Entwickelung war, ein Fortschritt zu einem Ziele, den man sich allerdings mehr relativ als absolut denken mag.»

In der erdgeschichtlichen Abfolge der Fossilien spiegelt sich eine Entwicklung vom Einfacheren zum Komplexeren, vom Allgemeineren zum Spezielleren, wie dies auch für die Individualentwicklung eines einzelnen Organismus gilt. «Entwickelung» aber meint im Rahmen eines teleologischen Weltbildes stets einen zielstrebigen Prozeß, was wiederum die Vorgabe eines Zieles impliziert und damit ein dieses Ziel vorgebendes schöpferisches Bewußtsein. «Entwickelung» entspricht der Aktualisierung oder Materialisierung des an sich zeitlosen Schöpfungsplanes in Raum und Zeit und damit in einer Abfolge von Ursache und Wirkung. Der Entwicklungsprozeß wird damit zu einem zielgerichteten (teleologischen) und zweckdienlichen (finalen) Geschehen.

Der Materialismus sah sich gefangen zwischen Skylla und Charybdis der Finalität und der Teleologie der Naturprozesse. Eine Ausflucht in die eine oder andere Form des Vitalismus mag helfen, die Klippen zu vermeiden. Wie es Darwin jedoch schaffte, sich erfolgreich zwischen den Klippen hindurchzumanövrieren, soll das nächste Kapitel zeigen.

Charles Darwin (1809–1882)

«February 20th. – This day has been memorable in the annals of Valdivia, for the most severe earthquake experienced by the oldest inhabitants.»

Der Tagebucheintrag aus dem Jahre 1835 stammt von Charles Darwin, Gastforscher auf der H. M. S. Beagle, die im Begriff, den Erdball zu umrunden, gerade entlang der Westküste Chiles segelte.

«Der aufsehenerregendste Effekt dieses Erdbebens war die bleibende Anhebung des Landes; es wäre wahrscheinlich viel präziser, wenn von diesem Beben als von der Ursache der Anhebung des Landes gesprochen würde. Es kann kein Zweifel darüber bestehen, daß das Land rund um die Bucht von Concepcion um zwei bis drei Fuß angehoben worden war ... Ich selbst konnte keinen Beweis für diese Tatsache erkennen, außer in der einmütigen Aussage der Einheimischen, daß eine seichte felsige Untiefe, die jetzt frei liegt, zuvor vom Wasser zugedeckt worden war ... Wie bereits angeführt, finden sich bei Valparaiso ähnliche [Mollusken-]Schalen auf einer Höhe von 1300 Fuß: man kann kaum daran zweifeln, daß diese große Erhebung durch aufeinanderfolgende kleine Anhebungen [der Küste] verursacht wurde, so wie jene, die das Erdbeben dieses Jahres begleitet hat ...»

Die Tagebücher seiner Weltreise, erstmals veröffentlicht im Jahre 1839, enthalten im Kern schon vieles von dem, was Darwin zwanzig Jahre später zum Gesprächsstoff aller gebildeten Kreise machen sollte. Der oben in einiger Ausführlichkeit wiedergegebene Eintrag in seinem Reisebericht rechtfertigt eine genauere Analyse. Darwin befaßt sich darin mit der Geologie, nicht mit der Biologie des von ihm besuchten Landstriches. Tatsächlich reichten sich in seinem Denken die beiden Wissenschaften die Hand, so daß auch nicht weiter erstaunt, daß Darwin das Forschungsprogramm, welches Charles Lyell in seinen *Principles of Geology* propagierte, in die Biologie zu übertragen sich anschickte.

Was er beschreibt, sind die Folgen eines Erdbebens, eines Ereignisses, das von Menschen gewöhnlich als Katastrophe erlebt wird. Diese Katastrophe führt aber nicht zum Massenaussterben der Organismen. Statt dessen bleiben die Auswirkungen des Bebens auf die Umwelt derart beschränkt, daß sie für Darwin kaum wahrnehmbar sind. Die Küste wurde um ein Weniges angehoben, so wenig, daß Darwin dies durch eigene Beobachtung nicht feststellen konnte. Nur die Beobachtung der Einheimischen, innig vertraut mit jedem Landstrich, ist scharf genug, um dieses geringfügige Zeichen der «Katastrophe» noch zu erkennen. Von dieser Beobachtung ausgehend, beginnt eine Argumentationskette, die für Darwins Evolutionstheorie insgesamt typisch bleiben sollte. Der Effekt einer beobachteten Ursache wird zur Erklärung der geologischen Vergangenheit extrapoliert und dabei in ihrer Wirkung gleich auch aufaddiert. Andernorts nämlich hatte Darwin Reste von meeresbewohnenden Schalentieren in einer Höhe von 1300 Fuß über dem Meeresspiegel beobachtet. Seine unmittelbare Schlußfolgerung geht dahin, daß diese sehr viel markantere Anhebung der Küstenlinie auf die additive Wirkung zahlreicher aufeinanderfolgender Erdbeben zurückzuführen sein müsse. Im einzelnen kaum wahrnehmbare Veränderungen bewirkend, kann dieselbe Ursache im Laufe unermeßlicher geologischer Zeiträume ganze Landschaften umgestalten. Warum sollten nicht unscheinbare Ursachen im Laufe geologischer Zeiträume Tierarten umgestalten können?

Wie bei Lyell ist auch bei Darwin das Uniformitätsprinzip in dieser Form der Schlußfolgerung vorausgesetzt. Um Lyells *Principles of Geology* zu zitieren: «Der Philosoph [ist] zumindest ... überzeugt von der unabänderlichen Uniformität der Sekundärursachen ...», woraus sich die Geologie als historische Wissenschaft ableiten läßt als eine Verknüpfung von Ursachen und Wirkungen:

«Wir verfolgen eine lange Abfolge von Ereignissen, welche graduell zu den heutigen Gegebenheiten geführt haben; und durch die Verknüpfung von Wirkungen mit ihren Ursachen sind wir in der Lage, eine Vielzahl komplizierter Relationen zu klassifizieren und im Gedächtnis zu behalten ...»

Dies ist genau das Rezept, nach dem Darwin die Geologie der Küste Chiles interpretierte. Lyell hatte den Katastrophismus Cuviers abgelehnt und dagegen gehalten, daß sich die Vergangenheit der Erdgeschichte aufgrund der heute beobachtbaren Mechanismen der Geologie ausreichend erklären läßt. Darwin hatte keinen Grund, sich dieser Meinung nicht anzuschließen. Tatsächlich lieferten ihm seine Reiseerlebnisse aus Südamerika sogar Beobachtungsmaterial, um den Fund gefrorener Fossilien im Boden Sibiriens in Einklang mit dem Uniformitätsprinzip zu deuten, statt sie wie Cuvier zur Grundlage eines Katastrophismus zu machen. Seine Betrachtungen nahmen ihren Ausgang bei dem Fund zahlreicher fossiler Großsäuger, deren früherer Lebensraum Darwin mit den weiten Steppen Südafrikas verglich:

«Es mag mir erlaubt sein darauf hinzuweisen, daß diese Bemerkungen auch einen direkten Bezug erlauben zu den sibirischen Tieren, die im Eis erhalten geblieben sind. Die Überzeugung, daß derartige große Tiere eine reiche, tropische Vegetation zu ihrem Überleben beanspruchten und die Unmöglichkeit, eine solche Vegetation mit einem nahen permanenten Frost in Einklang zu bringen, war einer der wesentlichen Gründe für die Entwicklung mehrer Theorien plötzlichen Klimawechsels und überwältigender Katastrophen, die deren Tod und Einbettung erklären sollten.»

Tatsächlich konnten die fossilen Großsäuger Sibiriens ähnlich den heutigen Formen Südafrikas in weiten Steppen ihr Auskommen gefunden haben. Noch eindrücklicher gestaltete sich für Darwin die Durchfahrt durch die Magellan-Straße zwischen Chile und Feuerland. Gletscher stiegen bis zum Meer hinab: «Der Boden hier besteht aus einer Wechsellagerung von Eis und vulkanischer Asche; und nur wenig unter der Oberfläche muß er dauernd gefroren bleiben, denn Leutnant Kendall fand die Leiche eines fremden Seemannes, welcher schon lange hier begraben lag, mit dem Fleisch und allem anderen in perfekter Erhaltung.» Es ist immer dieselbe Form des Analogieschlusses, die Darwins Argumentationsweise kennzeichnet: Sibirische Großsäuger hätten die weiten Ebenen des nordischen Kontinents durchstreift und hätten nach ihrem Tod durch Flüsse in ein arktisches Meer eingewaschen werden können, in dessen gefrierenden Sedimenten sie gut erhalten geblieben seien. Cuviers Katastrophismus verlor damit seine Basis; die Fossilien Sibiriens fanden eine natürliche Erklärung durch den Analogieschluß von der beobachtbaren Gegenwart auf die unbeobachtbare Vergangenheit. Neal C. Gillespie zitiert den jungen Darwin, der im Jahre 1839 seinem Enthusiasmus für den Analogieschluß wie folgt Ausdruck verlieh: «... wenn es uns nicht möglich ist, mittels Analogie von heutigen auf vergangene Prozesse zu schließen, haben wir keine Grundlage für unsere Wissenschaft ... aber die Erfahrung lehrt uns, daß wir dies können, daß Analogie ein sicherer Führer ist und meine Theorie erklärt, warum sie ein unfehlbarer Führer [in die Vergangenheit] ist ...»

Das Aktualitätsprinzip fußt auf einer Uniformität der Naturgesetze. Das Aussterben von Organismen hatte Lyell in seinen *Prinzipien der Geologie* wie erinnerlich bereits diskutiert; was er unbeantwortet ließ, war die Frage, wie neue Arten ins Leben gerufen werden – womit Darwins Forschungsprogramm umrissen war. Nach dem von Lyell vorgegebenen Argumentationsmuster suchte Darwin den Ursprung neuer Arten durch ein gleichförmig wirkendes Naturgesetz zu erklären, denn nur so konnte er hoffen, Prozesse der Vergangenheit plausibel zu erläutern – nur so konnte er hoffen, die Biologie auf die Stufe einer «wahren» Wissenschaft zu stellen, für welche die Physik seit alters her das paradigmatische Beispiel lieferte. Das Gesetz, das für Darwin die angestrebte Rolle spielte, war das Selektionsprinzip.

In seiner Autobiographie meinte Darwin, er hätte es in seiner Jugend verdient, ein Theist genannt zu werden; Dov Ospovat, intimer Kenner der Materie, verwies auf die Tatsache, daß die Charakterisierung Darwins als Deist viel zutreffender ist. «Darwins Tagebücher sind durchsetzt von der Überzeugung daß ‹Gott durch Gesetze kreiert›.» Zumindest während früher Stadien der Entwicklung seiner Theorie hielt Darwin das Selektionsprinzip für ein solches von Gott erlassenes Naturgesetz, womit die Auswirkungen der natürlichen Selektion einem von Gott gewollten Zweck und Ziel entsprächen. Erst in einem späteren Zeitpunkt seiner intellektuellen Entwicklung sollte diese Überzeugung, die sich in Darwin seit seinen Studienjahren in Cambridge festgesetzt hatte, erschüttert werden – doch davon später. Zunächst geht es um die Tatsache, daß Darwin das Werden und Vergehen der Organismen nicht auf anekdotischer Grundlage erklären wollte;

es ging ihm nicht um eine «just-so story», sondern darum, den historischen Wandlungsprozeß der Organismen auf eine naturgesetzliche Grundlage zurückzuführen, so, wie dies Lyell vor ihm für die Geologie versucht hatte. Silvan S. Schweber, der in einer kürzlich erschienen Studie Darwins Theoriebildung in ihren weiteren sozialen Kontext gestellt hat, betont, wie sehr Darwin im Selektionsprinzip ein Naturgesetz erkannte, dem für das Reich des Organischen dieselbe universelle Gültigkeit zugesprochen werden müsse, wie sie den Newtonschen Gesetzen im Reich der unbelebten Natur zukommt. Es ging um nichts Geringeres, als daß die Biologie auf die Stufe einer exakten Wissenschaft angehoben werden sollte; nach dem Modell der Physik müßten auch sämtliche Lebenserscheinungen Gesetzmäßigkeiten unterworfen sein, die quantifizierbare Voraussagen gestatten würden. Derart waren Darwins Ambitionen.

Wenn Darwin auf der Grundlage allgemeingültiger Naturgesetze alle Lebenserscheinungen einer durchgehenden Determinierung unterwerfen wollte, um so den Schlüssel in die Hand zu bekommen, durch Analogieschluß das Tor zur Vergangenheit zu öffnen, dabei aber Zufälligkeit oder ein direktes Eingreifen Gottes aus dieser Erklärung zugleich auszuschließen, so konnte er nicht umhin, «diesen alten Kanon der Naturgeschichte ‹Natura non facit saltum›» zu akzeptieren, wie er sich ausdrückte. In seinem Reisebericht von der Fahrt mit der Beagle finden sich Notizen zu seiner Theorie der Riffbildung durch Korallen. Atolle entstanden nach Darwins Ansicht durch Korallenwachstum auf den Flanken sich langsam unter den Meeresspiegel absenkender Inseln vulkanischen Ursprungs. «Dieses Absinken, sei es nun kontinuierlich oder von Unterbrüchen gekennzeichnet, die den Korallen Zeit geben, ihre lebenden Gebäude bis zur Meeresoberfläche hinauf nachzubauen, muß sich überdies äußerst langsam vollzogen haben. Diese Schlußfolgerung ist wohl die wichtigste, die aus dem Studium von Korallen gezogen werden kann; und es ist eine, welche keinen Raum läßt für Annahmen, wie es anders sich hätte vollziehen können.» Die Korallen müssen notwendigerweise stetig auf dem bisher erreichten Stock aufbauen, um die Nähe zur lichtdurchfluteten Meeresoberfläche zu halten. Es gibt nicht die Möglichkeit einer sprunghaften Entwicklung! Der Historiker M. J.

S. Hodge verwies auf Darwins «Koralle des Lebens»-Metapher, festgehalten in dessen «B-notebook» (begonnen im Jahre 1837): So, wie der Korallenstock in die Höhe wächst, so wächst auch der Stammbaum des Lebens.

Die Natur macht keine Sprünge: «Wir treffen diese Überzeugung in den Werken von fast allen erfahrenen Naturforschern», schreibt Darwin, und fährt fort: «Warum sollte dem aufgrund der Theorie des Kreationismus so sein?» Hier treffen wir auf den Kern von Darwins Absichten, die das Kontinuitätsprinzip als Grundlage seines Programms notwendig machten. Denn letztlich schreibt Darwin wider den Kreationismus, der die Biologie seiner Zeit dominierte. Wenn Darwin diese Biologie auf universell gültige Naturgesetze von ewig gleichförmiger Wirkung zurückführen wollte, ob die nun von einer Ersten Ursache erlassen wurden oder nicht; wenn er daraus eine lückenlose Kette von Ursache und Wirkung ableitete, so geschah dies, um die Lebensprozesse einer durchgängigen ursächlichen Bestimmung zu unterwerfen. Es mußte ihm ein Anliegen sein, jede Lücke in der Kausalkette und damit auch jede Lücke in der Folge der organischen Erscheinungen auszuschließen, denn nur so konnte er Zufälligkeit einerseits, aber auch ein direktes kreatives Einwirken Gottes andererseits aus der Geschichte des Lebens auf der Erde ausschließen. Die Lückenlosigkeit der Kausalkette läßt keinen Raum für die Hypothese spezieller Schöpfung neuer Arten im Laufe der Erdgeschichte. «Warum sollten alle Teile und Organe vieler unabhängiger Wesen, jedes für sich getrennt für den ihm zugeordneten Platz im Haushalt der Natur geschaffen, durch abgestufte Ähnlichkeit so eng miteinander verknüpft sein?», fragte Darwin und fand im Kreationismus keine Antwort. «Aufgrund der Theorie der Selektion können wir dagegen erkennen» – warum die Natur keine Sprünge macht!

Wenn die Natur keine Sprünge machen darf, muß nicht nur eine Kontinuität der Ursache herrschen, sondern auch eine Kontinuität der Wirkungen: der kontinuierlich sich vollziehende Wandlungsprozeß muß zu einer Kontinuität der Erscheinungen führen. Das heißt, es darf auch in der organischen Vielfalt keinen leeren Raum geben, oder umgekehrt: die «Plätze im Haushalt der Natur» müssen alle besetzt sein, wie Darwin sich ausdrückte. Wieder schimmert das Gedankengut der Natürlichen Theologie durch, das Konzept nämlich einer vollkommenen im Sinne einer vollständigen Schöpfung. «Die Geologie zeigt uns deutlich, daß die Zahl der Arten nicht unendlich zugenommen hat; und tatsächlich verstehen wir den Grund hierfür, denn die Zahl der Plätze im Haushalt der Natur ist nicht unbeschränkt», schreibt Darwin in seinem Buch über den Ursprung der Arten, nicht ohne vorsichtigerweise beizufügen: «... nicht daß wir die Mittel hätten herauszufinden, ob irgendeine Region das mögliche Maximum von Arten beherbergt.» Es wird noch zu zeigen sein, daß die Selektionstheorie Darwins, zumindest in gewissen Aspekten, eine solche Vollbesetzung der Natur voraussetzt.

Die Selektionstheorie war in Darwins Buch über den *Ursprung neuer Arten*, das 1859 erstmals erschien, weitgehend vollständig ausgearbeitet. Darwin hatte schon seit fünf Jahren ein Manuskript über die *Natürliche Selektion* in Arbeit, sah sich aber infolge der unvermuteten Konkurrenz durch Alfred Russell Wallace veranlaßt, mit seinen Ideen in verkürzter Form schon im Jahre 1859 an die Öffentlichkeit zu treten. Durch eine Mitteilung von Wallace erkannte Darwin, daß dieser denselben Gedanken unabhängig verfolgt hatte. Um einem Prioritätsstreit vorzubeugen, beschlossen die beiden Naturforscher, ihre Selektionstheorie als gemeinsame Mitteilung in der Linnean Society of London vortragen zu lassen. Der Sekretär erfüllte diese Aufgabe am 1. Juli 1858, ohne daß einer der beiden großen Männer anwesend gewesen wäre: Darwin fehlte krankheitshalber, während Wallace sich in den Molukken aufhielt. Die Autoren des Vortrags wurden erst zum Schluß der Sitzung bekanntgegeben, eine anschließende Diskussion war damals nicht üblich. Das Dokument wurde am 20. August 1858 veröffentlicht, ohne großes Aufsehen zu erregen. In seinem Jahresrückblick glaubte der Präsident der Gesellschaft keine herausragende Mitteilung ausmachen zu können. Im November des Jahres 1859 war Darwin in aller Leute Mund. Die gesamte Auflage seines Buches *On the Origin of Species by Means of Natural Selection, or the Preservation of Favoured Races in the Struggle for Life*, 1250 Exemplare im ganzen, war am Tage ihres Erscheinens vergriffen.

Darwinsche Evolutionstheorie fußt allerdings nicht allein auf dem Selektionsprinzip. Sie steht auf zwei Füßen, auf einer Theorie der Selektion und auf einer Theorie der Variation. Obwohl die Variabilität der Organismen unabdingbare Voraussetzung für einen Selektionsprozeß ist, lieferte Darwin eine eigentliche Theorie der Variation erst im nachhinein, im Jahre 1868 mit seinem Buch *The Variation of Animals and Plants under Domestication.* Weil die Variabilität der Organismen der Möglichkeit von natürlicher Auslese vorausgehen muß, soll auch Darwins Theorie der Pangenesis vor seiner Selektionstheorie dargestellt und diskutiert werden. Damit wird man zwar nicht dem historischen Lauf der Dinge, wohl aber der Logik des Darwinschen Evolutionsprozesses gerecht.

Darwins Theorie der Variation ist eine Theorie der Fortpflanzung und der Vererbung, die ihrem Wesen nach noch in das 18. Jahrhundert gehört, wie viele Historiker festgestellt haben, zuletzt M. J. S. Hodge. Was im hier gegebenen Zusammenhang in den Vordergrund gestellt werden soll, ist die Ähnlichkeit von Darwins Theorie der Pangenesis mit der Fortpflanzungstheorie von Georges Buffon, beide einer atomistischen Konzeption der Organisation verpflichtet. «I have read Buffon: whole pages are laughably like mine ...», gestand Darwin in einem viel zitierten Brief. «Ich habe Buffon gelesen: ganze Seiten gleichen den meinigen aufs lächerlichste ...», womit zugleich die Behauptung in den Raum gestellt war, daß Darwin seine Theorie der Pangenesis unabhängig entwickelt hatte.

Was tatsächlich auch zutreffen mag. Denn es gibt zahlreiche Verbindungen, aus welchen Darwin eine atomistische Konzeption der Organismen gewonnen haben kann – und offenbar auch gewonnen hat. Silvan Schweber hat kürzlich auf das Interesse für Chemie hingewiesen, das Darwin schon als Teenager bewiesen hatte. Hier bereits liegt zweifellos eine Quelle, die dem jungen Adepten eine atomistische Konzeption von Organisation ganz allgemein nahegebracht haben muß. In seiner Autobiographie bemerkt Darwin, wie er gegen Ende seiner Schulzeit bis spät in die Nacht mit großer Sorgfalt Chemiebücher studiert habe: «This was the best part of my education at school ...»!

Sein Interesse für Chemie erwies sich als dauerhaft: Philip R. Sloan erzählt, wie Darwin nach seiner Ankunft in Edinburgh im

Jahre 1825 (wo er nach väterlichem Vorbild Medizin studieren sollte) zusammen mit seinem Bruder sich für die Chemievorlesungen von Thomas C. Hope einschrieb. Doch Chemie war nicht der einzige Kurs, den Darwin belegte. Auch die Zoologie der wirbellosen Tiere interessierte Darwin, und zwar so sehr, daß er mit seinem Bruder, später auch allein, Ausflüge zum nahegelegenen Meer unternahm, um solche Tiere selber aufzusammeln und zu studieren. Seine naturwissenschaftlichen Interessen brachten den jungen Darwin in Kontakt mit einer lokalen Vereinigung von Naturforschern, wo er denn auch Robert Edmund Grant traf, einen Arzt mit partiellem Lehrauftrag für vergleichende Anatomie. Nach P. R. Sloan ist der Einfluß Grants auf Darwin und dessen spätere Studien über Invertebraten, wozu auch die bereits erwähnten Korallen gehören, nicht zu gering zu veranschlagen. Es würde hier zu weit führen, Sloan in seiner Darstellung aller Verzweigungen dieser Beziehung zu folgen. Es genügt, daß Grant, nicht zuletzt unter dem Einfluß französischer Autoren, zur Auffassung gekommen war, daß es, vom chemischen Standpunkt aus betrachtet, keinen fundamentalen Unterschied geben kann zwischen Pflanzen und Tieren, daß beide Reiche der Natur denselben Gesetzmäßigkeiten unterworfen sein müssen. Diese Sicht der Natur brachte Grant in seiner Antrittsvorlesung vom 23. Oktober 1828 am University College London zum Ausdruck:

«Viele der Phänomene, die wir bei Pflanzen beobachten, sind bestimmt durch die gemeinsamen Gesetze der unbelebten Materie; und auch im Tierreich wirken dieselben Gesetzmäßigkeiten in der Bildung der Silikatkristalle, aus welchen sich das Skelett mancher Zoophyten zusammensetzt, und in der Bildung der kalkartigen Kristalle mancher Strahlentiere.»

Hier also die Kristallanalogie, welche schon die Atomisten der französischen Aufklärung in ihrer Konzeption des Organischen beeinflußt hatte. Der Wissenschaftshistoriker James R. Moore faßte Darwins Theorie, so wie sie sich in seinen Notizbüchern seit 1837 abzuzeichnen begann, in einem Aufsatz aus dem Jahre 1985 in einem einfachen, schlagwortartigen Bild zusammen: «Vom Stachelhäuter bis zum Engländer, alle waren sie durch die gesetzmäßige Umverteilung der Materie entstanden in Anpassung an eine geordnete Veränderung der geologischen Umwelt.» «This was rank materialism, and Charles knew it.» In den Notizbüchern Darwins «war alles enthalten, was Lyell in Lamarck abgelehnt hatte, alles, wovor sich England angesichts der Ideologie der Französischen Revolution fürchtete».

Einen noch direkteren Weg von und zu Buffon erkannte Sloan in Darwins Kontakt mit Robert Brown, den er um Hilfe bat bei der Auswahl des Mikroskops, das er auf die Fahrt mit der Beagle mitnehmen sollte. Im Schulunterricht wird heute noch der Name von Robert Brown im Zusammenhang mit der «Brownschen» Bewegung der Moleküle erwähnt, einer Bewegung, die Brown als eine den Partikeln innewohnende Eigenschaft auffaßte. Der allerdings kontroverse Schritt zu den aktiven *molécules organiques* von Buffon und Needham war klein und wurde von Brown im Jahre 1828 vollzogen. Während seiner Reise studierte Darwin das Gewebe mariner Invertebraten und Pflanzen, wobei seine Tagebücher ein zunehmendes Interesse für «granuläre Materie» erkennen lassen, bewegte Partikel, die man heute mit Zellorganellen gleichsetzt, die Darwin aber zu dieser Zeit nicht als solche erkennen konnte. Die Zelltheorie wurde erst im Jahre 1839 durch Schwann formuliert, ihrerseits wiederum einer atomistischen Konzeption der Organisation verpflichtet. P.R. Sloan hält es für möglich, daß Browns Gleichsetzung aktiver Partikel mit den *molécules organiques* von Buffon Darwins Aufmerksamkeit auf eine mögliche Rolle der von ihm beobachteten «granulären Materie» im Rahmen der Fortpflanzung lenkte. Womit der Ansatz zur Theorie der Pangenesis gegeben wäre. In seinem nachmalig publizierten Reisebericht bezeichnete Darwin die «Eier» der «Zoophyten» als «*gemmules*»:

«Die Untersuchung dieser zusammengesetzten Tiere war immer sehr interessant für mich. Was kann es Bemerkenswerteres geben als einen pflanzenähnlichen Körper, der ein Ei hervorbringt, welches fähig ist herumzuschwimmen und sich einen Platz auszusuchen, wo es sich festsetzt, welches dann Zweige hervorbringt, jeder Zweig vollbesetzt von einer Unzahl einzelner Tiere.»

Gemeint waren Moostierchen (Bryozoen), die verzweigte Kolonien bilden und in einigen fortgeschrittenen Gattungen auch Brutkammern hervorbringen, innerhalb deren Eier ausgebrütet werden, bis sie als schwimmfähige Larven schlüpfen und aus der Brutkammer entlassen werden.

Wie alle Atomisten ging Darwin von der Annahme aus, daß beide Elterntiere eine «Samenflüssigkeit» bilden. In dieser sammeln sich kleinste unsichtbare Partikel, *gemmulae* genannt, die den elterlichen Organismus in all seinen Teilen, in all seinen Zell- und Gewebstypen, im kleinen repräsentieren. Diese Partikel sind unsichtbar klein, was Darwin allerdings nicht hinderte, selbst unter dem Anspruch von Empirie deren Existenz zu fordern. Schließlich hatte er die Chemie auch als empirische Wissenschaft kennengelernt, die es mit Partikeln zu tun hat, die als solche unsichtbar klein sind und dennoch gesetzmäßig geregelte Strukturen hervorbringen! Zu jeder Zeit im Laufe der Individualentwicklung eines Organismus sind seine Zellen in der Lage, *gemmulae* zu produzieren, die sich schließlich in den Keimdrüsen (bei Pflanzen in den Knospen) sammeln. Die Produktion der *gemmulae* in jeder Phase der Individualentwicklung sowie deren Zirkulation durch den elterlichen Organismus waren Annahmen, durch welche Darwin die Möglichkeit der Vererbung erworbener Eigenschaften zu erklären versuchte, wie E. Mayr dargelegt hat. Im Rahmen der sexuellen Zeugung werden die *gemmulae* der beiden Elterntiere zusammengebracht und durchmischt. Infolge der freien Kombination der Teile kombiniert die Nachkommenschaft die elterlichen Merkmale in variabler Weise. Damit ist erklärt, warum kein Organismus einem anderen vollkommen gleicht, mit Ausnahme eineiiger Zwillinge natürlich.

Der Aspekt der Pangenesistheorie, der uns hier vor allem interessiert, ist nicht so sehr Darwins Festhalten am Konzept einer Vererbung erworbener Eigenschaften, sondern die aus der atomistischen Konzeption der Embryogenese sich ergebende *fundamentale Variation* der Organismen. Wenn einerseits der Embryo sich aus kleinsten Partikeln zusammensetzt, die ihrerseits die konstituierenden Elemente der Elterntiere im kleinen repräsentieren, wenn andererseits die *gemmulae* der beiden Eltern frei kombinierbar sind, so folgt, daß der Embryo zumindest potentiell in all seinen kleinsten Teilen variieren kann. Aufs Ganze gesehen: Variation kann an jedem Teil eines jeden Organismus ansetzen, und zwar in beliebig fein abgestufter Form. Wieder war es Darwins Studium der Invertebraten, das die passenden Bilder lieferte. Die «granuläre Materie», Ursprung der Organisation der «Zoophyten», zeigte sich in dieser Gruppe von Organismen selbst innerhalb einer einzelnen Art in derart großer Mannigfaltigkeit «zusammengesetzt», daß keine Rechtfertigung mehr zu bestehen schien, Arten und Gattungen klar voneinander zu scheiden: «Die zentrale Bedeutung all dieses Interesses für Zoophyten müßte nun klar geworden sein», schreibt P. R. Sloan. Es ist die fundamentale Variation, die den graduellen, kontinuierlichen oder fließenden Übergang zwischen Organisationsformen möglich macht.

Wenn ein Organismus fundamental variabel ist, wenn er in all seinen Organen und Organkomplexen in fein abgestufter Form veränderlich ist, so sind zumindest theoretisch zwischen zwei beliebigen Merkmalszuständen alle möglichen Zwischenformen zu erwarten. «Wenn gezeigt werden könnte», schreibt Darwin, «daß irgendein komplexes Organ existiert, welches nicht durch zahlreiche, sukzessive, kleine Modifikationen entstanden sein könnte, so würde meine Theorie absolut zusammenbrechen». Hier schließt sich der Kreis von der Kontinuität der Erscheinungen zur Kontinuität der Ursache. Es herrschte für Darwin strukturelle Kontinuität in der lückenlosen Abfolge von Vorfahren und Nachfahren. Die Reise zu den Galapagosinseln hatte ihn in dieser Erwartung bestärkt. Die Bedeutung der Finken, die dort vorkommen und die heute seinen Namen tragen, erkannte Darwin zwar nicht unmittelbar. Erst nachdem der Ornithologe John Gould die von Darwin gesammelten Vögel geordnet und bearbeitet hatte wurde klar, wie hier eine ursprüngliche Besiedlung des Archipels vom südamerikanischen Festland her zu einer adaptiven Auffächerung einer Gruppe eng miteinander verwandter Arten geführt hatte: «Es gibt nicht weniger als sechs Arten mit fein abgestufter [*insensibly graduated*] Schnabelform.» Auch die auf der Inselgruppe heimischen Schildkröten zeigten eine bemerkenswerte, dabei aber fein abgestufte Anpassung an verschiedene Lebensräume. Die Natur macht keine Sprünge:

«Es kann angenommen werden, daß einige der repräsentativen Arten, zumindest im Falle der Schildkröten und auch einiger Vögel, sich später bloß als gut ausgebildete Varietäten erweisen werden; das aber wäre für den philosophisch interessierten Naturforscher von genau gleich großem Interesse.»

Schon in seinem Reisebericht der Weltumsegelung tippt Darwin «philosophische Konsequenzen» seiner Sicht der Dinge an. Wenn es in der Kontinuität der Erscheinungen keine Lücken gibt, so gibt es keine Möglichkeit, Arten, Gattungen oder Familien als klar umrissene Ähnlichkeitsklassen voneinander zu trennen. Es gibt nur die Kontinuität der Generationenfolge, im Laufe deren eine fein abgestufte, schrittweise Abwandlung der Form als Antwort auf sich verändernde Lebensbedingungen erfolgen kann.

Wandel zum Zweck der Anpassung: damit ist der zweite Teil der Darwinschen Theorie, das Selektionsprinzip, angesprochen. Während Darwins Theorie der Variation wenig Aufsehen erregte und nach der «Wiederentdeckung» der Gesetze der Vererbung einerseits, nach der Trennung der Keimbahn vom Soma durch August Weismann andererseits, still und unbeachtet den Weg alles Irdischen ging, löste die Theorie der natürlichen Selektion schon zu Darwins Lebzeit heftige Kontroversen aus, die bis heute nicht ausgeklungen sind. Dies hängt wesentlich damit zusammen, daß das Selektionsprinzip nicht nur von biologischem Interesse ist und war, sondern auch sehr deutliche soziale, politische, ganz allgemein: gesellschaftliche Implikationen trägt. Es ist vor allem auch die Diskussion um diesen Aspekt des Darwinismus, die nicht abreißen will. Um das Problem des Selektionsprinzips grundsätzlich zu verstehen, ist es notwendig, nochmals in das 18. Jahrhundert abzutauchen.

Im Jahre 1764 veröffentlichte Charles Bonnet seine *Contemplation de la nature*, ein Buch, das, in mehrere Sprachen übersetzt, weite Verbreitung – und Beachtung – fand. Wie im zweiten Kapitel dargelegt, vertrat Bonnet die Doktrin einer Präexistenz der Keime. Alle Organisationsformen erscheinen im Lichte dieser Theorie schon seit dem Zeitpunkt der Schöpfung in unveränderlicher Form festgelegt. Es war im wesentlichen ein statisches Weltbild, das Bonnet vertrat: entsprechend göttlicher Weisheit und Güte wurde die Vielfalt der Natur als harmonische Einheit aufgefaßt, als in sich harmonisch ruhendes Ganzes, das durch sein Wesen auf die Einheit des Schöpfers zurückverwies. Originalton Bonnet:

«Die Harmonie des Universums oder die Relationen, die zwischen den verschiedenen Teilen dieses unermeßlichen Gebäudes herrschen, beweisen, daß seine Ursache eine einzige ist. Die Wirkung dieser Ursache ist ebenfalls ein Ganzes: das Universum entspricht diesem Effekt.»

Damit aber unter den Organismen die vielbesungene Harmonie herrschen konnte, mußte angenommen werden, daß diese Organismen sowohl an ihre unbelebte als auch an ihre belebte Umwelt perfekt angepaßt seien. Daher die finalistische Auffassung pflanzlicher und tierischer Organisation. Alle organischen Einrichtungen erfüllen einen Zweck; Organe stellen Werkzeuge dar, die zum Überleben in dem einer jeden Form von Gott zugewiesenen Platz in der Natur unerläßlich sind.

Ein Punkt aber mußte das Wunschbild einer gottgewollten Harmonie der Natur stören, um so mehr, als dieser Gott als ein gütiger und wohlwollender aufgefaßt wurde: Es ist die Beziehung zwischen Raubtieren und ihrer Beute, zwischen zerstörerisch wirkenden Parasiten und ihren Wirten. Bonnet hielt eine für die damalige Zeit typische Antwort auf dieses Problem bereit:

«Zwischen den Tieren herrscht ein einziger Krieg, doch die Dinge sind so weise eingerichtet worden, daß der Untergang der einen die Erhaltung der anderen bedeutet und daß die Fruchtbarkeit der Arten immer den Gefahren entspricht, welchen das Individuum ausgesetzt ist.»

Dieses war das Standardargument der Natürlichen Theologie, die sich vor allem in den Köpfen Englands festsetzte, nicht zuletzt unter dem Einfluß von William Paley. Zuvor ist aber ein anderer Autor zu nennen: T. R. Malthus, der das Bild einer im stabilen Gleichgewicht ruhenden Natur ins Schwanken brachte, und zwar mit seinem im Jahre 1798 erstmals veröffentlichten Essay *On the Principle of Populations*. Die Abhandlung war auf die Verhältnisse der menschlichen Gesellschaft gemünzt, und zwar auf die Misere der Arbeiter am Rande der sich entwickelnden englischen Industriegesellschaft. Hier stellte Malthus ein «Übermaß von Fruchtbarkeit» fest und folgerte: Eine Population nimmt in ihrer Größe exponentiell zu, wenn ihr Wachstum ungehindert fortschreiten kann. Da dies aber infolge einer Begrenzung der materiellen Lebensgrundlagen nicht möglich ist, muß das Übermaß von

Fruchtbarkeit zur Konkurrenz innerhalb der Fortpflanzungsgemeinschaft führen.

Es war William Paley, der dieses Konkurrenzprinzip in seine *Natürliche Theologie*, erschienen im Jahre 1802, einbettete und damit großen Einfluß auf die englische Gesellschaft ausübte. Auch für ihn spiegelte die Natur eine gottgewollte Ordnung wider, doch zu diesem Schöpfungsplan gehörte nunmehr eine dynamische Komponente: der Konkurrenzkampf um die beschränkten Nahrungsgrundlagen! Das Übermaß von Fruchtbarkeit führt letztlich zu einer Vollbesetzung der Natur, bis sich die Organismen aneinander reiben. Ein populationsdynamischer Aspekt begründet den Kampf ums Dasein, in welchem der Stärkere überlebt. Daß dies keinesfalls negativ zu werten sei, zeigte Paley erneut am leidigen Raubtierbeispiel auf: «Dieses Raubsystem ist für Verfolgte wie für Verfolger ein Ansporn zur Bewegung und Tätigkeit.» Die Konkurrenz soll so zu einer durchaus gesunden Wettkampfsituation führen, womit ein Bild der Natur geschaffen war, das sich zwangslos mit dem *laissez-faire*-Kapitalismus der damaligen englischen Gesellschaft vereinen ließ. Der Sozialdarwinismus war geboren, noch bevor Charles Darwin das Licht der Welt erblickt hatte! In seinem Buch über den Sozialdarwinismus berichtet H.W. Koch, wie der englische Premierminister Pitt der Jüngere seinen Gesetzesentwurf für die Armenhilfe zurückzog, als er Malthus und Paley gelesen hatte.

Darwin seinerseits las Paley als Theologiestudent in Cambridge; seiner Bewunderung für das Buch verlieh er in seiner Autobiographie Ausdruck. Es besteht kein Zweifel, daß Darwin von Paley und ganz allgemein von der Natürlichen Theologie beeinflußt war, ein Aspekt in seiner intellektuellen Entwicklung, der in neuerer Zeit vor allem durch Dov Ospovat ins Zentrum der Forschung gerückt wurde. Hier fand er das Konzept einer fortlaufenden Schöpfung durch die Wirkung von Sekundärursachen, also von Naturgesetzlichkeiten; hier fand er auch das Loblied auf die perfekte Anpassung der Organismen. Paley benützte die Natur in althergebrachter Form zum Gottesbeweis:

«Es gibt keine Planmäßigkeit ohne Planer; keine Erfindung ohne Erfinder; keine Ordnung ohne Wahl; keine Anordnung ohne Anordner; keine Zweckmäßigkeit ohne Zweckbestimmung; keine

Zielgerichtetheit ohne Bestimmung des Ziels. Die Klassifikation, die Abstimmung der Organe eines Organismus aufeinander, die Zweckbestimmung und die Anpassung der Organismen setzen die Existenz eines intelligenten Wesens voraus.»

Darwin hatte selbst die Anpassungserscheinungen der Finken und Schildkröten der Galapagosinseln bestaunt, wie er in der Retrospektive behauptete. Hier mußte der Schlüssel liegen zu dem von ihm angestrebten Evolutionsprinzip, das er allerdings nicht in Gottes Existenz, sondern in den Gesetzmäßigkeiten der Natur verankert sehen wollte. In seiner Autobiographie zeigt sich das Erinnerungsvermögen Darwins oft leicht getrübt – zum Ärger der pedantischen Wissenschaftshistoriker. Die erste Notiz Darwins, die auf Malthus verweist, datiert vom 28. September 1838. In seinen Erinnerungen dagegen schreibt er:

«Im Oktober des Jahres 1838, also fünfzehn Monate nach dem Beginn meiner systematischen Untersuchungen, las ich zu meinem Vergnügen die Abhandlung von Malthus über *Population*, und da ich wohl vorbereitet war, die Bedeutung des Kampfes ums Dasein anzuerkennen, der überall stattfindet, wie sich aus der seit langer Zeit verfolgten Beobachtung der Eigenschaften von Pflanzen und Tieren erweist, fiel es mir mit einem Mal auf, daß unter diesen Bedingungen vorteilhafte Variationen beibehalten würden, während unvorteilhafte zerstört würden. Das Resultat dieses Prozesses wäre die Bildung neuer Arten. Hier nun hatte ich eine Theorie, auf deren Grundlage ich weiterarbeiten konnte ...»

Was nichts anderes heißt, als daß Darwin nicht etwa von einer Fülle von Einzelbeobachtungen auf seine Theorie geschlossen hätte, sondern vielmehr eine Fülle von Einzelbeobachtungen im Lichte seiner Theorie zu deren Untermauerung zusammengetragen hat. Dies ist von eminenter Bedeutung nicht nur für das Verständnis von Wissenschaft ganz allgemein, sondern auch für das Verständnis von Darwins Selektionstheorie im Speziellen. Immer wieder zieht er den weiter oben beispielhaft dargelegten Analogieschluß, um seine Theorie durch Beobachtung zu stützen. Für das Selektionsprinzip diente ihm vorwiegend der Analogieschluß von der künstlichen zur natürlichen Zuchtwahl als «Beweis».

Die logische Struktur der Selektionstheorie wurde in der

biologischen Literatur vielfach dargestellt; hier soll dem von Ronald H. Brady vorgezeichneten Muster gefolgt werden.

Nach Malthus kann eine Fortpflanzungsgemeinschaft zumindest theoretisch exponentiell wachsen, doch zeigt die alltägliche Beobachtung, daß die Zahl der Individuen einer Population im Laufe der Generationenfolge normalerweise relativ konstant bleibt. Daraus folgerte Malthus und nach ihm auch Darwin, daß unter den Mitgliedern einer Population ein Konkurrenzkampf um begrenzte Lebensgrundlagen herrschen muß. Nimmt man nun in einem Folgeargument den Kokurrenzkampf als gegeben an und setzt überdies das Konzept einer erblich bedingten Variation der Organismen ein, so muß folgen, daß in diesem Konkurrenzkampf die vorteilhafte Variation, das heißt der besser angepaßte Organismus, sich durchsetzt. Dieses «Sichdurchsetzen» im Darwinschen Sinne kommt nicht einer Natur *red in tooth and claw* gleich, wie sie der Dichter Alfred Tennyson kolportierte. Evolutiver Erfolg mißt sich nach Darwin in einem erhöhten Fortpflanzungserfolg. Wer sich im täglichen Konkurrenzkampf erfolgreicher durchsetzen kann, kommt dadurch häufiger zur Fortpflanzung. Das wiederum hat zur Folge, daß vorteilhafte Merkmale häufiger reproduziert werden, sich im Laufe der Generationen schließlich in der ganzen Fortpflanzungsgemeinschaft durchsetzen und diese als Ganzes kennzeichnen. Das Resultat ist eine verbesserte Anpassung der Organismen.

Ein wesentlicher Punkt in der Argumentationsfolge, die das Selektionsprinzip kennzeichnet, liegt in der Schlußfolgerung, daß die vorteilhaften Variationen, das heißt die besser angepaßten Organismen, sich durchsetzen. Hierin äußert sich ein Bruch Darwins mit der Tradition der Natürlichen Theologie, ein Bruch, den Darwin offenbar unter dem Einfluß der Lektüre von Malthus vollzogen hat und dessen Bedeutung für die Entwicklung der Darwinschen Evolutionstheorie Dov Ospovat erstmals klar herausgearbeitet hat. Wenn es *vorteilhafte* Variationen und wenn es *besser* angepaßte Organisationsformen gibt, so kann es offenbar keine perfekte Anpassung geben; denn gäbe es perfekte Anpassung unter den Organismen, so wären nicht die einen besser angepaßt als die anderen! Damit die natürliche Auslese überhaupt einsetzen kann, muß innerhalb einer Fortpflanzungsgemeinschaft ein unterschiedlicher Grad von Anpassung herrschen. In seinem 1984 erschienenen Buch über die philosophischen Grundlagen der Selektionstheorie skizziert Elliott Sober ein weiteres Argument, weshalb perfekte Anpassung ausgeschlossen bleibt: Die Selektion kann immer nur einen Kompromiß erzielen! Gesetzt den Fall, Hirschkühe zögen Sexualpartner mit größtmöglichem Geweih vor. In der Maximierung der Geweihgröße liegt dann ein selektiver Vorteil, doch ergeben sich daraus zugleich auch Nachteile: durch ein größtmögliches Geweih würde die Fluchtgeschwindigkeit vermindert, die Fortbewegung durch den lichten Wald würde behindert usf. Eine «perfekte» Geweihgröße kann es unter diesen Umständen nicht geben.

Wenn es keine absolut perfekte, sondern bloß eine relative, mehr oder weniger gute Anpassung geben kann, wird auch der Schluß von der perfekten Anpassung auf einen perfekten Schöpfergott hinfällig. Und damit schließlich auch das Argument einer Zweckgerichtetheit der Anpassung! Das Konzept der «relativen Anpassung» erlaubt den Ausschluß von Teleologie und von Zweckursachen aus der Biologie. Die Konkurrenz mag zu einer stetigen Verbesserung der Anpassung, nicht aber zu einer perfekten Anpassung führen. «Es könne», so schreibt Darwin in seinem *On the Origin of Species*, «kein Land genannt werden, in dem alle eingeborenen Bewohner sowohl an ihre kulturelle als auch an ihre physikalische Umwelt derart perfekt angepaßt sind, daß keine dieser Anpassungen nicht auf irgendeine Weise noch verbessert werden könnte». So erfährt denn auch sogleich im darauffolgenden Satz der Kampf kolonialisierender Eindringlinge mit Eingeborenen eine Verherrlichung, denn dieser gereicht den Naturvölkern auf dem Umweg der natürlichen Selektion zu ihrem ureigensten Vorteil.

Die natürliche Auslese führt nach Darwin im Laufe der Generationenfolge zu einer fortlaufenden Anpassung in einer stetig sich verändernden Umwelt – und damit zum Ursprung neuer Arten! Hier also findet der Ursprung neuer Arten eine naturgesetzliche Erklärung, wird abgekoppelt von der Hypothese spezieller Schöpfung neuer Arten. Voraussetzung ist, daß die Kontinuität der Wirkursache eine Kontinuität der Erscheinungen erzeugt, so daß keine Lücke offen bleibt, durch welche die Hand des Schöpfers direkt in das Naturgeschehen eingreifen könnte. Die Kontinuität der Wirkursache, der natürlichen Selektion, ist gegeben durch das eine jede Fortpflanzungsgemeinschaft kennzeichnende Übermaß von Fruchtbarkeit; die Kontinuität der Erscheinungen ist gewährleistet durch die atomistische Konzeption der Organisation. Das Resultat ist ein additiver Prozeß der Anpassung. Der Organismus ist fundamental variabel; all seine Teile, Organe und Organkomplexe, sind in fein abgestufter Form modifizierbar. Jede noch so kleine Modifikation wird dem Test der natürlichen Selektion unterworfen. Ist die Variation vorteilhaft, wird sie beibehalten und dadurch zur Grundlage gemacht allen weiteren Wandels. Unvorteilhafte Variationen dagegen werden dadurch ausgemerzt, daß ihre Träger in einem verminderten Ausmaß zur Fortpflanzung kommen. Der Prozeß des Wandels entspricht dem kontinuierlichen Wachstum des Korallenriffes. Was das Darwinsche Selektionsprinzip kennzeichnet, ist die *kreative* Rolle, die ihm infolge der Kontinuität dieses additiven Wachstumsprozesses zufällt.

Eine rein eliminierende Selektion war schon dem Atomismus des Altertums geläufig, erst recht auch den «aufgeklärten» Autoren des 18. Jahrhunderts. Die Nachkommenschaft setzt sich aus einer Kombination von Teilen zusammen, wobei diese Zusammensetzung prinzipiell variabel ist. Es kann so auch zu Fehlbildungen, zu Mißgeburten kommen. Diese aber werden ausgemerzt, sie erweisen sich als nicht lebensfähig, wenn die innere Harmonie der Organisation nicht mehr gewährleistet ist. Dies entspricht einer ausschließlich negativen Wirkung der Selektion. Als solches eine recht einfache Sicht der Dinge.

Darwins Selektionsprinzip aber geht weit über diese nur negative Wirkung hinaus. Wenn ein Prozeß sich kontinuierlich vollzieht, in einer Folge kleiner und kleinster Wandlungsschritte; wenn weiterhin die Selektion jede dieser sukzessiven Variationen testen kann und entweder ausmerzt oder aber beibehält und so zur Grundlage macht allen weiteren Wandels, so erhält damit die Wirkung der Selektion eine richtungsgebende Komponente. Der Evolutionsprozeß gleicht nunmehr einem Prozeß von Versuch und Irrtum, die Selektion einem Lehrer, der daneben steht, jeden Erfolg belohnend, jeden Fehler bestrafend. Der Prozeß erhält durch den Lehrer eine erfolgsweisende Richtung, und diese besteht in einer stetigen Verbesserung der Anpassung an eine stetig sich wandelnde Umwelt. Es besteht keinerlei Grund mehr für die Annahme eines Gottes, der die Organismen durch Schöpfung zweckvoll an den ihnen zugewiesenen Platz im Haushalt der Natur anpaßt. Dieser Prozeß der Anpassung vollzieht sich bei Darwin aufgrund einer Naturgesetzlichkeit – ein weiterer Bruch von Darwins Theorie mit der Tradition der Natürlichen Theologie, den der Autor sehr schön in seiner Biographie benennt:

«Das alte Argument der zweckvollen Anpassung in der Natur, das von Paley entwickelt wurde und für mich früher so überzeugend wirkte, scheint nun durch die Entdeckung der natürlichen Selektion widerlegt. Es gibt keinen Grund mehr anzunehmen, daß das Schloß einer Muschelschale durch ein intelligentes Wesen geschaffen worden sein müsse so wie das Schloß einer Türe.»

Es ist nochmals zu betonen: Wenn die Umwelt sich stetig verändert, wie dies von geologischer Seite bezeugt wurde; wenn die natürlichen Populationen durch ein Übermaß von Fruchtbarkeit gekennzeichnet sind; wenn die Fortpflanzung eine erheblich bedingte Variabilität der Individuen einer Fortpflanzungsgemeinschaft (Population) mit sich bringt, so muß *notwendig* folgen, daß die natürliche Selektion dauernd und überall wirksam ist, daß sich der Evolutionsprozeß dauernd und überall *notwendigerweise* vollzieht. Nochmals soll Darwin zu Wort kommen, mit einem Abschnitt aus *On the Origin of Species*:

«Man kann sagen, daß die natürliche Auslese täglich und stündlich in der gesamten Natur wirksam ist, jede auch noch so kleine Variation berücksichtigend, das Schlechte verwerfend, das Gute bewahrend und aufaddierend; sie arbeitet still und kaum wahrnehmbar, wo immer und wann immer sich die Gelegenheit dazu bietet, die Perfektion eines jeden organischen Wesens in bezug auf seine tote und lebendige Umwelt anstrebend.»

Schauen wir uns diesen Satz genauer an. Er enthält das Programm Darwins in einer äußerst konzentrierten Vollständigkeit! «*Täglich und stündlich*» arbeitet die natürliche Selektion, und überall, wo «*sich die Gelegenheit dazu bietet*»: Der Prozeß der natürlichen Auslese ist ein absolut kontinuierlicher, lückenloser, was die Hypothese der speziellen Schöpfung neuer Arten ausschließt. Der Kontinuität der Ursache entspricht eine Kontinuität der Erscheinung, denn es wird alles, was sich im Laufe der Generationen als vorteilhaft erweist, «*aufaddiert*»: dahinter steckt die atomistische Konzeption der Organisation, denn nur sie erlaubt ein Aufaddieren der Vorteile, das Hinzufügen von etwas Neuem zu dem bereits Bestehenden im Laufe der Zeit. Durch diese schrittweise Summierung der Selektionsvorteile erhält die Darwinsche Selektion überdies schöpferische Kraft. Sie kann dem fortlaufenden Prozeß der Anpassung eine erfolgsorientierte Richtung geben. «*Kaum wahrnehmbar*», in kleinen und kleinsten Schritten, führt die natürliche Selektion zur «*Perfektion*» der Organismen in bezug auf ihre Umwelt. Damit aber stoßen wir auf ein Problem der Darwinschen Evolutionstheorie, das auch schon in der historischen Forschung zu gegensätzlichen Darstellungen geführt hat.

Anpassung ist nur ein Aspekt von Evolution, Höherentwicklung ist der andere. Die Darwinsche Selektionstheorie liefert streng genommen nur für den Anpassungsprozeß eine ausreichende Erklärung, nicht aber für eine Höherentwicklung, zumindest nicht in ihrer bis dahin diskutierten Form. Dies hat dazu geführt, daß einige Autoren die Idee einer Höherentwicklung als ein der Theorie Darwins fremdes Element abgeschrieben haben, während andere Historiker gerade das Ideal des Fortschritts zur Essenz des Darwinismus gestempelt haben.

Der Progressionismus, das Ideal der Höherentwicklung, hat seine Wurzeln in einem theologisch geprägten Weltbild, wie die vorgängige Diskussion der Palingenesis deutlich gemacht hat. Fortschritt setzt eine Achse, genauer eine Polarität voraus, die sich nicht von selbst ergibt. Vielmehr müssen die Pole definiert, die Richtung des Fortschritts muß festgesetzt werden, wie Francisco J. Ayala betonte. Im Rahmen des christlichen Weltbildes ist eine Polarität durch den Gegensatz von unten und oben, von Erde und Himmel, von toter und lebender Materie zwangslos vorgegeben. Und wenn Gott den Menschen als Krone der Schöpfung nach seinem Ebenbild schuf, so ist die Richtung des Fortschritts entlang dieser Achse festgelegt. Damit ist aber auch schon die Problematik angeschnitten, welche eine Verknüpfung des Progressionismus mit den von Darwin vorgeschlagenen Evolutionsmechanismen mit sich bringt. Darwin vertrat, zumindest in den späteren Phasen seiner Theoriebildung, ein materialistisches Weltbild: Die Materie organisiert sich selbst zu angepaßten Lebensformen, allein aufgrund ihrer nicht wesensnotwendigen Eigenschaften und der Wirkung der Naturgesetze. Gemäß dieser Sicht der Dinge schloß Darwin Zweckursachen und eine teleologische Entwicklung der Lebensformen aus seinem Naturbild aus. Eine Polarität, eine Tendenz zur Entwicklung höherer Lebensformen scheint dagegen notwendig mit einem teleologisch geprägten Weltbild gekoppelt zu sein. Das Ziel dieser Höherentwicklung muß einerseits von außen her festgelegt sein, andererseits von den Organismen angestrebt werden. Tatsächlich scheint das materialistisch geprägte Weltbild Darwins mit der Doktrin des Progressionismus unvereinbar. Er selber schreibt sich im September des Jahres 1837 vor, nie von «höheren» oder «niederen» Tierformen zu sprechen, da sich solche Vorstellungen nur auf den Menschen als Krone der Schöpfung bezogen rechtfertigen liessen. Trotz dieser frühen Warnung an sich selbst schließt Darwin sein Buch über den Ursprung neuer Arten mit folgenden denkwürdigen Sätzen:

«Die natürliche Folge der Generationen wurde [seit dem Silur] nicht einmal unterbrochen; nie hat eine Katastrophe die ganze Welt heimgesucht. So können wir denn mit einigem Vertrauen in eine gesicherte Zukunft von entsprechend unermeßlicher Dauer blicken. Und weil die Natürliche Selektion nur durch und für das Wohl eines jeden Lebewesens wirkt, werden alle körperlichen und geistigen Gaben dazu tendieren, zur Perfektion hin sich zu entwickeln ... There is grandeur in this view of life!»

Allein schon dieses Zitat belegt ausreichend, daß Darwin auch das zweite Evolutionsprinzip, jenes der Höherentwicklung, in seine Erklärung mit eingeschlossen haben wollte, wie auch Maurice Mandelbaum (in seiner Untersuchung der theologischen Ansichten Darwins) betonte. Es soll nie eine Katastrophe gegeben haben, nie wurde die natürliche Folge der Generationen unterbrochen, nie also die Wirkung der natürlichen Selektion außer Kraft gesetzt! Dieses Naturgesetz sollte nun aber nicht nur die Anpassung der Organismen an eine stetig sich ändernde Umwelt erklären, sondern zugleich auch deren Höherentwicklung zu immer größerer Perfektion. H. E. Gruber und P. H. Barrett haben auf die Verwurzelung der Fortschrittsidee in Darwins Denken hingewie-

Abb. 7: Eine zeitgenössische Karikatur der Evolutionstheorie Darwins. Das Bild fußt auf dem Konzept der Kette der Wesen mit dem Menschen – Symbol des Fortschritts und der Höherentwicklung – an der Spitze. Die kreationistische Kritik bringt der Karikaturist durch den gezielten Bruch der Kontinuität zwischen dem Tierreich und dem Menschen treffend zum Ausdruck. Auffällig ist auch der Ursprung der Vögel aus den Fischen über die Zwischenform der fliegenden Fische. Diese Sicht der Dinge geht auf die Auslegung der Schöpfungsgeschichte durch den hl. Augustinus zurück. (Aus D. Lack, 1957. Evolutionary Theory and Christian Belief. London: Methuen & Co. Ltd.)

sen. Schon in seinen ersten Notizbüchern aus dem Jahre 1837, welche Darwin bei der Entwicklung seiner Evolutionstheorie begleiteten, formulierte der junge Naturforscher eine Monadentheorie, die Anklänge an Lamarcks Progressionismus aufwies. In seinem Standardwerk zur Entwicklung der Darwinschen Evolutionstheorie zeigt Dov Ospovat erneut auf, daß Darwin den Fortschritt als *notwendige* Folge evolutiver Entwicklung auffaßte, daß diese Überzeugung andererseits ihren Ursprung in Darwins früherer Anerkennung der Grundsätze der Natürlichen Theologie hat: «Darwins Glaube an Fortschritt war schlicht eine Folge seiner theologischen Überzeugungen aus den späten 1830er Jahren», schreibt Ospovat. Hier nun liegt der Widerspruch begraben, der nicht nur Darwins Zeitgenossen so problematisch erschien, sondern auch modernen Interpreten des Darwinismus.

Tatsächlich berief sich Darwin in seiner Theorie auf Naturgesetzlichkeit, die keinen Raum läßt für eine Finalität und Teleologie der Entwicklung. Mit seinem Fortschrittsideal aber beschritt er Terrain, das der Erklärung durch die Theologie vorbehalten schien – ein willkommener Angriffspunkt für seine Gegner. Für Samstag, den 30. Juni 1860, war in Oxford eine Versammlung der British Association for the Advancement of Science angesagt. Die Theorie Darwins sollte diskutiert werden. Die Stimmung war gespannt, denn man wußte oder vermutete zumindest, daß Bischof Wilberforce das Wort ergreifen würde. Auf dem Parkett befand sich Darwins «Bulldogge», Thomas H. Huxley, der Zweifel hegte, ob er die Lehre seines Idols gegen die rhetorischen Künste des Bischofs erfolgreich würde verteidigen können. Schnell fand er seine Selbstsicherheit wieder, denn am Rednerpult erwies sich der Bischof als ignorant in einem Maße, daß Huxley seinem Nachbarn erleichtert zuraunte: «Der Herr hat ihn in meine Hand gegeben.» Das Gerücht will wissen, daß der Paläontologe Richard Owen den Bischof als Sprachrohr vorgeschoben hatte, ohne ihn für diese Aufgabe genügend vorbereitet zu haben.

«Was», so rief Wilberforce in den Saal, «können denn die Evolutionisten zu ihrem Vorteil vorbringen? Gerüchte über langbeinige Schafe und ähnliches, weiter nichts. Daher möchte ich Herrn Professor Huxley ... fragen, wie er denn glaubt, von einem Affen abzustammen? Kommt diese Ahnenschaft durch die großväterliche oder durch die großmütterliche Linie in der Familie?» Zwei Elemente schnitt Wilberforce in seiner Rede an. Der Verweis auf «langbeinige Schafe» kommt einer Ironisierung des Anpassungsprinzips gleich. Dieses Argument schenkte Wilberforce den Darwinisten; es war nicht sein Problem. Die Abstammung des Menschen vom Affen dagegen, die mußte in seine Kompetenz fallen. Darwin selbst hatte sich in *On the Origin of Species* zu dieser Frage mit keinem Wort geäußert. Er hatte lediglich betont, daß durch seine Theorie auch die Frage des Ursprungs des Menschen in anderem Licht erscheinen werde. Mit seinem Verweis auf die äffische Vorfahrenschaft des Menschen zielte Wilberforce auf eine hinter der Theorie Darwins lauernde Schlußfolgerung, die sich aus der im Evolutionismus enthaltenen Fortschrittsdoktrin notwendig ergeben mußte. Und hier glaubte Wilberforce die Darwinisten beim Schopf packen zu können, denn physikalische Naturgesetze würden nie die im Fortschrittsgedanken enthaltene Prämisse der zielgerichteten Entwicklung ausreichend erklären können.

Huxley zeigte sich von derlei Anwürfen ungerührt und erhob sich tatsächlich erst dann zur Antwort, nachdem er vom Vorsitzenden der Versammlung aufgefordert worden war: «Ich bestätige und wiederhole, daß ein Mann sich eines Affen als Großvater nicht schämen muß! Wenn es ein Vorfahre gibt, dessen ich mich schämen würde, so wäre dies ein Mann von großer Intelligenz, der, weil er mit dem Erfolg in seinem eigenen Beruf nicht zufrieden ist, sich in wissenschaftliche Debatten einläßt, ohne mit den zur Diskussion stehenden Fragen vertraut zu sein und diese daher nur mit seiner ziellosen Polemik verschleiert, um den Zuhörer vom eigentlichen Problem abzulenken und mittels religiöser Vorurteile zu beeinflussen.»

Huxley scheint mit seiner Antwort selbst dem Vorwurf zu verfallen, den er an seinen Gegner richtet. Seine Rhetorik ist nicht besser geeignet, die «zur Diskussion stehenden Fragen» herauszustreichen und zu beantworten. Worum es letztlich geht, ist die Frage, wie das Selektionsprinzip, welches zunächst bloß die Anpassung der Organismen an ihre jeweilige Umwelt zu erklären scheint, auch eine fortschrittliche Entwicklung bewirken könnte?

Charles Lyell hatte auf der Grundlage der Geologie eine Welt beschrieben, die sich in einem dynamischen (zyklischen) Gleichgewicht befindet. Er sah zunächst keine Notwendigkeit, ja nicht einmal die Möglichkeit für eine Doktrin der fortschrittlichen Entwicklung – und kritisierte Lamarcks Werk entsprechend. Darwin aber hatte stets Mühe bekundet, seinem geistigen Mentor in diesem Punkt zu folgen. Wie Dov Ospovat ausführt, erblickte Darwin in der Embryonalentwicklung, die gesetzmäßig vom Einfacheren zum Komplexeren, vom Allgemeineren zum Spezielleren fortschreitet, den Beweis für eine fortschrittliche Entwicklung der Organismen in der Vergangenheit. Nachdem es ihm gelungen war, sich von theologischen Vorurteilen zu befreien, nachdem er Malthus gelesen hatte und weiter erkannt hatte, daß die Selektion auf zufällige Variabilität einwirkt, nachdem Finalität und Teleologie aus seinem Weltbild ausgeklammert waren, gelang es ihm schließlich, die fortschrittliche Entwicklung als «Nebenprodukt» (Dov Ospovat) der Anpassung zu begreifen – und damit sogar Charles Lyell zu überzeugen! Voraussetzung dazu aber war ein Trick oder, genauer gesagt, wieder einer jener für Darwin typischen Analogieschlüsse. Er mußte die von Malthus abgeleitete Populationsdynamik über ihren ursprünglichen Gültigkeitsbereich hinaus ausdehnen! Der Keim hierzu findet sich wieder in seinem Beagle-Reisebericht: Peter J. Bowler erzählt in seinem Buch über die Geschichte der Evolutionstheorie, wie Darwin die offene Pampa Patagoniens bereiste. Charakteristisch für diesen Landstrich ist ein großer Laufvogel, der Rhea, welcher oberflächlich dem afrikanischen Strauß ähnelt. Daß sich aber quer durch die Ebene eine unsichtbare Grenze zieht, welche das Areal zweier Arten dieser Laufvögel gegeneinander abgrenzt, bemerkte Darwin erst am Kochtopf, als die Reisegesellschaft einen Vogel der bis dahin unbekannten Form gefangen und zubereitet hatte. Was, so mußte sich Darwin fragen, bedingt diese unsichtbare Grenze? Offenbar schließen sich die Vögel durch Konkurrenzbeziehungen wechselseitig aus!

Worum es also geht, sind wieder Konkurrenzbeziehungen, nun aber nicht *innerhalb* von Fortpflanzungsgemeinschaften, sondern *zwischen* Arten. Bezogen auf Malthus kommt dies einer Erweiterung des Gültigkeitsbereiches von dessen «Prinzip der Population» gleich. In Darwins Denken aber ging die Kenntnis von Konkurrenzbeziehungen zwischen Arten jener von Malthus' Essay voraus, wie Sandra Herbert im Jahre 1971 einmal mehr klarstellte. In Charles Lyells *Principle of Geology* stand zu lesen:

«Zunächst einmal ist klar, daß, wenn eine Region von einer so großen Vielfalt von Tieren und Pflanzen besetzt ist, wie es ihre produktiven Kräfte zulassen, daß dann die Hinzufügung einer neuen Art oder die permanente zahlenmäßige Zunahme einer bereits etablierten Art immer mit dem lokalen Aussterben oder der zahlenmäßigen Reduktion einer anderen Art einhergehen muß.»

Lyell hatte das Prinzip einer vollbesetzten Natur zur Grundlage der Erklärung des Aussterbens von Arten gemacht. Anschauungsunterricht erhielt Darwin auf den Mauritiusinseln, wo die Einfuhr von Ziegen die einheimische Vegetation derart empfindlich störte und zerstörte, daß mit ihr auch acht Arten von Landschnecken, daneben aber auch eine Vielzahl von Insekten, ihren Untergang fanden – und das in einem Zeitraum von nur gut zweihundert Jahren! Offenbar traf hier ein zunächst fremdes Faunenelement auf ein empfindliches Ökosystem, das sich in einem labilen Gleichgewicht befand. Darwin erkannte darin eine Vollbesetzung der Natur, in der die verschiedenen Lebensformen eng aufeinander abgestimmt und angewiesen sind. Dringt eine neue Form in dieses System ein, so müssen notwendigerweise andere Formen weichen.

Erinnern wir uns: Malthus beschrieb die Potenz von natürlichen Populationen zu «geometrischem» (also exponentiellem) Wachstum. Daraus folgt eine «Vollbesetzung» der Natur. Jede ökologische Nische wird durch die an sie angepaßte Art vollständig besetzt, so daß es zwischen den Mitgliedern der Art (also der Fortpflanzungsgemeinschaft, d. h. der Population) zur Konkurrenz um die beschränkten Lebensgrundlagen kommen muß. Die Folge ist eine fortlaufende Verbesserung der Anpassungsform. Bis dahin war ausschließlich von Fortpflanzungsgemeinschaften die Rede. Das Übermaß von Fruchtbarkeit führt zur Konkurrenz *innerhalb* der Populationen!

Auf die nächsthöhere Hierarchie-Ebene extrapoliert folgt aus dem Übermaß an Fruchtbarkeit innerhalb der Fortpflanzungsgemeinschaft die Vollbesetzung der Natur auf Artniveau und damit die Konkurrenz zwischen getrennten Fortpflanzungsgemeinschaften. Das Argument erhält in Darwins Denken zusätzliche Subtilität durch die Tatsache, daß er – wie bereits erläutert – die Art nicht als reale Einheit der Natur begriff, sondern als Abstraktion der ordnenden Intelligenz des Naturforschers. Arten gehen fließend ineinander über. Man kann deshalb aus Darwins Sicht der Dinge die «Art» gleichsetzen mit einer «Varietät». Infolge des Konkurrenzdrucks innerhalb der Fortpflanzungsgemeinschaft drängen «Arten» aus ihrem «Platz im Haushalt der Natur» hinaus mit einer Tendenz, neue Lebensräume zu erobern und dabei neue Varietäten auszubilden. Damit treten sie in Konkurrenz zu andern «Arten», zu anderen Fortpflanzungsgemeinschaften, die andere Lebensräume bereits besetzt halten. Aus der Konkurrenz zwischen «Arten» oder «Varietäten» ergaben sich für Darwin zwei mögliche Konsequenzen von eminenter Wichtigkeit. Die eine mögliche Folge fand ihren Ausdruck im sogenannten «*Prinzip der Divergenz*»: unter Konkurrenzdruck tendieren voneinander getrennte Fortpflanzungsgemeinschaften dazu, sich divergent zu entwickeln. Die Selektion begünstigt eine zunehmende Verschiedenheit von Stuktur und Anpassung, so daß es zu einer zunehmenden «Entflechtung» der «Interessen» der beiden Fortpflanzungsgemeinschaften kommt. Der Konkurrenzdruck verringert sich in dem Maße, als die beiden «Arten» oder «Varietäten» nicht mehr dieselbe Lebensgrundlage beanspruchen. Die moderne Ökologie spricht von «*Einnischung*». Eine Folge des Divergenzprinzips von ganz grundsätzlicher Bedeutung ist, daß die Gesamtzahl der «Arten», die ein gegebenes Areal besiedeln, erhöht werden kann.

Eine andere Konsequenz zwischenartlicher Konkurrenz kann sein, daß die überlegene «Varietät» die unterlegene aus ihrem «Platz im Haushalt der Natur» verdrängt. Hier nun liegt endlich die Schnittstelle, an der sich eine Fortschrittsideologie in Darwins Denken einschleichen oder, genauer, erhalten konnte! Aus dem fortgesetzten Überleben der «besseren» Art ergibt sich eine Höherentwicklung. Die überlegene Art ist «besser», weil sie sich im Anpassungsprozeß als überlegen erweist, dies aber zugleich eine Folge ihres überlegenen Organisationstyps darstellt. In seinem Buch über *Natural Selection*, das nie veröffentlicht wurde, schrieb Darwin:

«Die Natur kann mit einer Oberfläche verglichen werden, die übersät ist mit zehntausend scharfen Keilen ... die verschiedenen Arten entsprechen, alle eng gepackt und unaufhörlichen Stößen und Schlägen ausgesetzt ... mal wird der Keil der einen Form und dann der einer anderen Form getroffen; derjenige, der tief eingeschlagen wird, treibt andere heraus; der Schlag und der Schock wird oft über weite Distanz und in verschiedene Richtung auf andere Keile übertragen.»

Bezugnehmend auf die im vorausgehenden Kapitel dargelegten Bewegungsgesetze Descartes' könnte von einem «cartesischen Billardspiel» gesprochen werden, das an einem Spieltisch seinen Anfang nähme, dessen Oberfläche mit Kugeln vollgepackt wäre. Versetzt man einer Kugel einen Stoß, setzt sich dieser über den ganzen Tisch in vielerlei Richtung hin fort. Wird eine neue

Kugel mit kräftigem Stoß in das schon bestehende Spiel hineingepreßt, muß notwendigerweise eine andere Kugel aus dem Spieltisch hinausspringen, um Platz zu schaffen. In entsprechender Weise glaubte Darwin an eine Beschränkung der Zahl der «Plätze im Haushalt der Natur», ähnlich der Bande des Billardtisches, die das Spielfeld umgrenzt. Drängt eine Art aus der ihr angestammten Anpassungsnorm heraus und erweist sie sich in ihrer Organisationsform so weit überlegen, daß sie eine andere Art aus deren angestammtem «Platz im Haushalt der Natur» verdrängen kann, so wird die unterlegene Art aussterben, die überlegene von dem freien Platz Besitz ergreifen. So geschehen auf Mauritius, wo überlegene Ziegen den Untergang von Schnecken auslösten. Anpassung und Höherentwicklung greifen ineinander. Das Besetzen einer neuen ökologischen Nische bringt neue Anpassung mit sich, gelingt zugleich aber nur infolge einer überlegenen Organisationsform, die ihrerseits durch den gelungenen «Eroberungsprozeß» gefestigt und weiterentwickelt wird.

«Daß die Zahl der Arten nicht unendlich vermehrt wurde, wird durch die Geologie zur Genüge bewiesen ... Überdies werden jene Arten, welche sich aus der größeren Zahl von Individuen zusammensetzen, eine größere Chance haben, innerhalb einer gewissen Zeitspanne vorteilhafte Varianten hervorzubringen ... Aus all diesen Überlegungen folgt *notwendigerweise [sic!]*, so glaube ich, daß wenn im Laufe der Zeit durch die natürliche Selektion neue Arten gebildet werden, andere Arten seltener und seltener werden, bis sie schließlich ganz aussterben. Natürlich werden besonders jene Formen in Mitleidenschaft gezogen werden, die mit der Art, welche einem Wandel und einer *Verbesserung [sic!]* unterworfen ist, in naher Konkurrenz stehen ... Also wird jede neue Varietät oder Art im Verlauf ihrer Entstehung besonders die nächst verwandte Form treffen und sie zum Aussterben bringen.» (Kursive Stellen sind im Original nicht hervorgehoben.)

Der erste Verwandtschaftsgrad entspricht der Beziehung zwischen Eltern und deren Nachkommen. Wenn zutrifft, was Darwin in dem angeführten Zitat andeutet, dann ist zu erwarten, daß die evolutiv fortgeschrittenen Nachfahren ihre eigenen, unterlegenen Vorfahren aussterben lassen. Zwei Fliegen auf einen Schlag hoffte Darwin so zu treffen. Das Aussterben der Vorfahren reißt

Lücken in die Vielfalt der organischen Erscheinungen. Obwohl die Evolutionstheorie Darwins einen langsamen, kontinuierlichen, gleichsam fließenden Wandel verlangt, kann eine entsprechende Kontinuität der Erscheinungen unter den heute lebenden Pflanzen und Tieren nicht erwartet werden. Da die gemeinsamen Vorfahren ausgestorben sind, erscheinen die Nachfahren durch morphologische Lücken getrennt. Zugleich aber formuliert Darwin in seiner Theorie die Überzeugung, daß evolutiver Wandel mit einer allgemeinen «Verbesserung» der Organisation einhergeht.

Das von Charles Lyell vorgezeichnete Forschungsprogramm fand in Darwins *On the Origin of Species* seine Erfüllung. Neue Arten entstehen durch die Wirkung der natürlichen Selektion langsam und kontinuierlich und überantworten infolge ihrer Überlegenheit ökologische Konkurrenten dem langsamen und kontinuierlichen Aussterben. Daß mit dieser Konkurrenzbeziehung zwischen Arten auch eine «Verbesserung» oder Höherentwicklung der Arten einhergeht, ist eine Konsequenz der Darwinschen Theorie, die Lyell nicht absehen konnte und die er erst nach einigem Zögern akzeptieren wollte.

Was für Tiere recht ist, ist für den Menschen billig. Als ein Teil der belebten Natur ist er denselben Gesetzmäßigkeiten unterworfen. Auch hierfür diente die Reise mit der Beagle als Anschauungsunterricht:

«Wohin auch immer der Europäer seinen Fuß setzte, scheint der Tod die Eingeborenen zu verfolgen. Wir können unseren Blick auf die Weite Amerikas, auf Polynesien, auf das Kap der Guten Hoffnung und auf Australien richten, stets ergibt sich dasselbe Bild. Doch es ist nicht allein der Weiße, der als Zerstörer auftritt... die Varietäten des Menschen scheinen in ähnlicher Weise aufeinander zu wirken wie unterschiedliche Tierarten – der Stärkere führt stets zum Untergang des Schwächeren.»

Konkurrenz zwischen Arten, Rassen und Nationen: alles ist einerlei. Am 3. Juli 1881 schrieb Darwin an W. Graham: «Erinnern Sie sich doch, wie noch vor wenigen Jahrhunderten die Nationen Europas sich der Gefahr ausgesetzt sahen, von den Türken überrannt zu werden – wie lächerlich würde sich heute eine derartige Furcht vor den Türken ausnehmen!» Die moderne Überlegenheit der westeuropäischen Nationen belegte für Darwin den Fortschritt durch Konkurrenz oder, anders: ohne Konkurrenz kein Fortschritt! Von einer solchen Sicht der Dinge ausgehend ist klar, daß eine Gesellschaft lauter Gleichberechtigter zur Stagnation verurteilt ist. Dies fand Darwin bei seinem Besuch Feuerlands bestätigt.

«Die absolute Gleichberechtigung der Individuen eines feuerländischen Stammes muß deren Zivilisation für eine lange Zeit verzögern. Denn wie wir sehen, sind es jene Tiere, deren Instinkte sie zu einem Leben in einer Gesellschaft unter der Führung eines Häuptlings zwingt, die am meisten zum Fortschritt befähigt sind; dasselbe gilt für die Rassen der Menschheit ... Ich glaube, daß in diesem äußersten Teil von Südamerika die Menschen auf einer niedrigeren Stufe der Perfektion verharren als in irgendeinem anderen Teil der Welt.»

Selektion beruht auf Konkurrenz, und diese ist die Triebfeder allen Fortschritts, aller Verbesserung. Ernst Haeckel veröffentlichte zu diesem Zwecke eine Vortragsreihe unter dem Titel *Natürliche Schöpfungsgeschichte*, worin auch er die heilsbringende Wirkung der Selektion pries: «Direct wohltätig wirkt als künstlicher Selections-Porcess auch die Todesstrafe.» Es ist klar, daß der Darwinismus, und mit ihm Darwin selbst, sich auf dem Gebiet der Ethik unmittelbar gefordert sah, als das Selektionsprinzip herangezogen wurde, um ehemals theologisch begründete Normen menschlicher Gemeinschaft durch Naturgesetzlichkeit abzulösen. Was ist gut, was ist böse in einer Welt, deren Lauf von moralisch indifferenten Gesetzen geregelt wird? Die Frage stellte sich gerade am Rande der englischen Industriezentren mit unerbittlicher Schärfe. Das Schlagwort vom «Überleben des Stärkeren», das Darwin nicht selbst formulierte, sondern vom Soziologen Herbert Spencer übernahm, weckte falsche Assoziationen und trieb Darwin so in einen ethischen Konflikt. Wohl galt in der damaligen Gesellschaft Englands das Überleben des Stärkeren als Rechtfertigung kapitalistischen Gebarens. Kein Geringerer als Karl Marx empfand Darwins Buch als Spiegel eben dieser Gesellschaft und damit auch als Rechtfertigung, als naturgeschichtliches Fundament all seiner Ansichten. Er wollte den ersten Band von *Das Kapital* Darwin widmen, der allerdings dankend ablehnte.

Für Darwin war das Selektionsprinzip ein Naturgesetz, das moralisch und ethisch neutral ist und bleibt. Natürlich konnte ihn das Leid und das Elend der Armut industrieller Arbeiter nicht unberührt lassen, doch wies seiner Meinung nach gerade dieses Leid und Elend auf die Hoffnungslosigkeit und Unzulänglichkeit der Theologie hin. Wie könnte soziale Ungerechtigkeit, die Einzelnen widerfährt, durch einen gütigen Gott sanktioniert werden? Daß sie in der Gesellschaft nach wie vor existiert, war für ihn nicht mit dem Gottesbegriff, wohl aber mit dem Selektionsprinzip vereinbar. Die natürliche Selektion fördert eben nicht das Glück und die Wohlfahrt des Einzelnen, sondern die Anpassung und den Erfolg der Fortpflanzungsgemeinschaft, mithin der Art als Ganzes, wie Darwin in seiner Autobiographie darlegte. Wohl mögen einzelne Menschen leiden, doch die Gesellschaft als Ganzes gewinnt durch Konkurrenzbeziehungen. Die zivile und kriegerische Überlegenheit der industrialisierten Nationen sollte hierfür beredtes Zeugnis ablegen.

Soll das heißen, daß alle sozialen und ethischen Normen zugunsten eines unaufhörlichen Fortschritts dem Selektionsprinzip geopfert werden müßten? Darwin war nicht dieser Ansicht, sondern stellte vielmehr fest, daß auch einem Naturgesetz Grenzen gesetzt sind in seiner Bedeutung für zwischenmenschliches Handeln. Zum Schluß des Berichtes seiner Weltumseglung mit der Beagle drückt Darwin seine Abscheu aus über die Greuel der Sklaverei, die er vielerorts, gerade auch in englischen Kolonien, mitansehen mußte. Er stellte die Frage nach dem Recht der unmenschlichen Behandlung von Sklaven und zog den Vergleich zur Armut daheim in England. Ist sie nicht auch Ausdruck einer sozialen Ungerechtigkeit eher denn die Folge von Naturgesetzlichkeit?

«Wenn das Unglück unserer Armen nicht durch Naturgesetze, sondern durch unsere Institutionen verursacht wird, so sind wir großer Sünde schuldig.»

Eben dieser Sünde machte sich der Sklavenhalter schuldig. Die Welt Darwins ist keine unmenschliche; sie ist moralisch und ethisch nicht indifferent. Woran Darwin allerdings glaubte, ist eine absolute, alles durchdringende Gültigkeit von Naturgesetzen, deren objektive Erkenntnis er dem Menschen zubilligte. Er wollte die Naturgeschichte auf die Stufe einer exakten Wissenschaft heben, indem er sie Gesetzmäßigkeiten unterworfen glaubte, die unveränderlich und unverrückbar, den natürlichen Lauf der Erdgeschichte und damit auch der Geschichte der Menschheit bestimmen. Er glaubte Beweise gefunden zu haben für das von ihm formulierte Selektionsprinzip. Was er dabei nicht beachtete, ist, daß es unvoreingenommene Beobachtung nicht geben kann, auch keine Objektivität der Erkenntnis von ewigen Naturgesetzen. Was als Beweis gelten kann und was nicht, hängt immer auch von bestimmten Hypothesen, Fragestellungen und Methoden ab: Darwin war ein Kind seiner Zeit, seiner Gesellschaft, worin der Grund liegt, daß seine Theorie eben diese zeitgeschichtlichen Bedingungen spiegelt. Diese Gesellschaft, in der Darwin lebte, war aber nicht einhelliger Meinung mit ihm. Vielmehr erhob sich gegen seine materialistisch gefärbte Evolutionstheorie mannigfaltiger Widerspruch.

Die zeitgenössische Kritik des Darwinismus

«Ich bin überrascht, daß Agassiz es nicht fertiggebracht hat, etwas Besseres zu Papier zu bringen! Wie absurd, dieses logische Gebabbel – ‹wenn Arten nicht existieren, wie können sie variieren?› Als ob jemand ihre temporäre Existenz in Frage stellte. Wie kaltblütig er doch annimmt, daß es klar definierbare Unterschiede gibt zwischen individueller Variation und Rassenbildung…»

Darwins Brief an Asa Gray vom 11. August 1860 zeigt deutlich seine Irritation über die Buchbesprechung von Louis Agassiz, einem Schweizer Paläontologen, der damals allerdings in Boston lehrte. Tatsächlich hatte Agassiz in der Theorie Darwins einen empfindlichen Punkt getroffen, den auch andere zeitgenössische Kritiker immer und immer wieder aufgriffen. Die unmittelbare Kritik, die Darwin entgegengebracht wurde, konzentrierte sich hauptsächlich auf das seiner Theorie zugrunde liegende materialistische Weltbild. Die Paläontologen Richard Owen und Louis Agassiz sowie der Embryologe Karl Ernst von Baer waren nur einige unter vielen, die auf Zweckursachen und vorherbestimmte Entwicklungsziele nicht verzichten wollten. In ihrer ablehnenden Haltung läßt sich unschwer die Nachwirkung von Georges Cuvier nachweisen. Da sollen Atome plötzlich zu lebensfähigen Organismen sich zusammenfinden, allein aufgrund der Eigenschaften der Materie und der Gesetze der Physik? Es war schlicht undenkbar für Darwins Kritiker, daß dies ohne planvoll vorausblickende, schöpferische Kraft zustande gekommen sein soll.

Das Artproblem war ein zweiter, nicht weniger wichtiger Ansatzpunkt für den Versuch, Darwins Theorie aus den Angeln zu heben. Versprach der Titel seines Buches eine erklärende Theorie für den Ursprung neuer Arten, so sah sich der Leser in dieser Erwartung getäuscht. Vielfach wurde in der Literatur schon darauf hingewiesen, daß Darwin nicht so sehr den Ursprung neuer Arten erläuterte, sondern in erster Linie die Möglichkeit der

Transformation von Arten durch Variation und Selektion erklärte. Der Widerspruch ergibt sich aus Darwins Absicht und Anspruch, diesen «alten Kanon der Naturgeschichte» *natura non facit saltum* zum Fundament auch seiner Theorie zu machen. Das Kontinuitätsprinzip ist aber kein Beobachtungssatz, sondern muß aller Beobachtung vorangestellt werden. Es bildet mithin eine, wie John R. Durant sich ausdrückte, «meta-theoretische» Voraussetzung für Darwins Theorie. Genau bei dieser Voraussetzung setzte Agassiz' Kritik ein, was denn auch die Irritation des Angegriffenen erklärt.

Wie wir jetzt wissen, läßt sich unter der Voraussetzung des Kontinuitätsprinzips keine Art (Spezies) objektiv fassen, klar abgrenzen und anderen solchen Arten gegenüberstellen. Statt dessen zerfließt die Art in der Kontinuität der Generationenfolge; Arten lösen sich auf im genealogischen Kontinuum. Einzig im gleichsam dimensionslosen Zeitquerschnitt läßt sich eine Art begrifflich fassen, als räumlich und zeitlich begrenzte Fortpflanzungsgemeinschaft, die von anderen solchen Fortpflanzungsgemeinschaften durch eine Kreuzungsbarriere getrennt bleibt. Dies hatte Darwin im Sinn, wenn er von der «zeitlich begrenzten» Existenz der Arten sprach.

Die Kontinuität der Ahnenfolge, so, wie Darwin sie forderte, nämlich als eine Kontinuität der Erscheinungen, die sich auf eine Kontinuität der Wirkursache zurückführen läßt, entsprach jedoch nicht der Erfahrung der Paläontologen – besonders nicht jener, die im Schatten von Georges Cuvier groß geworden waren. Ihnen erschienen die Arten als diskontinuierliche Ähnlichkeitsklassen, zumindest im Fossilbeleg. Eine Art wird im Laufe geologischer Zeiträume durch eine andere ersetzt, ohne daß kontinuierliche, fließende Übergänge feststellbar wären. Daraus ergab sich letztlich auch die Möglichkeit biostratigraphischer Forschung. Sollten doch in speziellen Fällen einmal kontinuierliche Übergänge zwischen fossilen «Arten» feststellbar sein, so blieben Agassiz genügend Möglichkeiten, diese auf mehr theoretischer Ebene wegzudiskutieren. Eine Kontinuität der Form verunmöglicht die Abgrenzung von Arten innerhalb dieses Kontinuums. Der Wandel würde dann lediglich die Veränderung der äußeren Erscheinung ein und derselben Art, nicht aber den Ursprung einer *neuen* Art bedeuten. Wenn Arten sich nicht klar voneinander abgrenzen ließen, konnte Agassiz dies stets auch der Unvollkommenheit der menschlichen Erkenntnisfähigkeit zuschreiben. Es wäre danach der wesensmäßige Unterschied zwischen den in Frage stehenden Arten einfach noch nicht bekannt. Auf mehr privater Ebene brachte Agassiz sogar das Argument vor, es könne Gott gefallen haben, verschiedene Arten von großer Ähnlichkeit oder gar von identischer Erscheinungsform zu schaffen – er nannte dies «analoge Schöpfungen». Wie auch immer: Wir haben es in diesem Problemkreis nicht mit empirischer Evidenz, sondern mit einer logischen Falle zu tun, wie auch David L. Hull in seinem Buch über die zeitgenössische Kritik Darwins betonte. Setzt man das Kontinuitätsprinzip voraus, so muß eine Diskontinuität der Erscheinungen mittels der Hypothese von Kontinuität überbrückt werden. Die Art löst sich im Kontinuum des Transformationsprozesses auf. Wenn umgekehrt die Arten aufgrund wesenhafter, arteigener Merkmale scharf voneinander getrennt werden, so können Arten nicht sich verändern, zumindest nicht im Sinne einer kontinuierlichen Transformation!

Aus kreationistischer Sicht war es vordringlich, die Voraussetzung des Kontinuitätsprinzips zu diskreditieren, da Darwin dieses Prinzip seiner Argumentation vorausgestellt hatte, um eben die Hypothese spezieller Schöpfung von Arten unnötig, ja sogar unmöglich zu machen. Für eine entsprechende Kritik war Agassiz als Paläontologe bestens bestallt, denn Darwin selbst hatte zugeben müssen, daß die Kontinuität der Zwischenformen sich durch den Fossilbericht nicht belegen ließ: «.. zahllose Zwischenformen, die alle Arten derselben Gruppe eng miteinander verknüpften, müssen zweifellos existiert haben», schrieb Darwin in *On the Origin of Species*. Er hat die Kontinuität der Erscheinungen also nicht beobachtet, sondern nimmt aufgrund des vorausgesetzten Kontinuitätsprinzips an, daß die ununterbrochene Kette der Zwischenformen *zweifellos* existiert haben *muß*. Es lohnt sich nicht nur hinsichtlich Darwins Buch, sondern auch mit Blick auf moderne wissenschaftliche Veröffentlichungen, stets den Zusammenhang genau zu untersuchen, in welchem das Wort *zweifellos* auftaucht: die Psychologie spricht in solchen Fällen von überkompensiertem Zweifel.

«... Aufgrund meiner Theorie *müssen* zahllose Zwischenformen existiert haben», schreibt Darwin an anderer Stelle, oder auch: «In vielen Fällen wird eine Form als Varietät einer anderen einzustufen sein, nicht weil die Zwischenglieder tatsächlich gefunden worden wären, sondern weil die Analogie [sic!] den Beobachter vermuten läßt, daß diese Zwischenglieder entweder heute irgendwo existieren oder früher existiert haben...» Womit wir wieder bei Darwins Vorliebe für Analogieschlüsse wären. Diese Form der Argumentation hat ihm scharfe Kritik auch von anderer Seite eingebrockt, von François-Jules Pictet, seinerzeit Paläontologe in Genf und ebenfalls ein geistiger Nachfahre Cuviers. Man erinnert sich, daß Cuvier trotz eines eigenen Beweisdefizites die sorgfältige Beobachtung stets als unabdingbare Voraussetzung jeglicher Wissenschaft deklarierte. Cuviers Ablehnung aller Transformationstheorien, besonders jener Lamarcks, fußte auf eben der Tatsache, daß diese fließenden Übergänge nicht beobachtbar sind. Darwin erschloß sich die Theorie von Evolution durch den Analogieschluß von heute auf gestern. Ein solcher Analogieschluß schließt von beobachtbaren Phänomenen auf nicht beobachtbare Sachverhalte. Dies mußte einem Epigonen Cuviers ins Auge stechen, denn es widersprach dessen Regeln strikt empirischer Wissenschaften.

Pictet sah wenig Grund, Darwins Studien der künstlichen Zuchtwahl und die damit bewirkte Veränderung der Form bei Nutzpflanzen und Haustieren zu bemängeln. Er war sogar bereit, dem Schluß von der künstlichen auf die Möglichkeit natürlicher Zuchtwahl zu folgen. Stets betonte er aber, daß damit lediglich eine Formveränderung *innerhalb* einer Fortpflanzungsgemeinschaft, also innerhalb einer Art, erklärt werde. Diesen Mechanismus hielt er dagegen für nicht ausreichend, um den Ursprung neuer Arten oder gar gänzlich neuer Organisationstypen befriedigend zu erklären. Hier, meinte Pictet, würde die Hypothese einer schöpferischen Kraft unabdingbar, einer *force créatrice*, wie er sie nannte, oder auch einer *force puissante et mystérieuse*. Wenn Darwin die Kräfte des Wandels, wie sie innerhalb von Fortpflanzungsgemeinschaften beobachtbar sind, per Analogieschluß zur Erklärung des Ursprungs neuer Arten oder gar neuer Organisationstypen heranzieht, so beging er nach Pictets Ansicht einen schwerwiegenden methodischen Fehler: «Wie ich schon zu Beginn des Artikels erwähnt hatte, gibt es im Buch des Herrn Darwin einen Sprung, der vom Leser verlangt, vom umsichtigen Studium von Fakten überzugehen zu extremsten Schlußfolgerungen.» Hier waren Fischsaurier (Ichthyosaurier) und Flugsaurier (Pterosaurier) zu erwähnen, neue Organisationstypen von Reptilien, die ganz plötzlich im Fossilbeleg auftauchen, ohne daß Zwischenformen bekannt geworden wären, welche die kontinuierliche Ableitung ihres Bauplans von landlebenden Reptilien belegen würden. Darwin hatte diese Kritik in seinem *On the Origin of Species* vorweggenommen:

«Warum also sind nicht sämtliche Gesteinsschichten vollgepackt mit Zwischenformen? Die Geologie liefert uns kein Dokument der fein abgestuften Kette organischer Wesen; und dies ist vielleicht der schwerwiegendste Einwand, der gegen meine Theorie erhoben werden kann.»

Im Anschluß an dieses Bekenntnis diskutiert Darwin Gründe, weshalb der Fossilbeleg «hoffnungslos» unvollständig sein kann und muß. In mancher Hinsicht sollte er recht behalten. Natürlich können zunächst einmal nur die Hartteile der Organismen, also Schalen und Gehäuse, Skelette aller Art, Zähne und ähnliches fossil erhalten bleiben. Damit es aber dazu kommt, muß der Lebensraum der Tiere günstige Ablagerungs- und Erhaltungsbedingungen bieten. Zuletzt ist es fast einem Zufall gleichzusetzen, wenn die an sich schon seltenen Fossilien dann auch tatsächlich gefunden und so der Forschung zugänglich gemacht werden. Dies setzt nicht nur ein entsprechendes Interesse und damit eine Absicht voraus; die fossilführenden Schichten müssen sich auch dem menschlichen Zugriff erschließen. Was Darwin noch nicht wissen konnte, was aber aufgrund der modernen Theorie der Kontinentalverschiebung als gesichert angesehen werden kann, ist ferner die Tatsache, das bei der Entstehung der heutigen Landkarte Teile der früheren Erdkruste unter andere Brocken geschoben wurden «Versunkene Kontinente» beziehungsweise deren untergeschobene Randzonen entziehen sich dem Zugriff der Paläontologen. Die Frage der fehlenden Zwischenformen wird im Zusammenhang mit der modernen Kritik des Neo-Darwinismus nochmals aufzugreifen sein. Hier ist zunächst ein weiteres

Mal auf Darwins Methode hinzuweisen, die in den Augen seiner Kritiker keinen Bestand haben konnte. Was Darwin forderte, war nichts Geringeres, als daß fehlende Evidenz in positive Beweiskraft umgemünzt werden sollte. Es war und ist nichts da, außer einer Lücke im Fossilbeleg. Doch diese überbrückte Darwin mit der Forderung nach einer lückenlosen Kette von Zwischenformen! Dies konnte er natürlich nur auf der Grundlage des vorausgesetzten Kontinuitätsprinzips fordern!

Besonders akut wurde das Problem der fehlenden Zwischenformen mit zunehmender Kenntnis der frühesten fossilführenden Ablagerungen. Schon die meisterhaften Arbeiten von Louis Agassiz über die Fische des Erdaltertums zeigen das relativ plötzliche, gleichzeitige Auftreten einer großen Mannigfaltigkeit von Gruppen, ohne daß Zwischenformen die strukturellen Lücken zwischen den verschiedenen Typen überbrückten. Besonders auffällig war – und ist – die frühe Vielfalt kieferloser Fische, die dank ihres massiven Knochenpanzers fossil gut erhaltungsfähig sind: bizarre Formen, die ganz plötzlich im Fossilbeleg auftauchen und wieder verschwinden, ohne daß ersichtlich wäre, woher sie gekommen sind. Die Verwandtschaft heutiger Kieferloser mit ihren fossilen Verwandten bleibt bis dato ein Problem der Paläontologie.

Aber noch bevor die Fische am Zeithorizont auftauchten, bestand eine reiche Fauna von wirbellosen Tieren, deren zahlreiche Stämme wiederum plötzlich und synchron im Fossilbeleg auftauchen und durch ihr Auftreten eine scharfe Grenze ziehen in der Folge von Ablagerungen des Erdaltertums, das Kambrium vom Präkambrium trennend. Zwischenformen, welche die frühe Evolution und damit die phylogenetische Verwandtschaft dieser Stämme vielzelliger Tiere erhellen würden, fehlten zur Zeit Darwins so gut, wie sie heute noch fehlen. Die große Vielfalt von Organisationstypen, wie sie bei vielzelligen Tieren schon beim ersten Auftreten in der Abfolge der Gesteinsschichten verwirklicht ist, müßte nach der Doktrin Darwins eine große Zahl von Bindegliedern erwarten lassen. Denn die Umwandlung des einen Typus in einen anderen würde sich nach seiner Theorie schrittweise vollziehen, unter der richtunggebenden Wirkung der Selektion, so daß die Ausbildung eines neuen Organisationsplans als Invasion neuer Anpassungsräume verstanden werden kann. Eindringlich stellte sich für Darwin die Frage, die sich noch heute mit unverminderter Schärfe erhebt: Wo sind die Vorfahren der verschiedenen Tierstämme, wo die Bindeglieder?

Das Fehlen der Zwischenformen war die eine Seite des Problems, der Zeitfaktor die andere. Wenn grundsätzlich verschieden gebaute Tierstämme durch graduelle, kontinuierliche Transformation auseinander hervorgegangen sein sollen, in einem schrittweisen Prozeß von Wandel und Anpassung, so mußte dieser Prozeß eine lange Zeitdauer in Anspruch genommen haben. Anders ausgedrückt: Das plötzliche Auftreten einer Mannigfaltigkeit vielzelliger Tiere an der Kambrium-Präkambrium-Grenze setzt eine lange Periode präkambrischer Evolution voraus. Darwin hierzu: «Auf die Frage aber, warum wir keinen Beleg finden für diese immensen primordialen Zeiträume, habe ich keine befriedigende Antwort.» Es sollte noch besser kommen. Ein Physiker von Rang und Namen schien der Theorie Darwins den Boden zu entziehen. Lord Kelvin berechnete das Alter der Erde und kam auf eine Zahl, die den uniformen Gradualismus in Lyells Geologie sowie in Darwins Biologie nicht zuließ. Heute wissen wir, daß Kelvins Berechnungen falsch waren, doch damals war seine Stimme von Gewicht, und diese sprach für den Katastrophismus.

Cuvier, der «Vater» des Katastrophismus, glaubte nicht an Bindeglieder zwischen verschiedenen Organisationstypen – und er hatte dafür gute Gründe. Sein «Gesetz der Korrelation der Teile» verbot geradezu die schrittweise Transformation der Baupläne! Wir erinnern uns: Darwin konnte eine solche kontinuierliche Transformation nur fordern oder erwarten, wenn die Organismen in all ihren Teilen in beliebig fein abgestufter Form variieren können. Seine atomistische Konzeption der Organisation war die Grundlage für die Forderung nach fundamentaler Variation der Organismen. Zeitgenossen Darwins, die das Erbe Cuviers hochhielten, wie etwa der Paläontologe Richard Owen, verurteilten Darwin als Atomisten und setzten seinen Ansichten die funktionelle Integration der Organismen entgegen. Nach Cuvier waren die Organe und Organsysteme eines Organismus in hierarchischer Form voneinander abhängig und standen in enger funktioneller Beziehung zueinander. Hinter dieser Sicht der Dinge versteckt sich die cartesische Auffassung der Organismen als funktionell integrierte Maschine. Wohl setzt sich der Organismus aus Teilen zusammen, doch diese sind nicht beliebig veränderbar. Man bedenke, daß Cuvier, mehr im stillen allerdings, die Präformationstheorie weiterhin akzeptierte. Der Organismus gleicht aus diesem Blickwinkel gesehen einem Uhrwerk, das Gott zum Zeitpunkt der Schöpfung aufgezogen hat und das durch den Akt der Zeugung in Gang gesetzt wird. Dieses Uhrwerk funktioniert aber nur, wenn all seine Teile harmonisch aufeinander abgestimmt sind in einer Hierarchie funktioneller Integration. Es ist unmöglich, nur ein einzelnes Zahnrad zu verändern oder auszuwechseln, ohne damit das ganze Uhrwerk stillzulegen. Wenn auch nur ein Teil geändert werden soll, muß das gesamte darauf abgestimmte Uhrwerk mit verändert werden.

Für Cuvier war dies Grund genug, eine Veränderung des Bauplans der Organismen auszuschließen. Dies war eine radikale Schlußfolgerung. Sie hätte auch weniger nachdrücklich ausfallen können, nur eines steht fest: Wenn von einer funktionellen Korrelation der Teile ausgegangen wird, muß die Möglichkeit fundamentaler Variation ausgeschlossen werden. Und damit muß Wandel, so er stattfinden soll oder kann, sprunghaft vor sich gehen! Richard Owen war nicht der einzige, der den Finger auf diesen wunden Punkt in Darwins Argumentationskette legte: «Hier nun muß angemerkt werden, daß der ganze zur Diskussion stehende Fragenkomplex von der Feststellung der *Grenzen der Variabilität* abhängt.» Natürlich mußte Owen als Paläontologe zugeben, daß gerade im Reich der Wirbeltiere die verschiedenen Organisationstypen nicht gleichzeitig, sondern in einer zeitlichen Abfolge auf der Bühne der Erdgeschichte erscheinen. Dadurch entstand das Bild einer fortschrittlichen Entwicklung, doch nirgends war festzustellen, daß die verschiedenen Organisationstypen fließend ineinander übergingen. Vielmehr blieben sie scharf voneinander getrennt. Nach Owen herrschte das Gesetz des Bauplans innerhalb einer Gruppe, morphologische Lücken bestanden zwischen Gruppen. Wenn die Gruppen sukzessive in Erscheinung treten, war dies wohl als Ausdruck einer «kreativen Gesetzmäßigkeit» zu deuten, doch diese war in seinen Augen mit der natürlichen Selektion keinesfalls zureichend erfaßt.

Das «Gesetz des Bauplans», die funktionelle Korrelation der

Teile, konnte auch noch für eine andere Erscheinung verantwortlich gemacht werden, welche die Theorie Darwins zunächst nur unzureichend erklärte. Der Fossilbeleg vermittelte zwar das Bild einer fortschrittlichen Entwicklung des Lebens im Laufe der Zeit, doch zugleich mußte festgestellt werden, daß gewisse, besonders auch primitive, Organisationsformen die Äonen der Erdgeschichte praktisch unverändert überdauert hatten. Wieso bleiben primitive Organismen, Blaualgen etwa, auf ihrem einmal erreichten Entwicklungsstand stehen, ohne daß ein weiterer Fortschritt feststellbar wäre? Wieso gibt es sogenannte lebende Fossilien, Pfeilschwanzkrebse, Tintenfische, Quastenflosser, die sich seit ihrem ersten frühen Auftreten im Fossilbeleg bis heute nicht verändert haben? Schon Lamarck hatte sich in die Konsequenzen seiner Theorie verrannt. «Subtile Flüssigkeiten» sollten die durch Urzeugung entstandenen Monaden oder Infusorien durch die Stufenleiter zunehmender Komplexität treiben, womit Höherentwicklung zur Notwendigkeit wurde. Die Konsequenz war, daß Lamarck eine fortwährende Urzeugung von Monaden annehmen mußte, um das am Fuße der Stufenleiter entstehende Vakuum laufend wieder aufzufüllen. Eine zweite Folge dieser Argumentationsweise war, wie Peter J. Bowler hervorhebt, daß Lamarcks Evolutionstheorie die Dinge auf eine überraschende Weise auf den Kopf stellte. Die am weitesten fortgeschrittenen Organisationsformen müssen auf Monaden zurückgehen, die zu den ersten der durch Urzeugung entstandenen Lebensformen gehörten; primitive Lebewesen wären dagegen erst später durch Urzeugung entstanden. Der Mensch als höchstentwickelte Lebensform mußte auf eine der zuerst entstandenen Monaden zurückgeführt werden!

Darwin lag mit seinem Konkurrenzprinzip nicht weniger unglücklich. Der Prozeß der natürlichen Auslese vollzieht sich in einer sich stetig ändernden Welt «täglich und stündlich» – mit Notwendigkeit. Auf der Grundlage der Geologie Lyells muß sich Evolution und damit auch Höherentwicklung notwendig vollziehen, denn diese ist ein unumgängliches Beiprodukt der Konkurrenzbeziehung zwischen Fortpflanzungsgemeinschaften in einer vollbesetzten Natur. So kommt es, daß Darwin in einem Brief vom 22. Mai 1860 seinem Freund Asa Gray zugeben mußte: «Die schlimmste Lücke in meinem Buch ist die fehlende Erklärung, warum, wie ich glaube, nicht alle Organismen notwendigerweise einer fortschrittlichen Entwicklung unterworfen sind, warum also noch heute einfache Organisationsformen auftreten können.» Er schloß diese Lücke in späteren Ausgaben seines *On the Origin of Species* mit dem Hinweis auf stabile Lebensbedingungen in bestimmten ökologischen Nischen. Wenn Anpassung das primäre Ziel der natürlichen Selektion ist, so ist bei unveränderlichen Lebensbedingungen kein Wandel zu erwarten. Es tritt eine «stabilisierende» Selektion ein; die durch die sexuelle Vermehrung der Organismen sich fortlaufend ergebende Variabilität wird nicht zur Grundlage einer Veränderung gemacht, sondern sie wird durch die Wirkung der Selektion in dem Sinne eingegrenzt, daß die angepaßte Organisationsform unverändert fortbesteht. Extreme Varianten werden «ausgemerzt».

Das ganze Anpassungsargument wurde von Louis Agassiz noch weitergehend zerpflückt in einem Essay, der die Ideen Darwins vorwegnahm. Seine Kritik führt nochmals zurück zur beobachtbaren Konstanz der Form. Zum Verständnis dieses auch in der modernen Kritik des Neo-Darwinismus immer wiederkehrenden Problemkreises ist es wichtig, die von Darwin erhobene Forderung nach fundamentaler Variabilität der Organismen nicht aus den Augen zu verlieren. Denn wird die Möglichkeit der fein abgestuften Modifikation eines Organismus in all seinen Teilen eingeräumt, liefert dies die Grundlage für eine unbeschränkte Macht der natürlichen Selektion. Sie kann den Organismus in all seinen Teilen beliebig formen, ihn den jeweiligen Umweltbedingungen entsprechend willkürlich umformen. Das müßte heißen, daß innerhalb einer homogenen Umwelt, wo eine perfekte Anpassungsform gilt, alle Organismen diese Anpassungsnorm über kurz oder lang erreichen sollten. Hier hakte Agassiz ein mit dem Hinweis auf die unerhörte Vielfalt der Lebewesen in einem beliebig kleinen Küstenstreifen. Selbst in einem Wassertropfen ist eine Vielfalt von Organismen beobachtbar: «Der kleinste Tropfen Süßwasser, jeder Punkt einer Meeresküste, jeder Morgen trockenen Landes wimmelt von einer Vielfalt von Pflanzen und Tieren.» Die Antwort Darwins in *On the Origin of Species* ist bekannt. Sie liegt im «Prinzip der Divergenz» begründet, verknüpft mit der

Überwindung des Konzeptes einer perfekten Anpassung. Konkurrenzbedingte Divergenz erklärte Darwins Beobachtung, «daß in einem Stück Torf, drei auf vier Fuß groß, das für viele Jahre exakt denselben Bedingungen ausgesetzt blieb, über 20 Arten von Pflanzen wurzelten ... dasselbe gilt für Pflanzen und Insekten kleiner Inseln und für kleine Süßwassertümpel...»

Das Gegenstück zu diesem Fragenkomplex bildete die Beobachtung, daß dieselbe Grundform der Organisation beibehalten wird, selbst wenn die entsprechenden Organismen äußerst verschiedene Umweltzonen beleben. Weder Anpassung noch weite geographische Verbreitung schien die Gesetzmäßigkeiten der Struktur durchbrechen zu können. Agassiz war ohne weiteres bereit, der Umwelt einen gewissen Einfluß auf die Organisation der Pflanzen und Tiere einzuräumen. Er selbst verwies in diesem Zusammenhang auf die Anpassungserscheinungen bei Höhlentieren, auf den Verlust der Augen etwa beim Höhlenfisch: «...dies beweist unumgänglich den unmittelbaren Einfluß jener extremen Umweltbedingungen auf den Gesichtssinn.» Anpassung erklärt einen Teil, aber nicht die ganze Organisation der Tiere!

«So sehr die Diversität von Tieren und Pflanzen, die unter identischen Umweltbedingungen leben, die Unabhängigkeit der Organisationsform vom umgebenden Medium belegt, zumindest was ihren Ursprung anbelangt, so sehr zeigt sich dieselbe Unabhängigkeit der Organisationsform unter Berücksichtigung des Faktums, daß identische Typen weltweit unter den verschiedensten Umweltbedingungen auftreten.»

Agassiz hielt unbeirrbar fest an seiner Meinung, daß es bei der Erklärung der Organisation von Pflanzen und Tieren zwei grundsätzlich verschiedene Aspekte zu unterscheiden gelte, nämlich die Gesetzmäßigkeiten der Struktur einerseits, jene der Funktion andererseits. Das Konzept der Anpassung konnte – und kann – lediglich dem Aspekt der Funktion Rechnung tragen. Zweifellos gibt es Anpassung, die in jedem Fall der Lösung einer durch die Lebensumstände gestellten funktionellen Aufgabe entspricht. Die Kenntnis solcher Anpassungen erklärt die Organisation von Pflanzen und Tieren in funktioneller Hinsicht, womit aber das Thema der Form noch nicht abschließend behandelt ist. Es herrscht in der Vielfalt der organischen Erscheinungen eine Konstanz der Baupläne, die sich dem Sog der Anpassung entzieht und so den Grundstein legt für eine natürliche Klassifikation der Pflanzen und Tiere.

In seinem Evolutionsbuch zeigte sich Darwin ohne Einschränkungen bereit zuzugeben, daß eine Gesetzmäßigkeit der Form durch alle Anpassung hindurch schimmert. Er unterschied konsequenterweise das «Gesetz der Anpassung» von einem «Gesetz des Bauplans». Die Ähnlichkeit organischer Strukturen erklärte Darwin durch Abstammung von einem gemeinsamen Vorfahren; sie würde vermittelt durch konservative Mechanismen der Vererbung. Der gemeinsame Bauplan wurde so zum Ausdruck evolutiver Verwandtschaft.

Die Antwort Darwins scheint zunächst akzeptabel, doch bei genauerem Hinsehen offenbart sich ein Erklärungsdefizit. Die atomistische Theorie der Vererbung, gepaart mit der von Darwin geforderten Vorrangigkeit des «Gesetzes der Anpassung», erklärt den Konservatismus der erblichen Tradierung und die davon abhängige Konstanz grundsätzlicher Organisationsformen zumindest nicht *ausreichend.*

So lauteten im wesentlichen die gegen Darwin vorgebrachten Einwände von Louis Agassiz, von Richard Owen und auch anderen Autoren, die sich an den Erfolgen der vorevolutionistischen Biologie orientierten. Sie alle hatten zum Ziel, die Gültigkeit einer nicht weiter begründbaren Voraussetzung des Kontinuitätsprinzips in Frage zu stellen. Das «Gesetz der Korrelation der Teile» bedingt die Konstanz biologischer Strukturen und damit die Unveränderlichkeit von Organisationsformen und Bauplänen, wie sie bei «lebenden Fossilien» beobachtbar ist. Das Gesetz verbot fließende Übergänge, was der Fossilbericht, besonders aber auch der Erfolg der Biostratigraphie, zu bestätigen schien. Es ist die Diskontinuität der Typen, die eine rationale Klassifikation der Organismen möglich macht, woraus allein schon erhellt, daß funktionelle Anpassung die Konstanz der Erscheinung in ihren grundsätzlichen Zügen nicht beliebig zu durchbrechen vermag. Organismen können durch die natürliche Selektion nicht beliebig geformt und umgeformt werden, weil Organismen nicht fundamental variabel sind. Die Selektion mag bestmögliche Anpassung fördern, aber diese «beste aller möglichen Welten» findet ihre

Grenzen in den Gesetzen der Struktur, welche eine Diskontinuität der Erscheinungsformen mit sich bringt. Wenn Darwin Arten so gut wie umfassendere systematische Gruppen als Produkt der ordnenden Intelligenz und damit als künstliche Einheiten des Systems apostrophierte, so hielten Owen und Agassiz dieser Sicht der Dinge das Konzept des Bauplans entgegen, fußend auf Gesetzen der Struktur, in welchen die Hierarchie der biologischen Klassifikationssysteme ihren realen Ursprung finden soll.

Wir stoßen auf unterschiedliche Sichtweisen der Natur, die als solche bereits die vorevolutionistische Biologie dominierten. In der Evolutionstheorie Darwins und in den Reaktionen seiner Zeitgenossen offenbart sich eine überraschende Konstanz der Bilder, der Prinzipien und der Konzepte, die der Biologie zugrunde liegen. Wenn in den vorausgehenden Kapiteln dieselben Marksteine des vergleichenden Denkens wieder und immer wieder angetroffen werden, so ist dies nicht zuletzt eine Folge der sich im Grundsatz wiederholenden Ideegeschichte! Darwin setzte aus einer Berechnung heraus, die sich gegen die zeitgenössischen Kreationisten wandte, das Kontinuitätsprinzip voraus und überbrückte jegliche Diskontinuität der Erscheinungen mit der Forderung nach kontinuierlicher Transformation. Die Kreationisten ihrerseits orientierten sich an der Diskontinuität der Erscheinungen, was die Allmacht der natürlichen Selektion deutlich einschränken mußte. Gott war in ihren Augen nicht einfach durch ein Naturgesetz abzulösen, der Bauplan nicht einfach auf eine willkürliche Zusammensetzung von Teilen zurückzuführen. Wenn das Konzept von Variation und Selektion auch Anpassungserscheinungen zu erklären vermag, so versagt es doch bei der Erklärung der Formkonstanz, die grundsätzliche Organisationstypen kennzeichnet.

Ein Kanon der Naturgeschichte setzt sich durch

Darwin hatte das Kontinuitätsprinzip auf sein Banner geschrieben und damit die Richtung gewiesen zur weiteren Entwicklung seiner Theorie. Die Forschung ist nicht auf dem Stand von 1859 stehengeblieben; kaum ein Biologe wird heute noch die Worte Darwins unverändert zur Erklärung des Ursprungs neuer Arten einsetzen. Dies allein schon darum, weil Darwin keine gültige Theorie der Vererbung kannte und damit in der Erklärung der Variabilität der Organismen einer Fortpflanzungsgemeinschaft zu kurz griff. Wenn man heute vom Neo-Darwinismus redet, so ist damit vor allem die Verknüpfung von Darwins Selektionstheorie mit den Erkenntnissen der Genetik gemeint.

Die Wende vom 19. zum 20. Jahrhundert war gekennzeichnet durch die Wiederentdeckung der Gesetze der Vererbung, wie sie schon Gregor Mendel gekannt und 1865 veröffentlicht hatte. Allerdings: Wenn von einer «Wiederentdeckung» der Mendelschen Gesetze durch die drei Botaniker Hugo de Vries, Carl Correns und Erich von Tschermak-Seysenegg im Jahre 1900 gesprochen wird, so ist dies eine anachronische Geschichtsschreibung. Die Geschichte wird aus dem Blickwinkel der Moderne heraus beurteilt und geschrieben, anstatt in ihrem zeitgenössischen historischen Kontext dargestellt zu werden. Gerade eine solche Untersuchung stößt jedoch auf Schwierigkeiten in der Beurteilung der Frage, wieviel die Botaniker von Mendels Publikation wußten und ob eine Beeinflussung nicht doch vorliegen könnte.

In unserem Zusammenhang kann dieses Problem leicht außer acht gelassen werden. Seine Lösung würde nichts beitragen zur Beantwortung einer sehr viel grundsätzlicheren Frage: Wie war es möglich, daß Darwin eine Theorie der Evolution schuf, ohne dabei Kenntnis zu haben von den Gesetzen der Vererbung? Wie konnte er über den Ursprung neuer Arten schreiben, dabei aber die Frage der Vererbung gewissermaßen als «black box» behandeln, wie die Darwinforscher sich ausdrücken, als eine «dunkle Kiste», die unter Verschluß behalten und nicht geöffnet wird, auf daß ihr Inhalt dem Licht der Erkenntnis ausgesetzt würde? Man könnte die Frage auch wenden. Wie war es möglich, daß nach der «Wiederentdeckung» der Gesetze der Vererbung die neu erworbenen Kenntnisse der Genetik sich absolut zwangslos in den von Darwin vorgegebenen Rahmen einpassen ließen? Der Grund hierfür liegt darin, daß die Genetik demselben philosophischen Hintergrund verpflichtet ist wie die Theorie Darwins. Beide beruhen auf einem atomistischen Verständnis pflanzlicher und tierischer Organisation und sind daher in entsprechender Weise reduktionistisch. Das Verständnis der Ganzheit einer Organisationsform setzt deren Zerlegung in ihre Teile voraus; der Organismus wird auf seine «Atome» reduziert. Die Gesetze Mendels «atomisieren» den Organismus in ähnlicher Weise, wie es auch Darwins Theorie der Pangenesis tat.

Wir erinnern uns: Darwin schlug seine theoretische Brücke über zwei Grundpfeiler: Variation der Organismen einerseits – natürliche Auslese andererseits. Die Variabilität der Mitglieder einer Fortpflanzungsgemeinschaft erklärte Darwin durch seine Theorie der Pangenesis. Diese ist im wesentlichen atomistisch. Der Organismus bildet sich durch die Zusammenfügung von Teilen, von «gemmulae» oder «Atomen» in metaphorischem Sinne. Das Ganze wird somit als die Summe seiner Teile begriffen, woraus sich die reduktionistische Tendenz der atomistischen Philosophie ersehen läßt. Der Versuch einer Erklärung des äußerst kompliziert erscheinenden lebenden Organismus führt zur Reduktion der Problematik auf weniger komplex erscheinende «Bausteine». Die Erklärung der Lebenserscheinungen erfolgt «von unten herauf» – Leben ergibt sich aus einer speziellen Organisation («Zusammensetzung») von Bausteinen. Damit ist die Theorie Darwins in diesem Abschnitt in Worte gefaßt, die man insgesamt als ein «atomistisches Vokabular» bezeichnen kann. Der Atomismus ist einer bestimmten Wortwahl verpflichtet – er hat seine eigene Sprache.

Dieses atomistische Vokabular, diese Sprache der Atomisten läßt sich zwanglos auch zur Erklärung der Gesetze der Vererbung benützen – die Erkenntnisse der Genetik kleiden sich in dieselben Worte. Entsprechend bleibt dabei die Möglichkeit beliebig weitgehender Reduktion offen. Der lebende Organismus wird erklärt durch die Reduktion der Problematik auf «Erbfaktoren» (Gene) oder sogar auf deren Bausteine, die Nukleotide. Eine spezielle Zusammensetzung von Nukleotiden ergibt ein Gen. Nukleotide ordnen sich in der Form eines zur Selbstvermehrung fähigen Doppelstranges an, der den unaussprechlichen Namen «Desoxyribonukleinsäure» trägt, unter dem Kürzel DNS (englisch DNA) wohl besser bekannt ist. Ein Gen entspricht einem Abschnitt dieses DNS-Stranges, einer bestimmten Abfolge von organischen Basen. Die Gesamtheit der DNS einer befruchteten Eizelle macht die Gesamtheit der Erbsubstanz des entsprechenden Organismus aus; die Gesamtheit der Gene bestimmt letztlich die Struktur, das «Aussehen» (den Phänotyp) des Organismus. Wie genau die Gene das Aussehen, den Körper und dessen Bildung im Laufe der Embryonalentwicklung steuern, kann hier nicht ausführlich besprochen werden. Dies würde einen Ausflug in das Reich der molekularen Genetik und der Biochemie bedingen, der selbst leicht die Dimension eines Buches annehmen könnte. Es mag daher für den Moment ausreichen, auf die sinnträchtige und zutreffende Metapher zu verweisen, mit der sich Richard Dawkins aus einem ähnlichen Dilemma gerettet hat. Er vergleicht den Körper (Phänotyp) des Organismus mit einem Kuchen, die Erbinformation dagegen mit dem Rezept dazu. Das Erbgut entspricht einem Programm, welches biochemische Vorgänge steuert, die ihrerseits am Aufbau und am Erhalt des Organismus beteiligt sind.

Glücklicherweise ist es in dem hier gegebenen Zusammenhang auch nicht unbedingt erforderlich, die Eigenschaften und Wirkungsweisen dieses genetischen Programms im einzelnen zu erläutern. Die Grundzüge des Neo-Darwinismus lassen sich auch ohne Lehrgang durch die Biochemie ausreichend verstehen. Es genügt, wenn von Erbfaktoren, von Genen, als von Einheiten gesprochen wird, durch die im Zuge der Fortpflanzung Erbinformation von den Eltern auf die Nachfahren übertragen wird. Dies nämlich entspricht grob gesehen dem Kenntnisstand der Genetiker des frühen 20. Jahrhunderts, wobei sie überdies – wie Gregor

Mendel vor ihnen – durch Kreuzungsexperimente entdeckten, daß sich diese Erbfaktoren auf eine ganz bestimmte, gesetzmäßig geregelte Weise auf die Nachkommenschaft des Elternpaares verteilen. Allein schon diese Beobachtung setzt aber voraus, daß man die untersuchten Organismen als ein Aggregat von Merkmalen versteht, die voneinander abgegrenzt und einzeln beschrieben werden und die, jedes für sich, einem Erbfaktor zugeordnet werden können. Die Gesamtheit der Erbinformation wird somit als die Summe einer Vielzahl von einzelnen Genen verstanden, die Gesamtheit des Organismus folgt aus der Zusammensetzung einer entsprechenden Vielzahl von Merkmalen – jedes für sich von seinem Gen abhängig und durch dieses Gen vererbt. Die Gesetze der Vererbung lassen sich infolgedessen aus der Regelmäßigkeit der Verteilung der elterlichen Merkmale auf die Nachkommenschaft erschließen. Die Variabilität der Organismen in ihren Merkmalen kann nun auf zwei Quellen zurückgeführt werden. Zum einen können Gene (und mit ihnen die Merkmale) sich verändern oder «mutieren»; zum zweiten werden im Rahmen der sexuellen Fortpflanzung die Gene (und mit ihnen die Merkmale) des väterlichen und des mütterlichen Organismus in jeder Generation stets aufs neue kombiniert. Man spricht von einer stetigen «Rekombination» des Erbgutes. Ernst Mayr prägte den trefflichen Ausdruck der «Bohnensack-Genetik», in Anspielung auf die mit Bohnen (oder Erbsen) durchgeführten Kreuzungsexperimente, um diesen frühen Stand der Kenntnis in der genetischen Forschung zu bezeichnen. Die Gesamtheit des Erbgutes eines Individuums läßt sich als ein Sack voller Bohnen (Gene) verschiedener Couleur darstellen; jede Bohne ist darin in zwei Kopien enthalten. Mutation kann die Farbe jeder einzelnen Bohne (die Erbinformation) verändern, während die Mechanismen der sexuellen Fortpflanzung je ein Satz der Bohnen (jede Bohne in je einer Kopie) des väterlichen und des mütterlichen Bohnensackes in immer neuer, dabei aber gesetzmäßig geregelter Kombination auf die Nachkommenschaft verteilen.

Solcherart lassen sich etwa die Einsichten von Hugo de Vries in vereinfachter Form zusammenfassen. Der atomistische Hintergrund seiner Theorien und die damit zuammenhängende Tendenz zum Reduktionismus sind unverkennbar. Allerdings: die

Erkenntnisse der Genetik blieben natürlich nicht auf dem Stand von etwa 1920 stehen. Die Untersuchung der Gesetze der Vererbung wurde auf ganze Fortpflanzungsgemeinschaften ausgedehnt, es folgte die Entdeckung der DNS als Trägersubstanz der Erbinformation, es kam zum Aufschwung und zur rasanten Entwicklung der molekularen Genetik, es kamen schließlich auch die Nobelpreise. Es schien, als habe es der Neo-Darwinismus dahin gebracht, seine atomistische Grundlage so gut hinter einer komplizierten Mathematik zu verstecken, daß deren Existenz erfolgreich geleugnet werden konnte – und wird. In einer Nummer der Zeitschrift *Biology & Philosophy* des Jahres 1988 betont der Wissenschaftsphilosoph David L. Hull einmal mehr, daß es für das Verständnis der Organisation und Wirkungsweise der Erbinformation keine irreführendere Metapher geben könne, als die Gene mit auf einer Kette aufgereihten Perlen zu vergleichen. Einer seiner Kritiker, C. U. M. Smith, hielt ihm in seiner Replik entgegen: «... nichtsdestotrotz: was die Populationsgenetik anbelangt, auch was die ‹moderne Synthese› der Evolutionstheorie betrifft, so ist dies genau die Art, wie sie [die Gene] verstanden werden.»

Tatsächlich läßt sich althergebrachtes Erbgut nicht so leicht abschütteln! Schon bald hatte man durch gezielte Experimente herausgefunden, daß die «Bohnensack-Genetik» nicht ausreicht, um die Probleme der Vererbung in ihrer vollen Kompliziertheit befriedigend zu erklären. Höchst selten nur bestimmt ein Gen und es allein die Differenzierung eines bestimmten Merkmales. Normalerweise arbeitet eine Vielzahl von Genen zusammen, um die Entwicklung eines bestimmten Merkmals zu steuern. Umgekehrt kann auch ein Erbfaktor auf die Entwicklung verschiedener Merkmale Einfluß nehmen. Im ganzen gesehen entspricht das Erbgut einer höchst kompliziert vernetzten, im Falle der Vielzeller anscheinend hierarchisch geordneten Form der Informationsspeicherung. Dennoch hat Richard Dawkins, einer der herausragendsten Verteidiger des Neo-Darwinismus, in seiner Popularisierung der Soziobiologie (auf die im letzten Kapitel dieses Buches noch näher einzugehen sein wird) von «egoistischen Genen» gesprochen und diese, in voller Kenntnis der Komplexität der modernen Genetik, zur eigentlichen Einheit der natürlichen Selektion gestempelt; ihnen allein schrieb er eigentliche Individualität zu. Ähnlich den Atomen Epikurs sind die Gene der Ansicht Dawkins gemäß dank ihrer Fähigkeit, identische Kopien ihrer selbst herzustellen, «unsterblich». Evolutiver Erfolg mißt sich nach Dawkins, getreu der Darwinschen Selektionstheorie, in der relativen Fortpflanzungsrate. Doch dient die Vermehrung der Organismen in seinen Augen bloß als Mittel zum Zweck – zur Vermehrung der Gene. Der reduktionistische Ansatz ist unverkennbar! Die Gene «benützen» den Organismus als «Überlebensmaschine», als Vehikel zu ihrer eigenen größtmöglichen Vermehrung innerhalb einer Fortpflanzungsgemeinschaft.

Dawkins ist sich der Tatsache bewußt, daß die Embryonalentwicklung einer solchen «Überlebensmaschine» erst aus einer komplexen Wechselwirkung einer Vielzahl von Genen folgt, doch das hindert ihn nicht, die Eigenständigkeit und Individualität eines jeden Erbfaktors herauszustreichen. Nitratdünger allein, so betont er, macht keine Pflanze! Eine komplizierte Kombination von Same, Bodenqualität, Sonne, Wasser und Mineralien erlaubt das Wachstum eines Keimlings. Die Pflanze aber bleibt ohne Dünger kleiner. Kein einzelner Faktor kann für das Wachstum der Pflanze als ausreichend erklärt werden, doch im Rahmen einer Vielzahl vernetzter Faktoren ist Nitratdünger jener Faktor, der das Größenwachstum der Pflanze optimiert. Nun ist natürlich der Dünger ein geradezu klassisches Beispiel für die Tatsache, wie nicht erblich bedingte («epigenetische») Faktoren auf die Gestaltung eines Organismus Einfluß nehmen können, doch führt Dawkins das Beispiel nicht aus diesem Grunde an, sondern als Metapher, um die Wirkungsweise der Gene sinnfällig zu illustrieren. Gene wirken im Verband, wie die Ruderer einer Mannschaft – ein anderes Gleichnis von Richard Dawkins, das mittlerweile weite Verbreitung gefunden hat und selbst in philosophischen Betrachtungen zur Selektionstheorie aufgegriffen wird.

Die Selektionswirkung geht vom Trainer aus, der die Besetzung des Rennbootes mit Mitgliedern der Mannschaft laufend variiert, dabei aber einen Erfolgsdruck ausübt. Natürlich kann ein Boot das Rennen trotz eines Spitzenruderers verlieren, wenn dieser unter schlechten Kampfgefährten sitzt. Nach genügend Probeläufen oder Wettkämpfen wird sich allerdings eine optimale Besatzung des Bootes aus den Mitgliedern des Vereins herauskristallisieren. Der Sieg im Mannschaftskampf ist nicht das Verdienst des Besten allein, sondern das Resultat einer optimalen Zusammenarbeit der Guten. Sitzt umgekehrt ein bestimmter Ruderer stets und immer wieder im verlierenden Boot, so ist dies kaum sein unverdientes Pech, zurückzuführen auf einen wiederholten Mißgriff des Trainers. Er ist schlicht und einfach ein schlechter Ruderer.

Dawkins vergleicht die Wirkungsweise der Erbfaktoren mit jener der Ruderer in einem Rennboot. Gene wirken in der Entwicklung ihrer «Überlebensmaschine», ihres Vehikels im Kampf ums Dasein (im Kampf um den Fortpflanzungserfolg), zusammen; sie müssen sich in einer «genetischen Umwelt», in einer Mannschaft, bewähren. Erbfaktoren werden von der natürlichen Selektion immer nur innerhalb ihres Verbandes bewertet, doch sind es nach wie vor die einzelnen, individuellen Gene, die letztendlich bewertet werden, die sich als «gut» oder als «schlecht» erweisen.

Die Darstellung von Richard Dawkins' Metaphern wurde hier nicht nur daher so ausführlich wiedergegeben, weil er ein unübertrefflicher Meister der Bildersprache ist, neben der sich jede andere Erklärungsform für derart komplizierte Sachverhalte plump ausnehmen würde. Wichtiger ist, daß Dawkins, wie schon gesagt, ein führender Neo-Darwinist ist, dessen Bildersprache – und besonders sie – den atomistischen Hintergrund der Theorie unverhohlen zum Ausdruck bringt. Der Atomismus wurde nicht *ad acta* gelegt: er hat sich versteckt hinter den algebraischen Gleichungen der Populationsgenetik. Elliott Sober hat das Gleichnis des Ruderbootes und seiner Mannschaft aus philosophischer Sicht kritisiert. Er unterscheidet die Selektion *von* Einheiten (Genen) und *für* Eigenschaften (der Organismen), und hat mit dieser Unterscheidung die ganze Diskussion auf eine neue Ebene gehoben. Ob die Selektion tatsächlich an den Genen angreift, ob, wie Dawkins behauptet, die Gene wirklich die individuellen Einheiten der natürlichen Selektionen sind – oder unter bestimmten Umständen sein können –, mag fürs erste dahingestellt bleiben. Mancher würde hier ein Fragezeichen hinter die Ausführungen von Richard Dawkins setzen. In einem Punkt aber sind sich alle Neo-Darwinisten einig: Was die natürliche Selektion bewertet, sind erblich bedingte Eigenschaften! Und diese haben ihre

Ursachen letztlich in den Genen, in der Sequenz der Aminosäuren auf dem DNS-Strang.

Die atomistische Sicht der Dinge bleibt erhalten. Die Gesamtheit der Gene bestimmt die Gesamtheit der Merkmale des Organismus (oder auch nur deren Reaktionsnorm gegenüber Umwelteinflüssen). Die Organisation des Lebens wird aus seinen Bausteinen heraus erklärt: «Von der Amöbe zum Menschen» lautet der Slogan des Neo-Darwinismus. Erbfaktoren bestimmten die Synthese von Proteinen in den Zellen, die ihrerseits kleinen chemischen Fabriken entsprechen. Aus der Differenzierung der Zellen entstehen verschiedene Organe, die sich endlich zum lebenden Organismus kombinieren. Die Hierarchie der Organisation wird so «von unten her» bestimmt. In paralleler Weise wird der Verlauf der Evolution, die genealogische Hierarchie, von unten her aufgerollt. Nukleotide setzen sich zu sich selbstvermehrenden RNS-Strängen zusammen, es entstehen einfache Vorstufen der Zellen, dann Zellen mit scharf abgegrenztem Kern. Diese setzen sich zu vielzelligen Lebewesen zusammen, deren Organisation an Komplexität stetig zunimmt. Es werden neue Organe gebildet, die Arbeitsteilung innerhalb des Organismus wird laufend verfeinert, es folgt schlußendlich der Mensch auf das Tier. Der ganze Prozeß bleibt auch aus der Sicht des Neo-Darwinismus ein absolut kontinuierlicher. Da die Gesamtheit der Erbfaktoren den Organismus «in all seinen Teilen» bestimmt, die Gene aber einzeln mutieren, oder infolge sexueller Fortpflanzung als Einzelne in ein neues «genetisches Umfeld» (in eine neue «Mannschaft») versetzt werden können, bleibt der Organismus grundsätzlich «in all seinen Teilen» variabel. Wie schon für Darwin selbst gilt auch im Rahmen des Neo-Darwinismus die fundamentale Variabilität der Organismen als Voraussetzung für Selektion und damit für kontinuierlichen, in kleinen Schritten sich vollziehenden Wandel.

Evolution ergibt sich aus Variation und Selektion. Wenn sich aber weder im belebten noch im unbelebten Umfeld einer Fortpflanzungsgemeinschaft etwas ändert, so wird die Selektion nicht zu Veränderungen führen können. Zwar wird durch Mutation und durch Rekombination der Erbfaktoren laufend neue Variabilität des Erbgutes in eine Fortpflanzungsgemeinschaft eingespeist, doch die Selektion wird dazu tendieren, die einmal erreichte und bewährte Anpassungsform in bezug auf die herrschenden, konstant bleibenden Umweltbedingungen weiterhin möglichst unverändert zu erhalten. Abweichende Varianten werden daher «ausgemerzt». Man spricht von einer «stabilisierenden Selektion».

Tritt dagegen eine Veränderung in der belebten oder unbelebten Umwelt einer Fortpflanzungsgemeinschaft ein, so werden sich damit auch die Selektionsbedingungen ändern. Die Variabilität der Organismen liefert der Selektion die Grundlage, um eine gegenüber den sich verändernden Umweltbedingungen laufend erneuerte Anpassungsnorm zu schaffen. Selektiver Wandel wird als dauernder Anpassungsprozeß verstanden. Insofern die Anpassung einer Fortpflanzungsgemeinschaft stets in Abhängigkeit allenfalls eintretender Veränderungen in der belebten oder unbelebten Umwelt erfolgt, bleibt der evolutive Wandel den äußeren Bedingungen gleichsam «ausgeliefert». Er besteht immer nur aus einer Reaktion auf äußere Bedingungen. Gerade Tieren, in besonderem Maße den höheren Tieren, ist aber mit ihrem oft komplexen Verhalten die Möglichkeit gegeben, der belebten oder unbelebten Umwelt aktiv entgegenzutreten. Damit fällt dem Verhalten eine wichtige Rolle als *Motor* evolutiven Wandels zu, ein Punkt, auf den der bekannte Evolutionsbiologe Ernst Mayr nachdrücklich hingewiesen hat.

Die Verhaltensforscher unterscheiden angeborenes («instinkthaftes») von erlerntem Verhalten. Angeborenes Verhalten ist erblich bedingt und daher auf konstante Bewegungsabläufe festgelegt. Es scheint wenig Raum offen zu lassen, um der belebten oder unbelebten Umwelt aktiv, vor allem aber kreativ entgegenzutreten. Die Selektion scheint im Bereich erblich fixierter Verhaltensmuster auf festgefügte, unveränderliche Reaktionsnormen zu setzen. Der Grund hierfür liegt in der Funktion solch starrer Verhaltensnormen, die vor allem der Kommunikation zwischen Tieren dienen, also gleichsam als Elemente einer Tiersprache funktionieren müssen. In kommunikativem Verhalten finden sich ein Sender und ein Empfänger zum Zwecke der gegenseitigen Verständigung zusammen. Dabei kann es sich um Mitglieder der gleichen Art handeln, die sich in aggressiver Stimmung entgegentreten. Der eine mag sein Territorium gegen einen Artgenossen zu verteidigen haben oder seinen Platz in der Rangordnung einer sozialen Gruppe behaupten wollen. Auch der stolze «Besitzer» eines Harems sieht sich oft einem Herausforderer gegenüber. Kommunikation ist aber ebenso wichtig im Rahmen der Fortpflanzung, setzt doch die erfolgreiche Paarung oft eine subtile Abstimmung des gegenseitigen Verhaltens der Geschlechtspartner voraus, was eine entsprechend differenzierte «Sprache» notwendig macht. In all den genannten Fällen ist es unerläßlich, daß einerseits das Signal des Senders ein eindeutiges und damit unmißverständliches sei, daß andererseits der Empfänger den Bedeutungsinhalt des Signals unzweideutig verstehen kann. Die «Sprache» zwischen Sexualpartnern, Konkurrenten oder Kollaborateuren muß eindeutig und präzise sein. Es ist daher kaum erstaunlich, daß sich gerade im Bereich des kommunikativen Verhaltens eine präzise und unmißverständliche Symbolik entwickelt hat, im Falle von Tieren meist auf eindeutige, erblich festgelegte Bewegungsabläufe (oder Lautäußerungen) fixiert. Variabilität macht hier wenig Sinn, könnte sich sogar schädlich auswirken. Einer möglichen Plastizität der Verhaltensmuster steht der Verlust der Eindeutigkeit der Signale gegenüber.

Gleiches gilt nicht für Verhalten, das keine Sendefunktion hat, also beispielsweise für den Umgang mit der unbelebten Umwelt. Konrad Lorenz konnte zeigen, daß bei gewissen Vögeln die komplizierten Bewegungsabläufe, die den Bau eines stabilen Nestes überhaupt erst ermöglichen, erblich fixiert sind, während die Wahl des speziellen Nestbaumaterials den Tieren freisteht. Dadurch erringt der Vogel die Möglichkeit, auf seine Umwelt in kreativem Sinne zu reagieren und seinen Nistplatz weitgehend frei zu wählen. Ein ursprünglich im Wald beheimateter Vogel kann so zum Kulturfolger werden und in der Stadt nisten. Statt mit Zweigen und Moos baut er jetzt sein Nest mit geeigneten Abfällen der menschlichen Kultur.

Freiheit zur Veränderung des Verhaltens bleibt aber keineswegs auf die Wahl des Nistmaterials beschränkt. Neue Nahrungsquellen lassen sich erschließen. Meisen in den Städten Englands lernten erfolgreich, die Aluminiumdeckel der frühmorgens vor den Häusern abgestellten Milchflaschen zu öffnen, um so zu einem kostengünstigen Frühstück zu kommen – kostengünstig im Sinne der Energie, die zur Nahrungsbeschaffung aufgewendet werden muß. Ganz allgemein kann gesagt werden, daß Plastizität und Veränderung des Verhaltens zur Erschließung neuer Lebensräume führen kann, wodurch der Organismus und seine Fortpflanzungsgemeinschaft neuen Selektionsbedingungen ausgesetzt werden. Bestehende Organe, angepaßt an überflüssig gewordene Anforderungen, werden durch eine Verhaltensänderung in einen neuen Funktionszusammenhang gestellt. Der dadurch entstehende neue Selektionsdruck wird das Organ im Sinne einer bestmöglichen Anpassung an die neuen Anforderungen verändern. Die Verhaltensänderung hat damit gleichsam die Rolle des Motors evolutiver Veränderung übernommen. Das Verhalten bestimmt die Funktion, die Funktion bestimmt die Struktur.

Aus diesem *funktionalistischen* Blickwinkel heraus betrachtet, wonach also die funktionelle Beanspruchung eines Organs dessen Struktur bestimmt, hat die Selektionstheorie noch ein scheinbar unwesentliches Problem zu überwinden. Ungleich einem Schöpfergott ist es der in nichts weiter als einem Zusammenspiel letztlich physikalischer Kräfte bestehenden Selektion unmöglich, vorausplanend in die Zukunft zu blicken. Sie kann die Schuppe eines Reptils nicht zur Feder umgestalten im Hinblick darauf, daß der Vogel dereinst, wenn der Umgestaltungsprozeß sich vollzogen hat und die Feder funktionstüchtig geworden ist, fliegen soll. Die Selektion kann immer nur zur Veränderung und zur Verbesserung einer Struktur beitragen hinsichtlich jenes Funktionszusammenhanges, in welchen das Organ unmittelbar und gegenwärtig eingebunden ist. Sie kann also zum Beispiel eine Reptilschuppe auffiedern, wenn dies zur verbesserten Isolation der Körperoberfläche eines warmblütigen Reptils oder Urvogels beiträgt. Sollte sich die gefiederte Schuppe, wenn sie einmal im Funktionszusammenhang der Körperisolation gegen Wärmeverlust entstanden ist, im Gleitflug als vorteilhaft erweisen, so konnte das die Selektion nicht voraussehen. Die Möglichkeit, eine gefiederte Schuppe in einem neuen Verhaltensmuster auszunützen, ist, wie Steven J. Gould betonte, ein zufälliges Beiprodukt früherer Selektionsbedingungen und Umgestaltungsprozesse in vorausgehendem Funktionszusammenhang.

Die Unmöglichkeit einer planenden Wirkung der natürlichen

Selektion schafft aber ein noch schwerwiegenderes Problem, das die funktionalistische Sichtweise des Neo-Darwinismus in ihrem Gültigkeitsbereich einschränken muß. Die Selektionstheorie Darwins erklärt die Veränderung von Organen im Sinne eines Anpassungsprozesses, sie sagt aber nichts aus über die anfängliche Entstehung neuer Strukturen. Die Selektionstheorie erklärt nur, wie bestehende Organe in neuem Funktionszusammenhang umgewandelt werden können. François Jacob hat diese Tatsache in einen weiteren, vielbenützten Slogan des Neo-Darwinismus umgemünzt: «Die Evolution bastelt.» Es ist ihr nicht möglich, gleich einem Schöpfergott oder einem Ingenieur, eine Struktur der für sie vorgesehenen Funktion entsprechend optimal zu gestalten. Vielmehr sieht sich die Evolution dazu gezwungen, stets auf das schon Vorhandene zurückzugreifen, um daraus, in jeweils neuem Funktionszusammenhang, immer wieder das beste zu machen. Ihr Werk ähnelt damit jenem eines Bastlers, der aus den gesammelten Beständen seiner Werkstatt seine Idee in jeweils bestmöglicher Form verwirklicht. Was dabei herauskommt, entspricht eher einer Seifenkiste statt einem Sportcoupé. Der Neo-Darwinismus offeriert keine optimalen Lösungen der Lebensprobleme. Er muß sich mit der bestmöglichen Welt begnügen, die unter Umständen nicht einmal die beste aller möglichen Welten ist. Schon die zeitgenössischen Anhänger Darwins hatten diesen Aspekt der Evolutionstheorie erkannt und als Gegenargument gegen die Kritik der Kreationisten ins Feld geführt. Kein intelligenter Ingenieur, so hielten sie fest, hätte es sich wohl einfallen lassen, den Menschen derart ungeschickt zu konstruieren, daß sich Atemweg und Speiseröhre kreuzen – was im ungünstigsten Fall den Erstikkungstod herbeiführen kann.

Der Neo-Darwinismus oder die «synthetische Evolutionstheorie» hat im Laufe der letzten 50 Jahre einen biologischen Forschungszweig nach dem anderen unter ihre Schirmherrschaft genommen: Genetik, Ökologie, Zoogeographie, Verhaltensforschung usf. Aus diesen jahrzehntelangen Bemühungen entstand schließlich ein fein geknüpftes Netz, das die Wirklichkeit vollumfänglich einzufangen und befriedigend zu erklären schien. Die Frage bleibt, wie schlüssig gezeigt werden könnte, daß die «synthetische Evolutionstheorie» ihren Anspruch einlösen kann, daß sie die Entstehung der Vielfalt der Organismen im Laufe der Erdgeschichte notwendig und ausreichend erklärt. Der «Beweis» für Evolution, so lautet die Antwort von Philip D. Gingerich, liegt im Nachweis eines kontinuierlichen, schrittweisen Wandels in einer lückenlosen Abfolge fossiler Populationen. Gingerich glaubt, diesen Nachweis durch ein intensives Studium fossiler Kleinsäuger erbracht zu haben. Reiche Sammlungen von Säugetierzähnchen aus dicht aufeinanderfolgenden Ablagerungshorizonten des Tertiärs zeigten, statistisch ausgewertet, wie sich langsamer und schrittweiser Wandel vollzieht, wie sich im Laufe geologischer Zeiträume ein morphologisches Kontinuum entfaltet, das sich im nachhinein nur noch willkürlich in eine Abfolge einzelner Arten unterteilen läßt. Die Kontinuität des Wandels wird dabei als direkter Nachweis für eine Kontinuität der Abstammungsbeziehungen gewertet. Eine Entwicklungslinie kann sich aber auch infolge auseinanderstrebender Selektionsdrucke aufgabeln; eine Mutterart hat dann zwei Tochterarten hervorgebracht. Die Anzahl von Arten hat damit zugenommen. Die organische Vielfalt wurde erhöht, die Ausnützung der Umwelt und ihrer Ressourcen durch deren verfeinerte Unterteilung in einzelne ökologische Nischen optimiert. Der wesentliche Punkt aber liegt darin, daß der klassische Neo-Darwinismus die Artbildung stets als einen kontinuierlichen, schrittweise sich vollziehenden Prozeß begreift, als die Gesamtheit einzelner Anpassungsschritte unter der treibenden und zugleich einschränkenden Kraft der natürlichen Selektion. Anpassung kann sich zum Artbildungsprozeß aufaddieren, die natürliche Selektion kann so «zum Wohle einer Art» dienen, wie Darwin sich ausdrückte, indem sie eine Fortpflanzungsgemeinschaft in eine zum Überleben notwendige Form umgießt. Arten sind aus dieser Sicht der Dinge nur noch Transformationsstadien einer überdauernden, gelegentlich sich aufspaltenden Entwicklungslinie.

Was für den Ursprung neuer Arten recht ist, ist in den Augen der Neo-Darwinisten für den Ursprung umfassenderer Gruppen, also höherer taxonomischer Einheiten nur billig. Die Erklärung durch einen schrittweisen von der Selektion in adaptivem Sinne gesteuerten Wandel: die Mechanismen evolutiven Wandels, wie sie im Rahmen heutiger Fortpflanzungsgemeinschaften wirksam und daher der Erforschung zugänglich sind, die Mechanismen der *Mikroevolution* oder des Artwandels, werden in die geologische Vergangenheit extrapoliert, um *makroevolutive* Prozesse zu erklären, also den Ursprung neuer Organisationstypen und damit höherer systematischer Einheiten.

Als Beispiel mag der Ursprung der Vögel dienen, einer Gruppe, die nicht nur innerhalb der Vierfüßer einen eigenen Konstruktionstyp darstellt, sondern infolge dieser Tatsache auch innerhalb der Wirbeltiere als größere systematische Einheit zusammengefaßt wird. Das Beispiel ist auch aus anderem Grunde dankbar, denn der Übergang von Reptilien zu Vögeln ist durch ein klassisches «missing link», durch eine klassische Zwischenform gut belegt. Es geht um *Archaeopteryx*, den Urvogel.

Obwohl seine Schlußfolgerungen in der Fachwelt nicht gänzlich unbestritten geblieben sind, glaubt John H. Ostrom vom Peabody Museum der Yale University, aufgrund eines detaillierten anatomischen Vergleichs gezeigt zu haben, daß der Urvogel *Archaeopteryx* mit theropoden Dinosauriern, genauer: mit den Coelurosauriden, verwandt ist. Die Coelurosauriden waren flinke, zweibeinig sich fortbewegende Räuber von vergleichsweise geringer Körpergröße. Zu ihnen zählt unter anderen *Compsognathus,* ein hühnervogelgroßer Dinosaurier aus den lithographischen Schiefern von Solnhofen, die auch die Überreste von *Archaeopteryx* freigaben. Ein anderer Theropode, *Ornithomimus*, erreichte die Größe eines Straußes, dem er auch hinsichtlich der allgemeinen Körperform und damit wohl auch in der Lebensweise entsprach.

Die aktive, räuberische Lebensweise der Coelurosauriden und ihrer Verwandten könnte für eine endotherme Physiologie sprechen. Anders als die «normalen» Reptilien, deren Körpertemperatur sich der jeweiligen Umgebungstemperatur anpaßt, die also «wechselwarm» sind, produzieren die endothermen Organismen eigene Körperwärme. Dies gilt für alle Säugetiere und Vögel, könnte aber auch für die kleineren, flinken Räuber unter den Dinosauriern (so gut wie für die Flugsaurier) gegolten haben. Eine zweibeinige Fortbewegungsweise erfordert einiges Geschick, vor allem was das Gleichgewicht anbelangt. Ein schneller Räuber ist aber nicht nur auf eine gute Bewegungskoordination angewiesen, sondern auch auf leistungsstarke Sinnesorgane. Dies alles setzt einerseits ein gut entwickeltes Gehirn voraus, andererseits eine gute Durchblutung – nicht nur des Gehirnes, sondern auch der Muskulatur, des Körpers allgemein. Insgesamt kann ein solcher Räuber als leistungsstarke Maschine angesehen werden, was einen entsprechend hochwertigen Motor voraussetzt. Dieser läuft am besten bei erhöhten, aber konstanten Temperaturen. Daher die Hypothese von Endothermie.

Endotherme Organismen sind zwar leistungsstark, doch handeln sie sich mit diesem Vorteil auch Nachteile ein. Eines ihrer Probleme besteht darin, daß Wärme nicht fortwährend an die Umgebung verlorengehen kann oder soll, da sonst aller Aufwand des Stoffwechsels ins Nichts verpufft. Die Körperoberfläche ist also gegen Wärmeverlust zu isolieren. Vögel tun dies mittels der (Daunen-)Federn, Säugetiere mit den (Woll-)Haaren. Es ist denkbar, daß aus demselben Grunde bei Coelurosauriden beziehungsweise bei verwandten Formen die Reptilschuppe sich zu einem primitiven Prototyp einer Vogelfelder entwickelt hat. Die Selektion kann, wie bereits betont, nicht vorausblicken; sie kann nicht eine Schuppe zum Zwecke des dereinstigen Vogelfluges umbauen. Sie kann aber eine Reptilschuppe im Dienst einer primitiven Form der Körperisolation modifizieren. Ist damit der erste Ansatz zur Herausbildung einer Feder einmal gemacht, kann die Selektion diese zum Zwecke des Fluges verbessern – vorausgesetzt, eine Änderung des Verhaltens stellt die rudimentäre Feder in diesen neuen Funktionszusammenhang.

Die Frage ist nur, ob das Bewegungsmuster des Vogelfluges schon bei flinken Zweibeinern einsetzte, bei bodenbewohnenden Verwandten der Coelurosauriden, oder ob das Flugverhalten zunächst bei einem Gleitflug von einem erhöhten Startpunkt aus seinen Anfang nahm, vielleicht bei baumbewohnenden Abkömmlingen der Coelurosauriden. Die Antwort auf diese Frage wird unter Fachleuten weiterhin heftig diskutiert. Im Jahre 1979 sprach sich Walter J. Bock von der Columbia University in New York für das klassische, neo-darwinistische Szenario aus. Am Anfang des Ursprungs der Vögel steht danach die zweibeinige Bewegungsweise theropoder Dinosaurier. Aus ihnen seien zunächst Baumkletterer hervorgegangen, die schließlich die Fähigkeit erlangt hätten, von Ast zu Ast zu springen. Schon auf dieser Stufe würde ein Selektionsdruck all jene Strukturen fördern, die den Sprung, seine Distanz und Zielsicherheit, verbessern. Der Selektionsdruck zur Bildung von Tragflächen würde sich verstärken, wenn die Tiere über ein «Fallschirmspringer-Stadium» schließlich ganz zum Gleitflug übergegangen wären. *Archaeopteryx* wird von W. J. Bock als Gleitflieger angesehen; andere halten ihn bereits für einen aktiven Flieger. Wie auch immer: die Armschwingen des Urvogels bilden perfekte Tragflächen, während der gefiederte Schwanz als wirkungsvolles Steuerruder eingesetzt werden konnte.

Das neo-darwinistische Szenario erklärt also den Ursprung der Vögel durch eine Serie kontinuierlich aufeinanderfolgender Entwicklungsschritte. Dabei führt eine Verhaltensänderung zum Übertritt von einer «adaptiven Zone» zur anderen. Auf die bodenbewohnende Lebensweise folgt die Invasion des Reichs der Baumwipfel, die schließlich als Sprungbrett dienen zur Eroberung des Luftraumes. In jeder dieser «adaptiven Zonen» herrscht ein anderes Selektionsregime, wobei aber der Selektionsdruck auf die Ausgestaltung der Federn zu aerodynamischen Organen kontinuierlich und schrittweise in immer derselben Richtung zunimmt. Auf das Springen von Ast zu Ast folgt der Fallflug, dann der Gleitflug und schließlich der aktive Flug.

Es scheint den Neo-Darwinisten wenig Kopfzerbrechen zu bereiten, daß von dieser Abfolge von Evolutionsschritten nur deren zwei fossil belegt sind, durch die terrestrischen Coelurosauriden einerseits und durch den zweifellos auf die eine oder andere Art flugfähigen *Archaeopteryx* andererseits. Eine kontinuierliche Abfolge aufeinanderfolgender Entwicklungsschritte, die sich logisch und biologisch auseinander ableiten lassen, scheint ihnen aus theoretischen Gründen zwingend notwendig. Wie anders wäre die Entwicklung einer derart komplexen Struktur, wie es die Vogelfeder darstellt, erklärbar, wenn nicht durch eine Addition von kleinen Entwicklungsschritten, die alle der Regie der natürlichen Selektion unterstellt sind? Das «Beweisdefizit» (so es einen Beweis geben könnte) für diese Sicht der Dinge wird, getreu nach dem von Darwin vorgezeichneten Argumentationsschema, weiterhin der Unvollständigkeit des Fossilbelegs angelastet. Die Theorie hat gegenüber der Beobachtung den Vorrang!

Es kann hier nicht darum gehen, die Theorie von W. J. Bock zu verteidigen oder zu widerlegen. Dies würde zu weit in die technischen Details der Anatomie, der Paläontologie und der Aerodynamik führen. Seine Theorie soll hier auch nicht als richtig oder falsch gewertet werden, sondern lediglich als Beispiel dienen, als Modell für das neo-darwinistische Paradigma. Danach ist der evolutive Prozeß ein kontinuierlicher, schrittweiser und vor allem: ein additiver! Die einmal erreichte Stufe der Entwicklung wird zur Grundlage gemacht für weitere Evolutionsschritte, dient als Ausgangspunkt für das Erklimmen der nächsten Sprosse. Die natürliche Selektion erhält so, und nur so, die Möglichkeit, jeden kleinsten Entwicklungsschritt zu bewerten und damit in den gesamten Prozeß kreativ und richtungsweisend einzugreifen. Die beiden Extreme der Entwicklung, die theropoden («vogelfüßigen») Dinosaurier einerseits, die Vögel auf der Höhe ihrer Entwicklung andererseits, sind theoretisch durch eine lückenlose Sprossenleiter von Zwischenformen zu verbinden – wie es eben der Rückgriff auf mikroevolutive Mechanismen zur Erklärung makroevolutiver Entwicklunsprozesse notwendigerweise mit sich bringt. Nur so ist die kreative Steuerung des Prozesses durch die natürliche Selektion in Richtung einer fortlaufenden Anpassung gewährleistet. Der Prozeß makroevolutiven Wandels gleicht der schrittweisen Eroberung eines neuen Lebensraumes, im Falle der Vögel des Luftraumes, wobei die einzelnen Schritte strukturellen Wandels stets als funktionelle Anpassung an vorausgehende Verhaltensänderungen gedeutet werden können. Entsprechend der Artbildung stellt auch die Entstehung einer umfassenderen Gruppe aus neo-darwinistischer Sicht einen kumulativen, alle Änderungen aufaddierenden Anpassungsprozeß dar, einer durch eine Verhaltensänderung eingeleiteten Eroberung einer neuen «adaptiven» Zone, wie sich George Gaylord Simpson ausdrückte. Die kontinuierliche Wirkung der Selektion, kontinuierlichen Formwandel nach sich ziehend, ist Garant für den Erfolg dieser adaptiven «Eroberung». Eine Addition aber, dies sei abschließend nochmals betont, gibt es nur von Teilen!

Das Pendel schwingt zurück

Im vorausgehenden Kapitel wurde die neo-darwinistische oder «synthetische» Theorie der Evolution in ihren Grundzügen dargestellt. Ziel war es aufzuzeigen, daß aus dieser Sicht der Dinge dieselben Konzepte, Prinzipien und Methoden der Beobachtung vorausgehen, wie sie schon das Weltbild Darwins kennzeichneten, zusammenzufassen unter dem Schlagwort *natura non facit saltus*. Von einem Prozeß evolutiver Umgestaltung sind lediglich die einander entgegengesetzten Endpunkte fossil belegt. Theropode Dinosaurier auf der einen Seite, der bereits in irgendeiner Weise flugfähige *Archaeopteryx* auf der anderen Seite. Dennoch wird allein auf theoretischer Grundlage, also nicht unter Bezug auf Beobachtungsdaten, eine ganze Stufenleiter von Zwischenstadien gefordert, um die Entstehung neuer Konstruktionstypen auf der Grundlage der Selektionstheorie durch additive Anpassung zu erklären.

Wie bereits dargelegt, galt schon unter den Zeitgenossen Darwins als eines der gewichtigsten Argumente wider dessen Selektionstheorie das Fehlen lückenloser Serien fossiler Zwischenformen. Es kann also kaum überraschen, wenn auch heute, in der modernen Kritik des Neo-Darwinismus, dasselbe Problem erneut in den Vordergrund gerückt wird. Man erinnert sich: Darwin hatte das Fehlen von Zwischenformen auf konkurrenzbedingtes Aussterben einerseits, auf den unvollständigen Fossilbeleg andererseits zurückgeführt. Das war vor gut 130 Jahren, sagen heute die Kritiker des Neo-Darwinismus; seither wurde das Erdreich intensiv durchwühlt, bei der Suche nach Öl, beim Bau von Straßen und Tunnels und nicht zuletzt durch Paläontologen auf der gezielten Suche nach Fossilien. Doch noch immer fehlt die Kontinuität der Zwischenformen! In der Tat. Das Fehlen von Bindegliedern wird von Kritikern des Neo-Darwinismus als eine derartige Regelmäßigkeit der Erscheinungen gewertet, daß sie als solche nach einer kausalen Erklärung ruft.

Es ist klar, daß sich eine Erklärung von Lücken im Fossilbeleg, die über die einfache Annahme der Unvollständigkeit desselben hinausgeht, von einer nicht weiter hinterfragten Voraussetzung des Kontinuitätsprinzips lösen muß. Daß der «alte Kanon der Naturgeschichte» nicht unbesehen vorausgesetzt werden kann, ergibt sich in den Augen der Kritiker des Neo-Darwinismus auch aus anderen Argumenten. Die Theorie Darwins verlangt, daß evolutiver Strukturwandel kontinuierlich, in einer Abfolge kleiner Schritte über eine ununterbrochene Folge von Zwischenformen sich vollzieht. Solches scheint nicht nur durch den Fossilbeleg in Frage gestellt, sondern angesichts der entwicklungsphysiologischen und funktionellen «Korrelation der Teile» eines Organismus auch kaum zu erwarten – das alte Argument Cuviers! Der Organismus läßt sich nicht ohne weiteres als ein Mosaik von «Teilen» verstehen, deren jedes beliebig ausgewechselt oder modifiziert werden kann. Letztlich müssen ja alle «Teile» (Gene oder Organe) zusammenwirken, um die Entwicklung des Organismus und dessen Lebensfunktionen sicherzustellen.

Dieser letzte Punkt der Kritik zielt auf ein Erklärungsdefizit der Selektionstheorie, das bereits kurz angesprochen wurde. Es geht um die Frage der anfänglichen Entstehung, der «Kreation» neuer Strukturen oder Organe. François-Jules Pictet legte schon im Jahre 1860 seinen Finger auf diesen Punkt, indem er die Hypothese einer «*force créatrice*» für unverzichtbar erklärte. Wie zu diskutieren sein wird, kommt das Konzept einer solchen «kreativen Kraft» in der modernen Biologie zu neuem Ansehen, wird allerdings nicht einem vorausblickenden Schöpfergott zugeordnet und auch nicht der natürlichen Selektion, sondern den formbildenden Prozessen der Embryonalentwicklung. Die funktionalistische Sichtweise wird durch diese Kritik in Frage gestellt oder, besser: in ihrer Bedeutung eingeschränkt, indem ihr eine strukturalistische Sichtweise gegenübergestellt wird, die Erklärungslücken der Darwinschen Evolutionstheorie ausfüllen soll.

Die Kritik des Neo-Darwinismus entwickelte sich grob gesehen in der oben skizzierten Themenfolge. Allerdings überlappen sich die einzelnen Fragenkomplexe, und die Argumente wurden in kompliziert vernetzter Form vorgetragen. Es wird daher nicht leicht fallen, die neueren Entwicklungen der Evolutionstheorie in

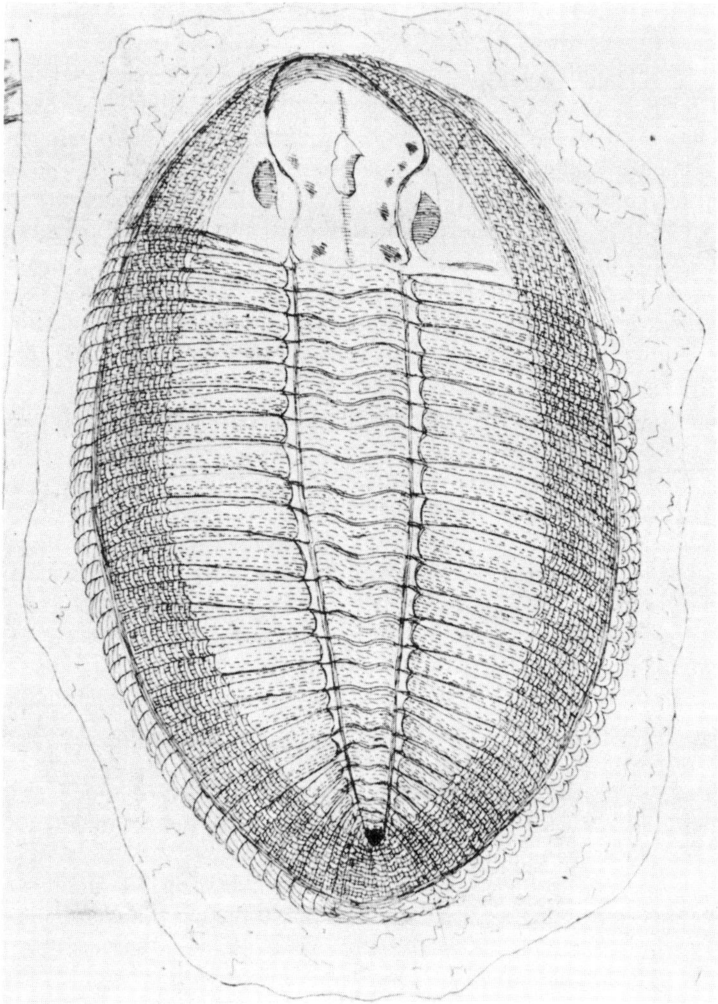

Abb. 8: Leicht schematisierte Darstellung eines Trilobiten durch Edward Lhwyd aus seiner im Jahre 1698 durch die Royal Society of London veröffentlichten Arbeit über «Einige regelmäßig geformte Steine». Der Trilobit wurde von Lhwyd nicht als fossiles Gliedertier angesprochen, sondern als versteinerter Flachfisch, vergleichbar der Seezunge oder der Flunder. (Aus Lhwyd, E. 1698. Several regulary figured stones.)

einer einfachen, chronologisch richtigen Reihenfolge von Erkenntnisschritten aufzulisten.

Wir wollen daher nach folgendem Plan vorgehen: Erst soll das Problem der Art und ihrer Entstehung erneut behandelt werden. Daraus wird sich die «Theorie des durchbrochenen Gleichgewichtes» ableiten lassen, die ihrerseits den Grundstein legt zu einer Theorie der Makroevolution. Ihr Kernstück ist das Konzept der Spezies-Selektion (einer Selektion auf dem Niveau von Arten). Es wird die Frage aufzuwerfen sein, inwiefern diese Sicht der Dinge den Ursprung neuer Baupläne und das Fehlen von Zwischenformen besser erklärt als der Neo-Darwinismus. Die Untersuchung dieser Frage wird zur Einsicht führen, daß das Konzept der Spezies-Selektion auch nicht der Weisheit letzter Schluß sein kann. Die Theorie der Makroevolution wird daher um den strukturalistischen Gesichtspunkt zu erweitern sein, welcher den dem Neo-Darwinismus innewohnenden Reduktionismus zu überwinden trachtet. Die strukturalistische Sicht der Dinge dem Leser näher zu bringen wird womöglich das schwierigste Problem des ganzen Buches ausmachen, da sie einer Denkweise entspricht, die in einem vom Neo-Darwinismus geprägten Weltbild völlig ungewohnt ist und sich in einer vom Vokabular des Atomismus abweichenden, daher ebenso ungewohnten Sprache ausdrückt.

Den Auftakt zur Kritik des Neo-Darwinismus bildeten die Arbeiten von Niles Eldredge vom American Museum of Natural History in New York. Eldredge interessierte sich für die zeitliche Verbreitung und die Evolution der Trilobiten. Es handelt sich dabei um ausschließlich fossil bekannt gewordene Gliedertiere (Arthropoden) des Erdaltertums (Paläozoikums), die oberflächlich den Asseln gleichen, evolutiv aber nichts mit diesen zu tun haben. Den Trilobiten gilt das besondere Interesse der Paläontologen, da sie sich als Leitfossilien im Paläozoikum außerordentlich gut bewährt haben.

Fossilien lassen sich dann als zuverlässige Zeiger in der geologischen Zeittafel verwenden, wenn sie leicht und verläßlich bestimmbaren, also wiedererkennbaren Arten zugeordnet werden können. Treten Vertreter solcher Arten in Ablagerungen unterschiedlicher Orte auf, so können die entsprechenden Gesteinsschichten demselben Zeithorizont zugeordnet werden, nämlich jenem, welcher der Lebensdauer der in Frage stehenden Art entspricht. Mit anderen Worten: Die Methode der Biostratigraphie setzt, wie schon früher betont, die verläßliche Wiedererkennbarkeit (fossiler) Arten an mehr als nur einem Ort und zu mehr als nur einem Zeitpunkt voraus. Damit Biostratigraphie überhaupt möglich wird, müssen Arten durch Lücken in ihrem Erscheinungsbild getrennt sein, durch eine «kritische phaenotypische Distanz», wie J.S. Levinton ausdrückte, die es erlaubt, Arten als diskontinuierliche und daher wiedererkennbare Einheiten in Raum und Zeit aufzufassen.

Niles Eldredge begnügte sich allerdings nicht mit der Erforschung der Trilobiten als Zeitindikatoren. Er stellte darüber hinaus auch die Frage nach der Evolution der Trilobiten, nach den Abstammungsverhältnissen der aufeinanderfolgenden Arten und Gattungen. Damit aber war der Konflikt mit den Grundsätzen des Neo-Darwinismus vorprogrammiert. Die Arten der Trilobiten, als diskontinuierliche und damit als eindeutig wiedererkennbare Indikatoren geologischer Zeiträume beschrieben, lassen sich nicht mit der Hypothese kontinuierlichen Formwandels, mit der Annahme fließender Übergänge in Deckung bringen. Würde Kontinuität vorherrschen, so müßten sich die Arten in einer lückenlosen Abfolge von Vorfahren- und Nachfahrenpopulationen auflösen, wie dies P. D. Gingerich für die fossilen Säugerzähne aus den Schichten des Tertiärs nachgewiesen zu haben glaubt. Im Gegensatz zu Gingerich zog Eldredge den Schluß, daß die Trilobiten die Hypothese kontinuierlichen Artwandels widerlegen. Somit stand Aussage gegen Aussage, ein für die Wissenschaft nicht sehr befriedigender Zustand! Die Kritiker des Neo-Darwinismus versuchten in der Folge, ihre Position zu stärken, indem sie diejenige ihrer Gegner schwächten. Um zu zeigen, daß seine Ergebnisse auch andere, ja sogar gegensätzliche Schlußfolgerungen zuließen, wurden die Untersuchungen Gingerichs und die ihnen zugrunde gelegte Mathematik erneut unter die Lupe genommen. An den von ihm untersuchten Aufschlüssen wurden zuletzt erneut Säugerzähne in großer Zahl aufgesammelt, diese nun aber mit Aufsammlungen von anderen, geographisch benachbarten Lokalitäten verglichen. Was dabei herauskam, war einigermaßen überraschend. Im Jahre 1981 faßte David M. Schankler die Ergebnisse seiner Untersuchungen, die er ohne Voreingenommenheit für oder gegen den Darwinismus durchgeführt haben will, in der Zeitschrift *Nature* zusammen.

Das wesentlichste Resultat bestand in der Erkenntnis, daß P. D. Gingerich sich mit seinen Untersuchungen zu sehr auf das Studium der (vertikalen) evolutiven Entwicklung durch die Zeitachse in einem lokal begrenzten Ablagerungsraum konzentriert hat. Er hatte sich, bildlich gesprochen, auf die evolutive Entwicklung der Säugerzähne in einer «Gesteinssäule» konzentriert, die zwar den Zeitfaktor in feiner Auflösung erfaßte, geographisch aber nur einem eng begrenzten Raum entsprach. Wird in geographisch benachbarten Ablagerungsräumen die Säugerfauna aufgesammelt und mit den Fossilien in Gingerichs «Gesteinssäule» verglichen, so läßt sich feststellen, daß Arten nicht immer fließend ineinander übergehen. Es gab Fälle, wo sogenannte Vorfahren und Nachfahren, die in Gingerichs Untersuchungsgebiet zeitlich aufeinanderfolgten, andernorts zeitlich überlappend auftreten. Auch konnte Schankler feststellen, daß Arten sich nicht laufend und kontinuierlich verändern, sondern oft eine Konstanz der Form über ausgedehnte Zeiträume beibehalten – was deren Bestimmung als getrennte Art letztlich ermöglicht.

Zuletzt betonte Schankler, daß das plötzliche Verschwinden einer Art und das ebenso plötzliche Auftreten einer neuen Art in einer «Gesteinssäule» weder den Neo-Darwinismus notwendigerweise widerlegt noch als endgültiger Beweis für sprunghaften Artwandel gelten kann. Was der Vergleich geographisch benachbarter Ablagerungsräume zeigte, war die Möglichkeit, daß Arten an einer Fundstelle plötzlich aussterben, während von benachbarten geographischen Räumen andere Arten in das Gebiet der untersuchten Fundstelle einwandern und so die ausgestorbenen Faunenelemente scheinbar plötzlich ersetzen. Diese neuen Arten sind also am untersuchten Ort nicht etwa sprunghaft entstanden; ihr Ursprung liegt in anderen geographischen Bereichen und kann durch eine Untersuchung, die sich allein auf ein begrenztes Ablagerungsbecken beschränkt, in Form und Tempo gar nicht erfaßt werden!

Damit hatte Schankler den zentralen Punkt der Kontroverse erfaßt und zugleich Evidenz geliefert für jene Hypothese, die

N. Eldredge ursprünglich zur Erklärung der Diskontinuität zwischen den Arten der Trilobiten eingeführt hatte. Um den komplizierten Sachverhalt einigermaßen klar darzustellen und die Ergebnisse der Untersuchungen von D.M. Schankler damit auch gleich näher zu erklären, wollen wir etwas weiter ausholen. Ein Rückblick auf die Darstellung des Neo-Darwinismus im vorangehenden Kapitel läßt sich dabei nicht vermeiden, denn dort wurde auf die Diskussion von Modellen der Artbildung verzichtet, die ein wesentliches Element der «synthetischen Evolutionstheorie» darstellen.

Genau besehen stellt der Neo-Darwinismus eine Theorie der *Transformation* dar. Sie erklärt die *Umformung* von Strukturen, Organen oder Arten im Sinne einer Anpassung durch die Mechanismen der genetischen Variation und der natürlichen Selektion. Was dabei nur ganz am Rande gestreift wurde, ist das Problem der Entstehung neuer Arten durch einen Prozeß der Artbildung, also durch einen Prozeß der Aufspaltung einer Mutterart in zwei oder mehr Tochterarten. Die Artbildung ist darum ein zentrales Problem der Evolutionsforschung, weil sich allein dadurch die Anzahl der Arten und damit die Vielfalt der organischen Erscheinungen erhöht. Untersucht man die Zusammensetzung der Tiergemeinschaften durch die geologischen Zeiträume vom Erdaltertum bis heute, so stellen wir fest, daß die Vielfalt, die Diversität der Arten schubweise zugenommen hat. dies läßt sich nicht anders erklären als durch Artbildung. Das Problem der Artbildung ist von Darwin vielleicht zu wenig herausgestrichen worden, was Ernst Mayr zu der Bemerkung veranlaßte, Darwin habe eher ein Buch über die Umformung von Arten, statt über den Ursprung neuer Arten geschrieben.

Ernst Mayr war es denn auch, der dieses Erklärungsdefizit des klassischen Darwinismus mit seiner Theorie der *«allopatrischen» Artbildung* wettzumachen versuchte. Eben dieses Modell der Artbildung wurde von Eldredge zur Erklärung der Diskontinuität zwischen den Arten der Trilobiten herangezogen – und womöglich nicht zu Unrecht, wie die Untersuchungen von Schankler zeigen!

Ernst Mayr ist «von Haus aus» in erster Linie Systematiker, und wie den Stratigraphen unter den Paläontologen ist es auch den

Systematikern unter den Zoologen nicht entgangen, daß Arten eine gewisse Stabilität der Erscheinungsform aufweisen und nicht einfach in kontinuierlichen Übergängen zerfließen. Wäre letzteres der Normalfall, so müßte der Systematiker bei der Ausarbeitung eines Bestimmungsschlüssels verzweifeln! Nun gibt es für die Konstanz der Erscheinung, für die «*Stasis*» der Art, wie dies in der Fachsprache genannt wird, einen plausiblen Grund. Arten stehen normalerweise in einer Wechselbeziehung zu ihrer Umwelt, aus der sich eine Anpassung ergibt. Wie bereits mehrfach betont, entspricht diese Anpassung nicht notwendigerweise einer optimalen Lösung, sondern einer relativ guten. Mit einer «relativ guten Lösung» ist ein Kompromiß gemeint, ein Mittelwert, die Möglichkeit letztlich, mit Unregelmäßigkeiten der Umweltbedingungen, kurzfristigen Klimaschwankungen etwa, fertig zu werden. Die Lebensdauer einer Art mißt sich im Normalfall in geologischen Maßstäben, die Anpassungsnorm wird also langfristig ausgelegt sein und daher eine gewisse Stabilität aufweisen. Es macht wenig Sinn, die Art und ihre Anpassungsnorm jeder «Laune des Wetters» zu opfern. Mayr ging deshalb davon aus, daß sich der *Gen-Pool* einer Art, d. h. die Gesamtheit der in einer Fortpflanzungsgemeinschaft gespeicherten Erbmasse, in einem gewissen Gleichgewicht befindet und infolge dieses Gleichgewichtes auch eine gewisse Konstanz der Erscheinung (des Phänotyps) garantiert. Sogenannte «lebende Fossilien» sind für diese Konstanz der Erscheinung, für die Stasis der Arten, ein schlagendes Beispiel. Eines überdies, das Darwin – wie wir wissen – nicht befriedigend erklären konnte!

Der springende Punkt liegt darin, daß sich in der freien Natur eine Art nicht ohne weiteres mit einer scharf umrissenen Fortpflanzungsgemeinschaft gleichsetzen läßt. Statt dessen gliedert sich eine Art normalerweise in eine Anzahl mehr oder minder streng voneinander getrennter Populationen, die den eigentlichen Fortpflanzungsgemeinschaften entsprechen. Der Austausch von Geschlechtspartnern wird abhängig sein vom Grad der Isolierung einzelner Populationen. Ein gutes Beispiel liefern Inselfaunen: Pflanzen und Tiere, die auf einer Insel leben, mögen den Arten des Festlandes in allen wesentlichen Merkmalen entsprechen und sich mit Vertretern derselben in Gefangenschaft auch problemlos fortpflanzen. In der Natur aber bleiben die Inselbewohner vom Festland weitgehend isoliert. Sie bilden auf der Insel getrennte Populationen von Arten, die auch auf dem Festland vertreten sind. Es gibt mannigfaltige Umstände, durch die Arten in einzelne Populationen aufgelöst werden können: Bergbewohner sind durch Täler voneinander getrennt, für Waldbewohner bilden Steppen eine ökologische Barriere, ein Fluß (oder auch eine Autobahn) kann das Verbreitungsgebiet einer Art durchschneiden usf. E. Mayr hat die Aufgliederung einer Art in einzelne, teilweise oder weitgehend isolierte Populationen zur Grundlage und Voraussetzung von Artbildungsprozessen gemacht.

Eine Artbildung kann stattfinden, wenn sich am Rande des Verbreitungsgebietes einer Mutterart eine Tochterpopulation abspaltet und sich dabei durch irgendwelche Faktoren, seien diese nun verhaltensbedingt, ökologischer oder geographischer Natur, von der Mutterart in zunehmendem Maße isoliert. Die Isolation ist in diesem Zusammenhang als eine genetische zu verstehen, bedingt durch den eingeschränkten oder gänzlich verunmöglichten Austausch von Geschlechtspartnern mit der Mutterart. In solchen, genetisch isolierten «Gründerpopulationen», die am Rande («parapatrisch») der Mutterpopulation oder ganz von ihr getrennt («allopatrisch») leben, sind die Voraussetzungen geschaffen für eine «genetische Revolution», wie es Mayr genannt hat. Aus statistischen Gründen, bedingt durch die verminderte Zahl der Individuen, die an der Fortpflanzungsgemeinschaft einer «Gründerpopulation» teilhaben, kann das genetische Gleichgewicht «durchbrochen» werden. Die Stabilität der Erscheinung wird dadurch in Frage gestellt, ein Artbildungsprozeß kann beginnen. Eine Mutterart hat somit gleichsam durch Knospung eine Tochterart hervorgebracht.

Die Arbeiten der Populationsgenetiker haben deutlich gemacht, daß sich in isolierten Randpopulationen ein Artbildungsprozeß um so schneller vollzieht, je weniger fortpflanzungsfähige Individuen in dieser Gründerpopulation vereinigt sind. Für Mayr selbst blieb der Artbildungsprozeß allerdings weitgehend ein Prozeß der Anpassung. Randpopulationen leben oft am «Rande der Existenz», unter Umweltbedingungen, die nicht in jeder Hinsicht der Anpassungsnorm der Art entsprechen. So wirkt denn auf diese

Randpopulationen ein stärkerer Selektionsdruck zur Veränderung der Anpassungsnorm, als dies im Zentrum des Verbreitungsgebietes der Mutterart der Fall ist, wodurch denn auch der Artbildungsprozeß eingeleitet werden soll. Darüber hinaus hat aber Sewall Wright mittels komplizierter Mathematik gezeigt, daß sich in kleinen, teilweise oder weitgehend isolierten Populationen (er nannte sie *Deme*, in der Einzahl Dem, abgeleitet von Démos, dem Begriff für einzelne Gemeindebezirke des antiken Attika) auch rein zufällig Mutationen von Genen festsetzen können, die das Gleichgewicht des Gen-Pools in zufälliger, nicht notwendigerweise adaptiver Richtung durchbrechen können.

Es sind nun die Voraussetzungen geschaffen, die Arbeiten und Theorien von N. Eldredge und D. M. Schankler besser zu verstehen. Arten sind in ihrem Erscheinungsbild konstant, sind zu mehr als einem Zeitpunkt und an mehr als einem Ort wiedererkennbar, weil sie sich in einem Gleichgewichtszustand befinden. Dieser Gleichgewichtszustand wird *durchbrochen* im Laufe von Artbildungsprozessen, die sich in kleinen, individuenarmen Randpopulationen vollziehen. Im geologischen Zeitmaß gemessen, vollzieht sich die Artbildung in kleinen Populationen außerordentlich rasch, geradezu plötzlich. Darin findet der Umstand seine Erklärung, daß sich fossile Arten sprunghaft zu verändern scheinen und sich somit als Grenzmarken für geologische Epochen eignen. Zwischenformen fehlen deshalb im Fossilbeleg, weil die Mitglieder einer kleinen, individuenarmen, rasch sich verändernden Gründerpopulation wenig Chancen haben, überhaupt fossil erhalten zu bleiben. Sollte dies dennoch einmal geschehen, müßte dem ersten Zufall noch der zweite folgen, daß diese seltenen Fossilien dann auch gefunden würden. Das Modell der «allopatrischen» oder «parapatrischen» Artbildung macht auch deutlich, warum die ausgedehnte geographische Kontrolle unabdingbar ist, wenn fossile Arten in ein Abstammungsverhältnis gebracht werden sollen. Innerhalb eines eng umgrenzten Ablagerungsbeckens folgt der Nachfahre unmittelbar auf den Vorfahren nur bei der gesamthaften Transformation einer Vorfahren- in eine Nachfahrenpopulation. Sollte sich aber eine Tochterart (Nachfahre) von einer Mutterart (Vorfahre) abspalten, setzt dies geographische Distanz voraus. So kann es kommen, daß in einem bestimmten

Gebiet die Mutterart ausstirbt und von der aus geographisch benachbarten Gebieten einwandernden Tochterart ersetzt wird. Im begrenzten geologischen Auflösungsvermögen evolutiver Prozesse erscheint dann als ein plötzlicher, sprunghafter Artwandel, was doch nur die Folge eines klassischen Artbildungsprozesses darstellt.

Es mag nach all diesen Erläuterungen seltsam anmuten, daß die Theorie von Niles Eldredge, im englischen Sprachraum als «punctuated equilibrium model» (Modell des durchbrochenen Gleichgewichtes) bekannt, unter den Neo-Darwinisten einen Sturm der Entrüstung auslöste. Die scharfe Auseinandersetzung wird besser verständlich, wenn man bedenkt, daß Eldredge seine zunächst noch ganz orthodox anmutende Theorie aus dem Jahre 1971 schon im darauffolgenden Jahr in Zusammenarbeit mit Steven J. Gould von der Harvard University erweiterte, wobei weitere Facetten der Kritik des Neo-Darwinismus deutlich wurden. Dennoch entpuppte sich der Sturm der Entrüstung zumindest teilweise als ein «Sturm im Wasserglas». Denn soweit die «Theorie des durchbrochenen Gleichgewichts» bis dahin diskutiert wurde, kann sich eine Kontroverse lediglich an dem Umstand entzünden, daß ein Zoologe und ein Paläontologe dieselbe Münze von ihren verschiedenen Seiten her betrachten. Versetzen wir uns für kurze Zeit in eine Kaffeepause während eines Symposiums:

Brian, der Paläontologe: Schau, John, das kannst du nicht abstreiten. Der Fossilbericht macht die Diskontinuität zwischen den Arten nur allzu deutlich. Das morphologische Kontinuum ist eine Fiktion!

John, der Zoologe: Unsinn! Überlege doch, wieviel Prozent aller Tiere, die je auf dieser Erde gelebt haben, den Weg in eure Sammlungen finden. Wenn ihr die Zwischenformen nicht habt, heißt das doch noch lange nicht, daß es sie nie gegeben hat!

Brian: Gegeben hat es sie vielleicht, aber es waren vergleichsweise wenige. Der Artwandel muß sich verhältnismäßig schnell, ja geradezu plötzlich vollzogen haben.

John: Was meinst du genau mit «verhältnismäßig schnell»?

Brian: Sagen wir, die Dauer des Artbildungsprozesses macht etwa 1 % der nachmaligen Lebensdauer der daraus hervorgehenden Art aus.

John: Gut, dann rechne mal nach! Nehmen wir an, die Art überlebt etwa bis zu 10 Millionen Jahren, eine faire Schätzung für meeresbewohnende Schalentiere – und lange genug, damit ihr die Chance habt, die Art auch fossil zu finden. Damit aber räumst du dem Artbildungsprozeß eine Zeitspanne von bis zu 100 000 Jahren ein! Für dich ein Augenblick im Laufe der Äonen der Erdgeschichte, für mich aber längst genug, um eine kontinuierliche Veränderung des Gen-Pools zu fordern.

Brian: OK. Die genetische Grundlage mag sich kontinuierlich verändert haben. Wir haben dann eine Kontinuität der *Ursachen* – ihre *Wirkung* aber war diskontinuierlich. Die kontinuierliche Veränderung des Gen-Pools einer Art überschreitet irgendwann einen kritischen Schwellenwert, das Gleichgewicht wird durchbrochen, die Art kippt in eine neue Erscheinungsform um. Plötzlich! Diskontinuierlich! Der Gen-Pool einer Art gleicht einem Swimming-Pool voller Wasser, besser noch einem Wasserkrug, in den neue Mutationen stetig und immerfort hineintropfen. Der Krug füllt sich langsam, die Wasseroberfläche beginnt sich am oberen Rande zu stauen, dann plötzlich kommt es zum «katastrophalen» Durchbruch: der Krug läuft über! Plötzlich, diskontinuierlich von einem Zustand in einen anderen übergehend, obwohl die Ursache eine absolut kontinuierliche war.

John: Schau, Brian, was du hier auf den Tisch legst ist doch eine perfekte Tautologie, ein Zirkelschluß. Erst gehst du hin und bestimmst deine Arten aufgrund kennzeichnender Merkmale, dann setzest du das Konzept der Art mit den artkennzeichnenden Merkmalen gleich, und schon behauptest du, die Art ändere sich deiner Abstraktion artkennzeichnender Merkmale entsprechend plötzlich, diskontinuierlich. Ein perfekter Zirkelschluß! Die Art ist nun einmal nicht gleichzusetzen mit einem Merkmal oder einem Merkmalskomplex – sie ist vor allem und in erster Linie eine Fortpflanzungsgemeinschaft!

Die «Theorie des durchbrochenen Gleichgewichtes»: eine Tautologie? S. J. Gould platzte der Kragen. Er beantwortete die Frage in derber Sprache im angesehenen Wissenschaftsjournal *Science*, Ausgabe vom 23. April 1982:

«Diese Welt wird nicht allein von Idioten bevölkert, und wenn eine Frage derart großes Interesse weckt und derart heftige Debatten auslöst, steht normalerweise etwas anderes als bloße Worte auf dem Spiel. Im weitesten Sinne ist diese Debatte nur ein kleiner Ausschnitt einer sehr viel umfassenderen Diskussion über die Natur von Veränderung schlechthin: ... ist unsere Welt von kontinuierlicher Veränderung geprägt (die Struktur also nur eine Inkarnation des Momentes); oder hat die Struktur Vorrang und einschränkende Wirkung, so daß Wandel zu einem ‹schwierigen› Problem wird und sich normalerweise rasch vollzieht, dann nämlich, wenn eine Struktur über ihre Plastizitätsgrenzen hinweg gestreßt wird?»

Die Diskussion soll also über das Niveau einer Tautologie gehoben werden und sich auf das Problem des Wandels ganz allgemein beziehen! Ein grundlegender Unterschied der Ansichten zwischen «Punktualisten» (Vertreter der Theorie des «punctuated equilibrium») und den Neo-Darwinisten liegt in der Frage der Anpassung. Für den Neo-Darwinisten ist evolutiver Wandel in erster Linie ein Anpassungsprozeß, gesteuert von der natürlichen Selektion, wobei die Struktur von ihrer Funktion her bestimmt wird. Der Punktualist dagegen betont die Zufallskomponente, die dem Artbildungsprozeß innewohnt, und er stellt Gesetzmäßigkeiten der Struktur in Rechnung, die in der Struktur selbst begründet liegen und die deren Plastizität, deren Formbarkeit durch die natürliche Selektion Grenzen setzt. Die Selektion verliert damit ihre Allmacht, die Struktur verliert die Möglichkeit, sich in jede beliebige Richtung schrittweise zu verändern und sich so an jede beliebige Funktion anzupassen. Infolge struktureller Gesetzmäßigkeiten gibt es sogenannte «verbotene Morphologien», die noch näher zu besprechen sein werden, Strukturen, welche die Mechanismen der Embryonalentwicklung hervorzubringen schlicht nicht in der Lage sind. Damit entstehen aber Lücken im morphologischen Kontinuum – nicht alles ist möglich und denkbar. Eine lückenlose Serie von Zwischenformen kann unter Umständen gar nicht gebaut werden. Arten scheinen nicht allein deshalb konstant, weil die Selektion eine stabilisierende Wirkung ausübt. Die Stasis der Arten kann genausogut, vielleicht sogar besser erklärt werden durch konservative Mechanismen der Formbildung im Laufe der Embryonalentwicklung, welche die Vielfalt der Organismen auf eine endliche Anzahl diskontinuierlicher Konstruktionstypen festschreiben.

Damit ist die Debatte auf jene Ebene angehoben worden, auf der ein scharfer, oft schneidender Wind bläst. Die «endliche Anzahl diskontinuierlicher Konstruktionstypen» entspricht der Klassifikation der Organismen innerhalb diskontinuierlicher, dabei aber hierarchisch geordneter Gruppen oder, umgekehrt: die Existenz einer «endlichen Anzahl diskontinuierlicher Konstruktionstypen» macht eine solche Klassifikation überhaupt erst möglich. Wie wir gesehen haben, fällt der Evolutionstheorie die Aufgabe zu, die Ordnung der Natur, die hierarchische Klassifikation der Organismen, kausal zu erklären. Es geht also letztlich wieder um die Frage nach dem Ursprung umfassender taxonomischer Einheiten: Tierstämme, Klassen, Ordnungen und Familien.

Es ist vor allem das Verdienst von Steven M. Stanley von der Johns Hopkins University, die «Theorie des durchbrochenen Gleichgewichts» zu einer Theorie der Makroevolution ausgebaut zu haben. Wie manch andere Autoren konnte auch er sich nicht zufrieden geben mit einer Erklärung makroevolutiver Prozesse aufgrund einer einfachen Extrapolation mikroevolutiver Mechanismen durch geologische Zeiträume. Die Entstehung neuer Konstruktionstypen, neuer Baupläne scheint aus der Perspektive der Populationsgenetik allein nicht ohne weiteres befriedigend erklärbar. Schon die evolutive Veränderung einer Art, einer Fortpflanzungsgemeinschaft durch Variation und Selektion kann sehr viel Zeit benötigen. Wie oben erwähnt, scheint eine Dauer von bis zu 100 000 Jahren zur Entstehung einer neuen Art manchen Autoren nicht übertrieben. Demgegenüber läßt sich feststellen, daß Tierstämme, die einen neuen Bauplan repräsentieren, im Fossilbeleg oft sehr plötzlich auftreten, ohne daß Zwischen- oder Übergangsformen bekannt geworden wären. Das Argument war schon den zeitgenössischen Kritikern Darwins geläufig, wie auch der Hinweis auf die Tatsache, daß die Stämme vielzelliger Tiere nahezu gleichzeitig auftauchen, durch ihr plötzliches Auftauchen gar eine klare Zeitmarke setzen in der Gesteinssäule, das Präkambrium vom Kambrium trennend. Überdies macht ein Tierstamm, ein neuer Konstruktionstyp, wenn er einmal in Erscheinung getreten ist, oft in verhältnismäßig kurzer Zeit (aus der Sicht des

Paläontologen) eine rasch sich vollziehende «adaptive Radiation» durch. Ein neuer Bauplan zeigt eine rasche Diversifikation, eine Auffächerung in verschiedenster adaptiver Richtung. Der Konstruktionstyp wird, immer im Rahmen seiner strukturellen Möglichkeiten, vielfältig abgewandelt, um die verschiedensten ökologischen Nischen auszufüllen. Es ist, wie wenn ein neuer Typ Motor entwickelt worden wäre, dessen Verwendung dann in verschiedensten Verkehrsträgern in relativ kurzer Zeit getestet würde. Das Problem einer solchen «adaptiven Radiation» liegt einmal mehr im Zeitfaktor. Sie vollzieht sich gewöhnlich in einem zu kurzen Zeitraum, als daß die Extrapolation mikroevolutiver Prozesse zur Erklärung ausreichen würde. Dies war eine der hauptsächlichen Fragen, die S. M. Stanley zur Ausarbeitung einer Theorie der Makroevolution bewegte.

Die «Theorie des durchbrochenen Gleichgewichtes» lehrt, daß ein Artbildungsprozeß nicht unbedingt langsam vonstatten gehen muß. In individuenarmen, kleinen Gründerpopulationen kann er sich relativ schnell vollziehen. Zur Anpassung kommt dabei als weiteres Element noch der Zufall dazu, der aus statistischen Gründen eine um so größere Rolle spielt, je kleiner die Gründerpopulation ist, je weniger Individuen sich an der Durchmischung der Erbmasse dieser Fortpflanzungsgemeinschaft beteiligen. Stanley benützte diese Erkenntnis der Populationsbiologie, um die Evolutionstheorie auf eine neue Hierarchieebene zu heben. Darwin hatte die Wirkung von Variation und Selektion auf der Ebene des individuellen, geschlechtsreifen Organismus, eingebettet in seine lokalisierte Fortpflanzungsgemeinschaft, beschrieben. Der Darwinismus, der Neo-Darwinismus, die «synthetische Evolutionstheorie» oder die Mikroevolution (wie auch immer man die Theorie benennen will) ist damit eine Theorie evolutiven Wandels auf der Hierarchieebene der lokalen Population. Die Theorie der Makroevolution ist eine Theorie evolutiven Wandels auf einer übergeordneten Hierarchieebene, auf jener der Art (Spezies) selbst.

Es ist nicht länger die Mutation und Rekombination des Erbgutes eines individuellen Organismus, eingebettet in seine Fortpflanzungsgemeinschaft, die zur Variabilität des Gen-Pools dieser Population beiträgt. Vielmehr sind es die in kleinen Gründerpopulationen und in großer Zahl sich vollziehenden Artbildungsprozesse, die wesentlich vom Zufall bestimmt werden, welche zur «Variabilität» eines «Pools» von Arten beitragen. Variabilität wird also nicht auf der Ebene des Individuums, sondern auf jener der Spezies in die Lebensgemeinschaften eingeführt. Die Selektion setzt dementsprechend auch nicht mehr am individuellen Organismus an, dessen relativen Fortpflanzungserfolg bewertend. Dieser Darwinschen Selektion übergeordnet und sie ergänzend, wäre vielmehr die Spezies-Selektion, die nun den relativen evolutiven Erfolg der einzelnen Spezies in einem «Pool» variabler Arten bewertet. Es ist wichtig, sich klar zu machen, daß Stanley mit seiner Theorie der Makroevolution den darwinistischen Ansatz nicht vom Tische fegen will. Er will lediglich auf die Problematik hinweisen, daß der Darwinismus (Neo-Darwinismus) die evolutiven Prozesse auf höherer taxonomischer Ebene nicht ausreichend zu erklären scheint, und er will dieses Erklärungsdefizit ausfüllen mit einer Theorie evolutiver Mechanismen, die auf den entsprechenden Hierarchieebenen selbst wirksam sind, den Darwinschen Mechanismen übergeordnet und sie ergänzend, nicht aber sie ersetzend.

Die Annahme einer Spezies-Selektion ist nicht nur der Kernpunkt der Theorie der Makroevolution, sondern auch zugleich der umstrittenste Bestandteil der Theorie von S. M. Stanley. Auf Einzelheiten der Kritik einzugehen ist hier allerdings nicht der Platz, da zu viele technische Details ins Spiel gebracht werden müßten. Eines aber sollte leicht einsehbar sein: Wenn sich Artbildungsprozesse in individuenarmen Gründerpopulationen rasch vollziehen können, dabei weitgehend vom Zufall bestimmt werden, sollte es zumindest theoretisch gesehen möglich sein, daß sich im Rahmen einer (geologisch gemessen) relativ kurzen Zeitspanne ein umfangreicher «Pool» variabler Arten ansammelt, aus dem die Spezies-Selektion einen neuen Bauplan, einen neuen Konstruktionstyp herauslesen könnte. Auch die oft rasch sich vollziehende «adaptive Radiation» im Rahmen eines neuen Bauplanes würde durch die Spezies-Selektion eine natürliche Erklärung finden. Das Theoriengebäude ließe sich sogar in einem gewissen Sinne testen. Arten oder Organisationsformen, die einer sehr allgemeinen Anpassungsnorm entsprechen, wie etwa der

Hering unter den Fischen, würden weniger dazu neigen, geographisch isolierte Gründerpopulationen abzuspalten. Entsprechende Gruppen sollten weniger divers, ökologisch weniger aufgefächert erscheinen und langsamer evoluieren. Gruppen hingegen, die sich auf eine enge ökologische Spezialisierung festgelegt haben, müßten auf allfällige Umweltschwankungen empfindlicher reagieren. Sie sollten in größerer Zahl geographisch isolierte Gründerpopulationen abspalten, daher diverser erscheinen und schneller evoluieren. Erste Untersuchungen weisen darauf hin, daß solche Beziehungen zwischen ökologischer Spezialisierung und evolutiver Beweglichkeit existieren könnten.

Ob dies letztlich seine Ursache wirklich und nur in der Spezies-Selektion hat, ob es so etwas wie Spezies-Selektion überhaupt gibt, ist allerdings nur schwer eindeutig abzuklären. Lassen wir diese Frage daher für den Moment dahingestellt. Eine andere aber läßt sich besser klären: Erklärt die Spezies-Selektion das Fehlen von Zwischenformen auf höherer taxonomischer Ebene – zwischen Tierstämmen, Klassen und Ordnungen – besser und befriedigender als eine Extrapolation mikroevolutiver Prozesse über geologische Zeiträume hinweg?

Bevor aber auf diese Frage näher eingegangen werden kann, sei vor möglichen Mißverständnissen gewarnt! In einem Brief vom 7. Juli 1988 an das Wissenschaftsmagazin *Nature* verwahrten sich S. J. Gould und N. Eldredge auch im Namen ihrer Kollegen energisch dagegen, daß ihnen eine Meinung in die Schuhe geschoben werde, die sie so nie äußerten. Nie hätten sie behauptet, daß Spezies-Selektion neue Strukturen oder neue Baupläne erfinden oder deren *Entstehung* erklären könnte. Vielmehr diene diese Spezies-Selektion einzig zur Erklärung *evolutiver Trends.*

Ein Trend entspricht einer durch geologische Zeiträume sich hinziehenden, gleichförmig gerichteten Evolutionstendenz. Eindrückliche Beispiele in großer Zahl liefern fossil erhaltungsfähige Einzeller oder auch Schalentiere; in Lehrbüchern kommt meist das Beispiel der Pferde zur Sprache. Verfolgt man die Evolution der Pferde und ihrer Verwandten, so läßt sich eine allmähliche Reduktion der Finger- und Zehenstrahlen feststellen, vom Daumen und kleinen Finger aus bis zum Mittelfinger fortschreitend, der schließlich alleine beibehalten wird. Auch die Körperproportionen, insbesondere jene der Extremitäten, ändern sich zusehends. In den Zähnen führt derweil ein schrittweise sich vollziehender Strukturwandel zu einer Verringerung der Abnützungsgeschwindigkeit der Zahnkrone durch das ausgiebige Kauen zunehmend harter pflanzlicher Nahrung. Alle diese Veränderungen erfolgen parallel zum Eintritt in eine neue adaptive Zone. Im Zuge einer allgemeinen Klimaveränderung wurden die Pferde von blattfressenden Waldbewohnern zu grasfressenden Steppentieren.

So gesehen entspricht die Evolution der Pferde in jeder Hinsicht dem neo-darwinistischen Paradigma. Besonders in der ersten Hälfte dieses Jahrhunderts schien es einer großen Zahl von Evolutionstheoretikern allerdings nicht ganz geheuer, solche über lange Zeiträume hinweg dieselbe Richtung beibehaltenden Evolutionstendenzen allein durch die Wirkung der für die Zukunft blinden Selektion zu erklären. Da lag ein Seitensprung in den Vitalismus schon näher! Man schrieb den Organismen eine ihnen innewohnende, zielgerichtete Entwicklungstendenz zu und sprach dabei von *Orthogenese.* Die Theorie der Spezies-Selektion sollte nun die Erklärung evolutiver Trends revolutionieren.

Ein solcher Trend, so wird argumentiert, folgt nicht aus der kontinuierlichen und gleichförmig gerichteten Transformation einer Entwicklungslinie. Vielmehr setzt sich das, was im Fossilbeleg als Trend erscheint, aus einer ganzen Anzahl von Arten zusammen, die den Prozeß der Spezies-Selektion überdauert haben. Die Gesamtheit der Arten aber entsteht, jede für sich, aus einem Artbildungsprozeß, und die Richtung der einzelnen Artbildungsprozesse (die der Spezies-Selektion vorausgehen) ist weitgehend vom Zufall bestimmt, zumindest aber nicht als ein Anpassungsschritt an äußere Lebensbedingungen aufzufassen. Für Orthoevolution und den Organismen «innewohnenden Entwicklungstendenzen» ist in diesem Erklärungsmodell kein Platz mehr.

Spezies-Selektion erklärt demnach nicht die Entstehung neuer Baupläne. Diese setzt auch im Weltbild von Gould und Eldredge «die sukzessive Akkumulation und Integration von Hunderten von Teilen» voraus, wie sie in ihrem Brief betonen. Nur: Wenn dieser additive Prozeß der Erneuerung und Integration sich in einer Folge von Artbildungsprozessen vollzieht, wenn weiterhin die

Artentstehung auf individuenarme Gründerpopulationen beschränkt bleibt und wenn diese Artbildung zuletzt weitgehend vom Zufall bestimmt wird, so ist zu erwarten: erstens, daß Spezies-Selektion bei der Entstehung neuer Baupläne eine integrierende Rolle spielt; und zweitens, daß die Differenzierung neuer Baupläne (so gut wie die adaptive Auffächerung derselben) stark beschleunigt sein kann.

Nun, bei genauerer Betrachtung scheint die Theorie der Spezies-Selektion in ähnliche Schwierigkeiten zu kommen wie die Extrapolation mikroevolutiver Mechanismen zur Erklärung makroevolutiver Prozesse. Wie erinnerlich scheitert der letztere Erklärungsversuch zum einen am Zeitfaktor, zum anderen am Fehlen eines fossilen Belegs der zahllosen Zwischenformen, die zur Herausbildung eines neuen Organisationstyps zu erwarten wären. Die Theorie der Spezies-Selektion steht hinsichtlich der Problematik des Zeitfaktors wesentlich besser da, nicht aber unter Berücksichtigung der Frage fehlender Zwischenformen. Denn nach der Theorie Stanleys würden umfassende taxonomische Gruppen, neue Baupläne und neue Anpassungstypen, aus einem reichhaltigen «Pool» variabler, mehr oder weniger zufällig entstandener Arten hervorgehen. Natürlich wird in Rechnung gestellt, daß die Gründerpopulationen dieser Arten individuenarm gewesen sein mögen und daher für die Sammlungen paläontologischer Institute größten Seltenheitswert haben müssen, sofern sie überhaupt vertreten sind. Warum aber fehlen solche Zwischenformen mit großer Regelmäßigkeit, warum ist von dem reichhaltigen «Pool» von Arten kaum eine je fossil erhalten geblieben und auch gefunden worden? Um dieser Frage eine präzisere Form zu geben, machten James W. Valentine und Douglas H. Erwin im Jahre 1987 folgende Rechnung auf. Zunächst schätzten sie die Zahl aller fossilisierbaren wirbellosen Tiere des Meeresbodens, die je im Phanerozoikum gelebt haben, auf 2 Millionen Arten. Das *Paläontologische Wörterbuch* bezeichnet das Phanerozoikum als die Zeit des «sichtbaren Lebens», also vom Unterkambrium bis heute. Sichtbar wird das Leben, wenn es fossil erhalten bleibt. Es muß dokumentiert sein durch Organismen, die durch fossilisierbare Hartteile (Skelette im weitesten Sinne, auch Schalen und Gehäuse) ausgezeichnet waren. Von solchen Tieren des

Meeresbodens, beschalter Weichtiere wie Muscheln und Schnekken etwa, Seeigel, aber auch einiger weniger bekannten Tiergruppen, mögen insgesamt 2 Millionen Arten existiert haben. Unter Berücksichtigung der wissenschaftlichen Literatur bis 1970 waren ein Total von rund 190 000 Arten beschrieben; heute mögen etwa 200 000 Arten bekannt sein, etwa 10 % der angenommenen Artenzahl.

Nehmen wir nun weiter an, daß bei rapide ablaufender Evolution das Übergangsfeld zwischen zwei «Stämmen», Klassen oder Ordnungen wirbelloser Tiergruppen des Meeresbodens, beide ausgerüstet mit fossilisierbaren Hartteilen, aus etwa 100 Arten bestanden habe, so müßten beim gegenwärtigen Kenntnisstand etwa 10 Zwischenformen beschrieben worden sein. Schließt bei noch schnellerer Umwandlung das Übergangsfeld bloß 10 Arten ein, so wäre zumindest noch eine Zwischenform zu erwarten. «Wir erreichen nicht einmal diese Zahl», lautet die Schlußfolgerung von Valentine und Erwin nach einer Untersuchung mehrerer solcher angenommener Übergänge im Laufe der Evolution meeresbodenbewohnender Weichtiere, Stachelhäuter usf.

Mit ihrer Rechnung wiesen Valentine und Erwin auf einen Problempunkt der Theorie der Spezies-Selektion hin. Wenn diese aus einem reichhaltigen «Pool» von Arten eine neue Organisationsform auslesen sollte, müßte dieser «Arten-Pool» zumindest andeutungsweise im Fossilbeleg auftauchen. Dem ist nicht so. Auf der anderen Seite scheint heute, 130 Jahre nach der Publikation von Darwins Evolutionsbuch, der Zeitpunkt gekommen, das Fehlen von Zwischenformen nicht länger mit dem Hinweis auf die lamentable Unvollständigkeit des Fossilbelegs abzutun. Sicher, dieser Fossilbeleg ist in hohem Maße unvollständig, aber das allein reicht zur Erklärung fehlender Zwischenformen nicht aus, nicht bei meeresbodenbewohnenden Wirbellosen mit fossilisierbaren Hartteilen, nicht bei Wirbeltieren mit einem eigentlichen Skelett. Lücken im morphologischen Kontinuum sind als eine regelmäßige Erscheinung des Fossilbelegs zu akzeptieren, die als solche einer kausalen Erklärung bedarf. Und diese Erklärung kann, wie J. W. Valentine und D. H. Erwin deutlich machten, in der «strukturalistischen Sicht der Dinge» liegen. Diese Sichtweise der Natur wurde bereits im 3. Kapitel angetroffen. Auch sie ist nicht neu, sondern hat ihre Wurzeln in der Arbeit von Etienne Geoffroy Saint-Hilaire. Der Strukturalismus begreift eine Organisationsform als die Folge eines Wechselspiels von kreativen Möglichkeiten der Embryonalentwicklung einerseits, von einschränkenden Gesetzmäßigkeiten der Formbildung andererseits. In diesem Wechselspiel schöpferischer Potenz und einschränkender Wirkung formgebender Gesetzmäßigkeiten sucht der Strukturalismus nicht nur eine Erklärung für Diskontinuitäten der Erscheinungen, sondern auch für die anfängliche Entstehung neuer Strukturen. Aus der Sicht des Neo-Darwinismus «bastelt» die Evolution, das bereits Vorhandene in einer kontinuierlichen Folge von Entwicklungsschritten immer und immer wieder abwandelnd. Dieses Bastelmaterial muß zunächst einmal geschaffen und bereitgestellt werden. Dabei erweist sich aber nicht schlechthin alles als möglich! Der Strukturalismus beleuchtet die beiden Seiten ein und desselben Problems. Der Möglichkeit von Neuschöpfung (von Strukturen) steht logischerweise die Unmöglichkeit einer Veränderung (infolge struktureller Zwänge) gegenüber.

Eine Struktur, eine Form wird zunächst einmal durch die Embryonalentwicklung geschaffen oder aufgebaut. Eine vertiefte Untersuchung der Ontogenese und ihrer Gesetzmäßigkeiten entlarvt die atomistische Auffassung der Organismen als zumindest teilweise irreführend. Das Lebendige muß ganzheitlich, *holistisch*, aufgefaßt werden. Die Embryonalentwicklung erweist sich als ein hierarchisch gegliederter Prozeß, in dessen Verlauf «Teile» durch Wachstum und Differenzierung auseinander hervorgehen, um so das Ganze zu bilden – doch wird im Gegenzug diesem Prozeß der Kreation eines Organismus vom Ganzen her Grenzen gesetzt. Die historisch gegebene Doppeldeutigkeit des Wortes «Evolution» liefert schließlich den Schlüssel dazu, die aus der Untersuchung der Mechanismen der Formbildung erworbenen Erkenntnisse in eine Theorie der Stammesgeschichte umzusetzen. Wir wollen mit der Frage der «strukturellen Zwänge» beginnen, um daraus im folgenden die strukturalistische Sicht der Dinge zu entwickeln.

Infolge von Entwicklungszwängen erweist sich die Struktur eines Organismus nicht länger als durch funktionelle Anpassung beliebig und in jede denkbare Richtung formbar. Der formverändernden Wirkung von Variation und Selektion werden «von innen her», von den Gesetzmäßigkeiten des Formbildungsprozesses her Grenzen gesetzt. Die *Embryogenese* – die Entwicklung eines Embryos – bleibt im Laufe von Wachstum und Differenzierung auf eine artspezifische Form festgeschrieben. Variation, Selektion, funktionelle Anpassung und ökologische Auffächerung finden im Rahmen eines Konstruktionstyps ihre Grenzen. Die inneren Gesetzmäßigkeiten der Struktur, die so sehr das Interesse von Etienne Geoffroy Saint-Hilaire geweckt hatten, haben letztlich wohl eine genetische, eine erblich fixierte Grundlage, doch kommen «epigenetische», jenseits der Gene liegende Faktoren hinzu: einschränkende Bedingungen können in der Struktur selbst, gegebenenfalls auch in den Baumaterialien selbst liegen.

Bautechnische Begrenzungen, wie es A. Seilacher genannt hat, werden im einfachsten Fall bei Gliedertieren, etwa bei Insekten oder bei Spinnen, deutlich. Gliedertiere besitzen kein inneres Stützorgan, kein Skelett aus Knochen. Ihr Körper wird durch ein Außenskelett, durch einen Chitinpanzer gestützt. Die strukturellen bautechnischen Eigenschaften des «Werkstoffes» Chitin einerseits und dessen Verwendung im Bau eines Außenskelettes andererseits setzen der absoluten Körpergröße der Gliedertiere eine unüberwindliche Grenze. Riesenhafte Fliegen oder Spinnen, welche die menschliche Zivilisation in Gefahr bringen könnten, müssen daher Science Fiction bleiben. Dies nicht nur wegen des Chitinpanzers als solchem, sondern auch wegen der Form der Atmung, die dieser notwendig macht. Insekten atmen nicht durch die Lungen, sondern durch Tracheen – eine strukturelle Einschränkung.

Ein einfaches Beispiel einer strukturellen Einschränkung ergibt sich auch aus der Anordnung von Zellen in einer Zellschicht. Liegt eine solche Zellschicht oberflächlich, spricht man von einem «Epithel». Die Integrationszentren eines Gehirnes können als Zellhaufen (Kerngebiete) oder als Zellschichten organisiert sein. Eine Vergrößerung der Integrationszentren und damit eine Zunahme deren Leistungsfähigkeit ist im Falle eines Kerngebietes durch einfache Volumenzunahme erreichbar. Eine Zellschicht aber muß, wenn sie innerhalb eines begrenzten Volumens vergrößert werden soll, aufgefaltet werden. Solches geschieht denn auch im hochentwickelten Großhirn der Säugetiere, deren Kopf allein dem Gehirn zuliebe nicht beliebig vergrößert werden kann. Mit anderen Worten: Soll der Kopf als Ganzes eine «tragbare» (im wahrsten Sinne des Wortes) Größe beibehalten, die schichtförmig organisierten Zentren der Großhirnrinde gleichzeitig aber vergrößert werden, so bleibt gar nichts anderes übrig, als sie aufzufalten, Variation hin, Selektion her. Die Auffaltung als Mittel zur Vergrößerung einer Oberfläche ist ein sehr allgemeines Bauprinzip biologischer Strukturen. Die Atmungskapazität einer Lunge hängt von der Größe der Oberfläche ab, an welcher der Gasaustausch zwischen Luft und Blutbahnen stattfinden kann. Der erste Schritt zur Vergrößerung der Atemfläche ist die Auffaltung der Innenauskleidung des Lungensackes.

Strukturelle Zwänge können aber auch kompliziertere Strukturen bestimmen. Die Hand des Lesers, die dieses Buch festhält, hat sich durch einen Prozeß des Wachstums und der Differenzierung aus einer einfachen, mit embryonalem Zellgewebe gefüllten Extremitätenknospe, seitlich am Rumpf des Embryos gelegen, entwickelt. Diese Entwicklung ist in letzter Konsequenz durch ein erblich fixiertes Programm gesteuert. Schließlich haben wir normalerweise fünf, nicht vier und nicht sechs Finger – wenn auch Ausnahmen (Mutationen) vorkommen können. Es gibt aber kein Gen für den Fleck unter dem Fingernagel des kleinen Fingers der rechten Hand! Man erinnere sich an die Metapher des Kuchenrezeptes, die Richard Dawkins zur Erklärung der Wirkungsweise der Gene einführte. Die Gene bestimmen den Zeitpunkt und die Dauer, während welcher bestimmte biochemische «Signale» in speziellen Teilen oder Sektoren der Extremitätenknospe gebildet werden und so deren Wachstum und Differenzierung steuern (Wirkstoffe übrigens, die ihrerseits wieder auf die Aktivität der Gene zurückwirken können). Diese Signalstoffe, die Fachsprache nennt sie «Morphogene», wandern passiv, entlang einem Konzentrationsgefälle, durch die Extremitätenanlage, so wie ein Tintenklecks sich passiv auf dem Fließpapier ausbreitet – ebenfalls entlang einem Konzentrationsgefälle. Und wie die Tinte auf dem Fließpapier, so legt auch das Morphogen in der Extremitätenanlage ein Muster fest, ein Muster lokal unterschiedlicher Konzentration und Ausdehnung, das aus der physikalisch-chemischen Gesetzmäßigkeit der Diffusion folgt und das seinerseits die Entwicklung des Armes und der Hand in einer artspezifischen Form steuert und reguliert, diese Entwicklung dabei aber auch auf die artspezifische Form festlegt. Die Details dieser Steuerungsprozesse sind erst wenig verstanden, die Sprache der Wissenschaftler bedient sich zur Zeit noch vornehmlich sinnfälliger Symbole und Bilder. Das Resultat dieser Steuerungsprozesse dagegen läßt sich anschauen, wenn der Leser seine Hand auf den Tisch legt. Er wird dann feststellen, daß der Daumen sich nur aus zwei Gliedern, alle anderen Finger dagegen sich aus drei Gliedern zusammensetzen. Dies entspricht dem für Säugetiere typischen Zustand. Die Hand einer Eidechse aber hätte, vom Daumen her gezählt, 2–3–4–5–3 Glieder in den aufeinanderfolgenden Fingerstrahlen, was dem für ursprüngliche Vierfüßer typischen Zustand entspricht.

Natürlich gibt es im Rahmen der Vielzahl der Echsen (es sind etwa 3000 Arten bekannt) mannigfaltige Abweichungen von diesem primitiven Muster, wie auch der Arm eines Pferdes oder eines Maulwurfes sich von dem für den Menschen typischen Muster deutlich unterscheidet. Trotz aller Vielfalt in Form und Funktion aber gilt für alle Echsen genauso wie für sämtliche Säugetiere, in der Tat für alle Vierfüßer, daß die äußeren Fingerstrahlen (Daumen und kleiner Finger oder, wenn diese wegfallen, Zeige- und Ringfinger) sich nie aus einer größeren Zahl von Fingergliedern zusammensetzen als die mittleren Finger (Zeige-, Mittel- und Ringfinger oder der Mittelfinger allein). Es kann sein, wie im Falle der Flosse des See-Elefanten (Macrorhinus leoninus), daß die randlichen Strahlen länger sind als die dazwischenliegenden. Wie Nigel Holder aber klar gemacht hat, hängt dies mit der Steuerung des Wachstums zusammen, nicht aber mit einer Vermehrung der Fingerglieder beispielsweise in der großen Zehe. Obwohl länger, behält sie die ursprüngliche Zahl von zwei Gliedern.

Erbfaktoren bestimmen den Zeitpunkt und den Ort der Produktion einer Wirksubstanz, die ihrerseits auf die Gene zurückwirken kann; darüber hinaus aber bestimmen physikalisch-chemische Gesetze das Muster der Ausdehnung dieser Wirksubstanz und legen so das Muster der Entwicklung einer Vierfüßer-Extremität auf einen bestimmten Bauplan fest. Die Steuermechanismen der Embryonalentwicklung, Gesetzmäßigkeiten der Struktur festlegend, lassen gewisse Möglichkeiten der Variation und damit der funktionellen Anpassung offen, schließen andere dagegen aus. Es gibt, wie G. B. Stock und S. V. Bryant sich ausgedrückt haben, «verbotene Morphologien». Es ist möglich, den Daumen gegenüber dem Zeigefinger länger wachsen zu lassen. Es ist aber unmöglich, den verlängerten Daumen aus mehr Fingergliedern zusammenzusetzen als den Zeigefinger. Eine Hand, in der sich der Daumen und der kleine Finger aus mehr Gliedern zusammensetzten als der Mittelfinger, wäre eine Unmöglichkeit, eine «verbotene Morphologie». Eine andere «verbotene Morphologie» wäre ein Pferdebein, in dem als einziger, den Huf tragender Strahl der Zeigefinger statt des Mittelfingers erhalten wäre. Die Reduktion der Fingerglieder schreitet symmetrisch von der Peripherie her gegen den Mittelfinger hin fort und ist im Falle der Pferde auch stufenweise fossil belegt. (Eine Ausnahme zu diesem Reduktionsmuster scheinen die theropoden Dinosaurier zu machen, in deren Hand der vierte und der fünfte Strahl [statt des üblichen ersten und fünften] reduziert ist, doch bleibt die genaue Interpretation des Handskelettes umstritten.)

Das Konzept der «verbotenen Morphologien» ist eine der zentralen Errungenschaften der strukturalistischen Sichtweise. Es zeigt nicht nur, wie infolge embryonaler Steuerungsmechanismen einer möglichen Variation und damit der formgebenden Wirkung der Selektion Grenzen gesetzt sein können, dieses Konzept zeigt auch, weshalb Lücken im morphologischen Kontinuum geradezu zu erwarten sind. «Verbotene Morphologien» machen die Wirkung innerer Gesetzmäßigkeiten der Struktur deutlich, die der Darwinismus oder Neo-Darwinismus in seiner Erklärung der Entstehung organischer Vielfalt unberücksichtigt ließ. Dies geht aus der Tatsache hervor, daß der klassische Darwinismus oder Neo-Darwinismus und die ihm zugrunde liegende funktionalistische Sichtweise der Dinge ein morphologisches Kontinuum fordert, eine lückenlose Abfolge von Zwischenformen, ohne die eine schrittweise Anpassung, gesteuert durch die kontinuierliche Wirkung der natürlichen Selektion, eine theoretisch unerfüllbare Forderung darstellen würde. Allerdings hat sich der Neo-Darwinismus als sehr plastische, assimilationsfähige Theorie entpuppt.

Es würde heute kein ernstzunehmender Neo-Darwinist mehr die Existenz von bautechnischen, strukturellen (entwicklungsphysiologischen) und historischen Formzwängen leugnen, welche die Variabilität und Anpassungsfähigkeit von Strukturen einschränken. Allein schon das Konzept der «relativen Anpassung» hätte die Einsicht in strukturelle Zwänge und damit die Abkehr von der überzogenen Forderung nach einer absoluten Kontinuität der Erscheinungen fördern müssen! Infolge dieser Plastizität, dieser Lernfähigkeit ist es andererseits aber auch sehr schwierig, *«den»* Neo-Darwinismus festzunageln und so zum Gegenstand einer präzisen Kritik zu machen.

Dennoch läßt sich ein in der Zukunft womöglich fruchtbarer Gegensatz konstruieren. Der Wissenschaftsphilosoph Paul Feyerabend spendet zu diesem Vorhaben Mut mit seinem Ausspruch: «Wenn jemand glaubt, man müsse dem Aristoteles noch einmal eine Chance geben – laß ihn machen und sieh zu, was dabei herauskommt.» Erinnern wir uns an die im zweiten Kapitel eingehender besprochene Ursachenlehre des Aristoteles. Der Schreiner, der mit der Kraft seiner Arme den Schrank zimmert, entspricht der *Wirkursache*, das Holz, das er dazu verwendet, entspricht der *Materialursache*, der Plan (das Rezept, das Programm), nach welchem der Schrank gebaut wird, entspricht der *Formursache*, der Zweck schließlich, zu dem der Schrank benützt werden soll, entspricht der *Zweckursache*.

Die funktionalistische Sicht der Dinge setzt die Frage nach der evolutiven Geschichte eines Organismus und seiner «Teile» in das Zentrum ihres Forschungsprogrammes. Der Zeitmaßstab ist jener der Geologie und Stammesgeschichte. Sie trachtet nach einer kausalen Erklärung der speziellen Form und Funktion von Organen und Organkomplexen. Die Forschungsfrage lautet: Welches waren die Umweltbedingungen, die zur evolutiven Entwicklung des Vogelflügels führten? Wie läßt sich die jeweils spezielle Form des Flügels von seiner Funktion her bei der unerhörten Vielfalt der ökologisch weit aufgefächerten Gruppe der Vögel erklären? Zu welchem Zweck diente und dient der Vogelflügel in all seinen vielfältigen speziellen Gestaltungen? (Der Flügel des Kolibris unterscheidet sich von jenem des Mauerseglers aus Gründen unterschiedlicher funktioneller Anpassung an verschiedene Lebensräume.) Im funktionalistischen Forschungsprogramm stehen die Form- und die Zweckursache im Zentrum der Forschung – selbstverständlich ohne daß die Frage nach dem Zweck auch gleich einen vorausblickenden Schöpfer voraussetzt. Die Frage nach dem Zweck wird gleichsam im nachhinein gestellt, nachdem die entsprechenden Strukturen bereits gebildet sind und funktionieren.

Aus der strukturalistischen Sicht der Dinge wird nicht die Frage nach dem evolutiven (phylogenetischen oder stammesgeschichtlichen) Werden der Strukturen, der Organe und der Organismen gestellt. Hier wird nach den «generativen Mechanismen» gefragt, wie es die Fachsprache nennt, also nach den Mechanismen der Kreation der Strukturen und Organe im Laufe der Embryonalentwicklung. Der Zeitmaßstab ist ein anderer, der Individualentwicklung der Organismen angepaßt. Die erste Frage ist, aus welchen Anlagen, welchen embryonalen Rudimenten und in welcher Reihenfolge die Organe auseinander hervorgehen? Welches stellt das zuerst gebildete Organ dar, das dann seinerseits zur Materialursache des daraus hervorgehenden Organes wird? Die zweite Frage betrifft die Mechanismen, die Kräfte, die für diesen Prozeß der Entfaltung, der «Evolution» des Embryos verantwortlich sind. Dies entspricht der Untersuchung der Wirkursachen der Formbildung. Man könnte also sagen, daß das strukturalistische Forschungsprogramm die unmittelbaren (ontogenetischen) Ursachen der Formbildung untersucht, während das funktionalistische Forschungsprogramm mehr die Frage nach den mittelbaren (phylogenetischen) Ursachen stellt.

In einem Punkt aber kreuzen sich die beiden Sichtweisen der Natur, nämlich in der Frage nach der Formursache. Dies zeigt sich nicht zuletzt darin, daß das Wort «Evolution» in beiden Forschungsprogrammen auftaucht, aber mit unterschiedlichem Bedeutungsinhalt. Im Rahmen des strukturalistischen Forschungsprogrammes hat das Wort seinen ursprünglichen Bedeutungsgehalt bewahrt, den ihm (wie im zweiten Kapitel dargelegt) Charles Bonnet gegeben hatte. Evolution meint hier die ontogenetische «Entfaltung» des Keimlings. Allerdings nicht die Entfaltung präexistenter Keime, wie Bonnet sie forderte, sondern die Entfaltung des Embryos durch einen epigenetischen Entwicklungsprozeß (die Begriffe sind im zweiten Kapitel eingeführt und erläutert worden). Im funktionalistischen Forschungsprogramm wird das Wort «Evolution» mit jenem (modernen) Bedeutungsgehalt verwendet, den ihm Darwin durch seine Selektionstheorie aufgeprägt hat. Um auf die Frage nach der Formursache zurückzukommen, nach dem Plan, Programm oder «Rezept» also, demgemäß eine Struktur sich entwickelt (evoluiert im doppelten Bedeutungssinn), so muß deutlich gemacht werden, daß dieses Programm letztlich eine genetische, eine erblich fixierte Grundlage hat. Das Erbgut ist in letzter Konsequenz das «Rezept», nach welchem sich der Keimling im Verlauf seiner Embryonalentwicklung entfaltet (evoluiert). Gleichzeitig ist in diesem Erbgut auch die phylogenetische (evolutive) Geschichte der Stammeslinie, welcher der jeweilige Keimling zugehört, festgeschrieben. Eine Mutation des Erbgutes im weitesten Sinne des Wortes muß also letztlich die Ursache sein einer Veränderung des «Rezeptes», nach dem sich der Keimling entwickelt; gleichzeitig aber wird diese Veränderung der historischen Entfaltung der Stammeslinie, welcher der Keimling zugehört, eine neue Richtung geben.

Der klassische Darwinismus hatte sich dem Kontinuitätsprinzip verschrieben, um die Prozesse der belebten Natur einer durchgängigen kausalen Erklärung zugängig zu machen. Der Neo-Darwinismus hat das Banner der Kontinuität weiter hochgehalten. Der Strukturalismus nun bricht mit dieser Tradition *in einem gewissen Sinne*, indem er der Diskontinuität der Erscheinungen Rechnung zu tragen versucht. Das heißt aber nicht, daß der Strukturalismus zugleich die Kontinuität der *Ursachen* in Frage stellt. Wenn das «Rezept» einer Embryonalentwicklung in den Genen festgeschrieben ist, so kann eine *kontinuierliche* Veränderung des Erbgutes als *Ursache* evolutiver Veränderung angenommen werden, evolutiver Veränderung sowohl im ontogenetischen als auch im phylogenetischen Sinne! Was aber der Strukturalismus mit dem Hinweis auf «verbotene Morphologien» betont, ist die Tatsache oder Möglichkeit, daß die *kontinuierliche* Veränderung einer genetisch bedingten *Ursache zu diskontinuierlichen Effekten* führen kann, zur Diskontinuität der Erscheinung. Es gilt das Bild des Wasserkrugs, der unter dem langsam und stetig tropfenden Hahn steht. Das Wasser verharrt im Zustand der Ruhe, bis schließlich infolge der kontinuierlich wirkenden Ursache die Oberflächenspannung reißt und das Wasser plötzlich, diskontinuierlich in einen anderen Zustand übergeht, gleichsam katastrophenförmig sich Bahn bricht und überfließt. Erich Jantsch benützte zur Illustration desselben Problems ein ähnliches Bild. Es drehe jemand einen Wasserhahn langsam und kontinuierlich auf – die Ursache für das Austreten des Wassers. Dieses fließt erst glatt (laminar), doch bei weiterem kontinuierlichen Aufdrehen des Hahns kippt der Wasserstrom plötzlich und diskontinuierlich in eine «zerfetzte» (turbulente) Strömungsform um. Was bedeuten diese Bilder für lebende Organismen?

Wenden wir uns zum besseren Verständnis nochmals den Arbeiten von Etienne Geoffroy Saint-Hilaire zu. Er hatte erkannt, daß die Vogellunge ein höchst kompliziert gebautes Organ darstellt, das nicht einfach als Antwort auf einen verstärkten Selektionsdruck – hin zu einer effizienteren Atmung – durch «Umbau» aus einer Reptillunge hervorgebracht werden kann. Selbst der geschickteste Bastler kann die Lunge einer Eidechse nicht so umbauen, daß sie die für einen aktiven Flug benötigte Sauerstoffzufuhr gewährleisten könnte. Was Geoffroy dagegen feststellte, war eine grundsätzliche Ähnlichkeit der frühembryonalen Anlage der Lunge bei Reptilien und Vögeln. So schloß er, daß bereits eine geringfügige Änderung des «Rezeptes» für die Differenzierung früher Stadien der Embryonalentwicklung im schlüpfreifen Tier ganz grundsätzliche strukturelle Konsequenzen haben kann. Die Entwicklung eines Embryos muß in geregelten Bahnen ablaufen, wenn dessen Lebensfähigkeit gewährleistet sein soll. Solche Entwicklungsbahnen gibt es nicht beliebig viele, wie das Konzept der «verbotenen Morphologien» zeigt. Immerhin können mehrere alternative Möglichkeiten existieren. Eine auch nur geringfügige Veränderung des (in den Worten des genetischen Codes geschriebenen) Rezeptes kann die Entwicklung der Lunge schon in einem frühen Stadium in eine neue Bahn werfen. Wenn auch die Ursache eine kontinuierliche ist, sieht die Lunge des schlüpfreifen Hühnchens ganz anders aus als jene der eben geschlüpften Eidechse. Die Diskontinuität der Erscheinung infolge frühontogenetischer Divergenz wird verständlicher, wenn der Prozeß der Embryonalentwicklung ganzheitlich begriffen wird.

Im Gegensatz zum Paradigma des Atomismus kann die Embryonalentwicklung tatsächlich nicht mit einem Puzzle verglichen werden. Es werden nicht «Teile» zu einem Ganzen «zusammengesetzt», außer vielleicht auf dem Niveau der Zellen. Statt dessen gehen die Organe durch einen kontinuierlichen Prozeß des Wachstums und der Differenzierung *auseinander* hervor. Das zunächst gebildete Organ wird zur Materialursache des nachfolgend sich bildenden Organs. Um nochmals auf das Beispiel der Entwicklung der Extremitäten zurückzukommen: Im Arm der Vierfüßer, auch des Menschen, liegt körpernahe ein unpaarer Knochen, der Oberarmknochen (Humerus, der mit der Schulter gelenkt wird). Im Laufe der Embryonalentwicklung des Armes wird dieser Knochen zuerst angelegt; aus seiner Anlage gehen in der Folge die paarigen Unterarmknochen gleichsam wie durch «Knospung» hervor, Elle und Speiche (Radius und Ulna). Letztere wird dann zur Materialursache der Bildung eines inneren Handwurzelknochens, aus dem schließlich weitere Elemente der Hand in geregelter Abfolge hervorgehen. Insgesamt läßt sich der Prozeß der Embryonalentwicklung als eine Hierarchie von Entscheidungsprozessen verstehen. Aus einem homogenen Ei entsteht durch eine hierarchisch gegliederte Abfolge von Wachstums-, Teilungs- und Differenzierungsprozessen ein heterogen gebauter Organismus. Im Laufe der Entwicklung eines Eies gliedert sich die homogene Embryonalanlage erst in drei Keimblätter – ein äußeres, ein mittleres und ein inneres. Die Zellen des mittleren Keimblattes werden nun im Sinne eines dichotomen Entscheidungsprozesses auf ihre jeweilige weitere Entwicklungsbahn gesetzt. Sie werden *entweder* zu Vorläuferzellen von Knochengewebe *oder* zu Vorläuferzellen des Muskelgewebes. Der dichotome (gegabelte) Entscheidungsprozeß setzt sich dann auf der nächst tiefer gelegenen Hierarchiestufe fort. Vorläuferzellen des Muskelgewebes bilden *entweder* Muskelfasern *oder* Bindegewebe; Vorläuferzellen des Knochengewebes bilden *entweder* Knochen *oder* Knorpel. Insgesamt läßt sich die Differenzierung des mittleren Keimblattes als eine Abfolge einander jeweils hierarchisch untergeordneter Gabelungen von Entwicklungsbahnen darstellen. Das «Programm» der Zellen und ihre physikalisch-chemische Umwelt entscheiden an jedem Gabelpunkt, in welcher Richtung die Differenzierung weitergehen soll. Eine entsprechende Hierarchie bestimmt die Entwicklung anderer Keimblätter und Organsysteme.

Ist die Embryonalentwicklung erst als ein hierarchisch gegliedertes Ganzes verstanden, wird deutlich, warum auch schon eine geringfügige Veränderung früher Embryonalstadien tiefgreifende strukturelle Unterschiede hervorbringen kann. Jeder einmal erreichte Entwicklungsstand enthält in sich die (Material- und Wirk-)Ursachen für den nächstfolgenden Entwicklungsschritt. Umgekehrt enthält aber auch jedes Stadium in sich die Rahmenbedingungen, die das vorausgehende Stadium in seiner Entwicklungsmöglichkeit einschränken. Der Reduktionismus des Darwinismus oder Neo-Darwinismus ist durch diese hierarchische Sichtweise der Natur überwunden! Die Organisation eines Lebewesens ist nicht mehr nur «von unten her», durch die Gene und deren Wirkung zu erklären, sondern auch «von oben her», durch die kreativen Möglichkeiten der Entwicklung einerseits und die Einschränkungen infolge «verbotener Morphologien» andererseits. Die Gesetze der Entwicklung wirken in beiden Richtungen der Hierarchie der ontogenetischen Differenzierung. Im aufsteigenden Sinne bestimmen sie die Folge der einzelnen Entwicklungsschritte, d. h. den Fortgang der Differenzierung durch das Labyrinth dichotom verzweigter Entwicklungsbahnen. Im absteigenden Sinne legen sie die «Grenzwerte» fest, die Rahmenbedingungen, innerhalb deren die kreativen Möglichkeiten der Embryonalentwicklung sich entfalten können. Einfacher ausgedrückt: In der «Evolution» (im doppelten Sinne des Wortes) vom Ei (vom Einzeller) zum Adulttier (zum Vielzeller) verwirklicht sich die in letzter Konsequenz genetisch festgelegte Potenz der Formgebung. Durch die Existenz «verbotener Morphologien» werden die kreativen Möglichkeiten der «Evolution» auf bestimmte, im Rahmen der Gesetze der Formgebung realisierbare Entwicklungsbahnen (im doppelten Sinne des Wortes) festgelegt.

Das Wort «Evolution» hat im Laufe der Geschichte der Biologie einen Bedeutungswandel erfahren. Die vorausgehenden Abschnitte sollten deutlich machen, wie und warum eine Veränderung früher embryonaler Entwicklungsstadien, die auf kontinuierliche Ursachen zurückgeführt werden kann, zu einer diskontinuierlichen Erscheinung der Organismen führen kann. Dann nämlich, wenn die «Evolution» (Entfaltung) des Keimlings an einem Gabelpunkt der Entwicklungswege in eine neue, divergent verlaufende Entwicklungsbahn hinüberspringt. Wird an dieser Schnittstelle das Wort «Evolution» in seinem modernen Bedeutungsinhalt eingesetzt, so wird deutlich, wie eine Kenntnis der hierarchischen Gliederung der Embryogenese das Fehlen von Zwischenformen im geologischen Zeitraum zu erklären vermag. Womit wir zum Ausgangspunkt unserer Betrachtungen zurückgefunden hätten! Die Diskontinuität zwischen umfassenderen systematischen Einheiten oder zwischen eigenständigen Konstruktionstypen ließe sich erklären, wenn solche Tierstämme, Klassen oder Ordnungen durch eine frühe Divergenz der ontogenetischen Entwicklungswege auseinander hervorgegangen wären. Eine Änderung der Entscheidung am Gabelpunkt früher Entwicklungsbahnen, das Umkippen der Entwicklung in eine neue, divergent verlaufende Richtung kann den Ursprung neuer Baupläne erklären, ohne daß Zwischenformen auf der Stufe von geschlechtsreifen Organismen auch nur theoretisch zu fordern wären. Dieser Mechanismus könnte auch innerhalb relativ kurzer Zeit (geologisch gemessen) eine Vielfalt höchst unterschiedlicher Baupläne hervorgebracht haben, wie es auch das praktisch gleichzeitige Auftreten der Gruppen fossil erhaltungsfähiger vielzelliger Tiere an der Grenze des Präkambriums zum Kambrium belegt. Das jedenfalls ist die Theorie, die J. W. Valentine und D. H. Erwin zur Erklärung des Musters im Fossilbeleg vorschlagen, nachdem ihre einfache Rechnung die Erklärung des Fehlens von Zwischenformen durch die Theorie der Spezies-Selektion als unzureichend erscheinen ließ. Eine Frage allerdings bleibt weiterhin offen. Gesetzt den Fall, es entstünde durch frühontogenetische Divergenz ein neuer Konstruktionstyp – mit wem würde sich dessen Repräsentant paaren, außer vielleicht mit seinen in gleicher Weise veränderten Geschwistern?

Ein neuer Konstruktionstyp, ein neuer Bauplan ist aus strukturalistischer Sicht zunächst den Gesetzmäßigkeiten der Struktur, dem Wechselspiel der kreativen Möglichkeiten und deren Einschränkungen im Laufe der Embryonalentwicklung verpflichtet, nicht dem Einfluß der natürlichen Selektion. Die strukturalistische Sichtweise versucht, die anfängliche Entstehung neuer

Strukturen und Baupläne auf der Grundlage der Kenntnis der ontogenetischen Entwicklungsprozesse und ihrer Steuerung zu erklären. Einmal geschaffen, wären die neuen Konstruktionstypen in ihren konstituierenden Elementen durchaus selektiv modifizierbar und anpassungsfähig, natürlich immer nur innerhalb der Grenzen der strukturellen Möglichkeiten, die der Bauplan bietet. Variation und Selektion, die klassischen Mechanismen der Darwinschen Evolutionstheorie, tragen so zur Erklärung der ökologischen Auffächerung innerhalb eines Konstruktionstyps bei. Die Grenzen solcher grundsätzlicher Baupläne können dabei aber nicht beliebig durchbrochen werden. Es gibt «verbotene Morphologien», es gibt Lücken im morphologischen Kontinuum.

Zusammenfassend läßt sich der moderne Stand der Evolutionsforschung etwa wie folgt skizzieren: Es gibt keine absolute Wahrheit, keine endgültigen Fakten. Was es gibt, sind unterschiedliche Sichtweisen der Dinge. In der Evolutionsforschung stehen sich die funktionalistische und die strukturalistische Sicht der Dinge gegenüber. Die strukturalistische Sicht der Dinge stellt die Frage nach der *Entstehung* von Strukturen im Wechselspiel der kreativen Möglichkeiten und der einschränkenden Rahmenbedingungen der Embryonalentwicklung. Sie erklärt auf der Grundlage einer Kontinuität der Ursachen die Diskontinuität der Erscheinungen, die allein erst die Klassifikation der organischen Vielfalt überhaupt ermöglicht. Die funktionalistische Sichtweise dagegen stellt die Frage nach der adaptiven Modifikation von Strukturen im Laufe der evolutiven Entwicklung einer Stammeslinie. Sie erklärt die ökologische Auffächerung eines Konstruktionstyps durch die Mechanismen von Variation und Selektion, anerkennt aber die Grenzen, die der Wirkung dieser Mechanismen und damit der Modifizierbarkeit von Strukturen durch deren innere Gesetzmäßigkeiten gesetzt sind.

Wechselndes Klima

Das Klima ist ein anderes geworden in den letzten 130 Jahren, seit der Publikation von Darwins Evolutionstheorie. Variation und Selektion, so lehrte Darwin, seien naturgesetzliche Garanten des Fortschritts. Die Historiker mögen sich streiten, ob und in welchem Maße Darwins Denken einer Fortschrittsideologie verpflichtet war und blieb! Tatsache bleibt, daß Variation und Selektion in erster Linie für Anpassung verantwortlich sind, daß Darwin sie aber auch für eine stetige «Verbesserung» der Anpassung verantwortlich machte. Tatsache bleibt auch, daß Darwin das Aussterben von Arten oder auch umfassenderen systematischen Einheiten auf der Basis einer fortschrittsorientierten Evolution erklärte. Der Nachfahre ist seinem Vorfahren überlegen und verdrängt denselben aus seinem Platz im Haushalt der Natur. Der Streit der Historiker wird auch nicht einen Absatz aus der Zusammenfassung von Darwins *On the Origin of Species* aus dem Buch streichen können:

«Da alle heute lebenden Formen die direkten Nachfahren jener Organismen sind, welche schon lange vor der Epoche des Silurs gelebt haben, können wir sicher sein, daß die natürliche Abfolge der Generationen nicht einmal unterbrochen wurde; nie hat eine ‹Umwälzung› den Globus verheert. So können wir denn mit einiger Zuversicht in eine sichere Zukunft von entsprechend unermeßlicher Dauer blicken. Und weil die Natürliche Selektion nur durch und für das Wohl eines jeden Lebewesens wirkt, werden alle körperlichen und geistigen Gaben dazu tendieren, zur Perfektion hin sich zu entwickeln.»

Die Natur ist der kontinuierlichen Wirkung gesetzmäßiger Ursachen unterworfen. Cuviers «Revolutionen» sind, so gut wie die Sintflut, ein Phantom. Nie wurde der natürliche Lauf der Dinge durch eine Katastrophe unterbrochen, nie die Gesetze der Natur außer Kraft gesetzt, nie riß der Lebensstrom ab, der seit Urzeiten bis heute zu immer perfekterer Organisation der Pflanzen und Tiere geführt hat. Und so, wie dieser Lebensstrom langsam und kontinuierlich durch geologische Zeiträume sich hinzog, so wird er weiterhin in eine Zukunft von entsprechend unermeßlicher Dauer sich ergießen.

Das intellektuelle Klima hat sich geändert. Das Vertrauen in die Zukunft ist geschwunden. Der Fortschritt der industrialisierten Zivilisation ist fragwürdig geworden. Die Katastrophe ist in greifbare Nähe gerückt, sei sie nun ökologisch oder nuklear. Eine Änderung der Gewohnheiten, ein «neues Denken» scheint notwendig geworden, doch bleibt für diese Änderung nur mehr wenig Zeit. Die Politik der kleinen Schritte scheint sich überlebt zu haben. Was not tut, ist der Mut zum Risiko.

Ein geschichtlicher Rückblick in die Entwicklung der Evolutionstheorie macht deutlich, daß Wissenschaft nicht wertfrei sein kann. Es gibt keine unvoreingenommene Beobachtung, es gibt keine absolute Erkenntnis, es gibt nur unterschiedliche Sichtweisen der Natur! Jedes Forschungsprogramm liefert Erkenntnisse, deren Gültigkeitsbereich von den methodischen und theoretischen Voraussetzungen, von den Möglichkeiten der Sprache und vom herrschenden Zeitgeist umrissen bleibt. Wissenschaft ist ein kollektives Unterfangen, eingebettet in einen historisch wechselnden, sozialen und politischen Zusammenhang. So kann es kaum überraschen, daß sich bei wechselndem historischem Kontext auch die Sicht der Dinge ändert. Was dabei eher überrascht, ist die Tatsache, daß die unterschiedlichen Sichtweisen der Natur nicht beliebig viele Facetten aufweisen, sondern vielmehr auf eine endliche Zahl grundsätzlicher Muster beschränkt zu bleiben scheinen. Im Rahmen des Evolutionismus herrschen zwei solcher Grundmuster der Anschauung vor, die zu verschiedenen Zeiten mit unterschiedlichen Etiketten versehen wurden: Funktionalismus versus Strukturalismus, Gradualismus (Neo-Darwinismus) versus Punktualismus («Theorie des durchbrochenen Gleichgewichtes»). In ihrem Wesen bestimmt werden diese alternativen, dabei aber zueinander komplementär sich verhaltenden Sichtweisen der Natur durch die Voraussetzung, oder eben durch die Verweigerung einer Voraussetzung jenes «alten Kanons der Naturgeschichte», wie Darwin sich ausdrückte: *Natura non facit saltum.* Es ist das Leibnizsche Kontinuitätsprinzip, welches die Auseinandersetzungen im Rahmen des Evolutionismus wesensmäßig bestimmt. Georges Cuvier, und nach ihm besonders die Kreationisten des 19. Jahrhunderts, hatten Diskontinuität im Laufe der Erdgeschichte – und der Geschichte des Lebens auf der Erde – nicht nur zugelassen, sondern geradezu als naturgeschichtlichen Beweis für das direkte Eingreifen des Schöpfers in sein Werk angeführt. Darwin war diesem Kreationismus, eingebettet in die besonders in England populäre Natürliche Theologie, mit der bedingungslosen Voraussetzung des Kontinuitätsprinzips entgegengetreten. Er betonte dabei aber auch, daß ein direktes Eingreifen Gottes in sein Werk nicht nur unerwünscht, sondern geradezu unnötig sei – denn die Gesetze der Natur seien so weise eingerichtet, daß sie die Rolle des Schöpfers übernehmen könnten. Das Ziel der «Schöpfung» blieb sich dabei gleich: Perfektionierung aller körperlichen und seelischen Gaben!

Darwin schrieb im Überschwang der *Industrial Revolution.* Die Technik machte rasche Fortschritte, die Medizin suchte mit zunehmendem Erfolg nach ihren naturgesetzlichen Grundlagen, die überlegene Ökonomie und Waffentechnik hatte England zu einer Großmacht werden lassen. Für einen Mann der gehobenen Gesellschaft bestand kein Grund, der Morgenröte des heraufziehenden Zeitalters zu mißtrauen.

Doch folgte auf die Morgenröte des beginnenden 20. Jahrhunderts der grelle Blitz der Atombombe, der selbst die Mittagssonne überstrahlte. Und heute, da sich das Jahrhundert zum Ende neigt, spaltet das Atom die Gesellschaft, droht die Umwelt zu kippen, droht die Technologie der Gene sich zu verselbständigen. Die Naturgesetze sind außer Kontrolle geraten, jedenfalls außer Kontrolle durch die Gesellschaft. Zuversicht hat einem Vertrauensschwund weichen müssen, das Kontinuitätsprinzip scheint sein Versprechen nicht gehalten zu haben. So kann es nicht erstaunen, wenn das Pendel zurückschwingt. Dieser Umschwung der Sichtweise wird nirgends so deutlich wie im modernen Katastrophismus.

Für Darwin, erinnern wir uns, war die Artbildung ein schrittweiser Prozeß der Anpassung, der das Überleben einer Fortpflanzungsgemeinschaft in wechselndem Klima sicherte. Im Gegensatz hierzu betont die «Theorie des durchbrochenen Gleichgewichtes» die Zufälligkeit des Artbildungsprozesses, der in einer individuenarmen Gründerpopulation seinen Anfang nimmt. Entsprechend war für Darwin das Aussterben von Arten ein schrittweiser Prozeß, während welchem die überlegene Lebensform den unterlegenen Konkurrenten aus seinem Platz im Haushalt der Natur verdrängt. Demgegenüber betont die moderne Theorie der Makroevolution die Pechkomponente, das «bad luck», welches das Aussterben von Arten bestimmt, während andererseits die nachfolgende Blüte eines überlebenden Entwicklungszweiges opportunistische Züge trägt. Ein einfaches Beispiel mag den Gegensatz erhellen.

Das Erdmittelalter wird in drei Abschnitte gegliedert: Trias, Jura und Kreide, in aufsteigender Reihenfolge. Gegen Ende der Trias kam es zu einer großartigen Umwälzung auf der Bühne der Erdgeschichte. Es wurde ein neues Szenenbild entworfen, dessen Vorbereitung hier nicht im Detail untersucht werden soll. Vor diesem neuen Szenenbild traten im ersten Akt des Dramas in den Hauptrollen die Dinosaurier und die Säugetiere auf. Jedermann weiß, daß die Dinosaurier heute (genauer: seit dem Ende der Kreidezeit) ausgestorben sind, während sich die Säugetiere zu großer evolutiver Blüte entfalteten. Der Darwinismus oder Neo-Darwinismus müßte diese Beobachtung mit einer Hypothese von Konkurrenzbeziehungen erklären. Die Säugetiere, evolutiv überlegen, hätten die Vielfalt der Dinosaurier in einem lang andauernden, schrittweise sich vollziehenden Prozeß aus deren Platz im Haushalt der Natur verdrängt und sich selbst an deren Stelle gesetzt. Wäre diese Erklärung richtig, so müßte vorausgesagt und auch gezeigt werden können, daß die Vielfalt der Dinosaurier in dem Maße kontinuierlich abnahm, als die Vielfalt der kompetitiv überlegenen Säugetiere zunahm. Dazu müßte eine ursächliche Verknüpfung dieser korrelativen Entwicklung der Diversität der beiden konkurrierenden Gruppen aufgezeigt werden können.

Abb. 9: Der Katastrophismus von William Whiston stützt sich auf den Wortlaut der Bibel, der im Zuge der Natürlichen Theologie mit den Erkenntnissen der Naturwissenschaft in Einklang gebracht werden sollte. Die Katastrophe entspricht deutlich dem Bild der drohenden Apokalypse.

Diese Voraussage wird allerdings durch das Muster des Fossilbelegs so, wie es sich uns darstellt, nicht erhärtet.

Vielmehr scheinen sich die Dinosaurier während der ganzen Dauer des Erdmittelalters eines alles andere überragenden evolutiven Erfolgs erfreut zu haben. Statt mit ihnen in Konkurrenz zu treten, gingen die Säugetiere den Dinosauriern tunlichst aus dem Weg. Sie erreichten eine vergleichsweise nur geringe Artenvielfalt, blieben durchweg von geringer Körpergröße und scheinen ein verborgenes, nächtliches Leben geführt zu haben. Es gibt Indizien für die Annahme, daß die Warmblütigkeit der Säugetiere im Zusammenhang mit einer nächtlich aktiven Lebensweise sich entwickelte.

Erst nachdem die Dinosaurier von der Bühne der Erdgeschichte abgetreten waren, nahmen die Säugetiere opportunistisch ihre Chance wahr und besetzten den Lebensraum, den die Dinosaurier freigemacht hatten. Die Ursache des Aussterbens der Dinosaurier bleibt allerdings weiterhin Gegenstand heftiger Kontroversen. Eine große Zahl von Autoren neigt zur (nicht unumstrittenen) Ansicht, daß die Dinosaurier (geologisch gemessen) relativ plötzlich verschwunden sind, durch eine Katastrophe mitten aus ihrem evolutiven Erfolg herausgerissen wurden. Nebst der notorischen Unvollständigkeit des Fossilbelegs stößt die Begründung dieser These vor allem bei der zeitlich präzisen Datierung der Ablagerungen, welche die letzten Dinosaurierknochen enthalten, auf große Schwierigkeiten. Noch problematischer ist die genaue zeitliche Korrelation von Ablagerungen des Meeresbodens mit jenen des Festlandes, denn es können in den verschiedenen Lebensräumen nicht dieselben Leitfossilien gelebt haben. Doch stützt sich der moderne Katastrophismus genau auf diese Krücken!

Iridium ist ein in der Erdkruste eher selten auftretendes Element. Als Luis und Walter Alvarez im Jahre 1980 in einem Aufschluß bei Gubbio in Italien eine Anreicherung von Iridium entdeckten, die genau das Ende der Kreidezeit markierte, erregte dieser Befund verständlicherweise die besondere Aufmerksamkeit der Geologen. Dies um so mehr, als das Ende der Kreidezeit auch noch auf andere Weise gekennzeichnet ist, nämlich durch das urplötzliche Aussterben einer großen Vielfalt kleiner, meeresbewohnender Einzeller. Vater und Sohn Alvarez brachten die beiden Beobachtungen in einen ursächlichen Zusammenhang. Die Anreicherung von Iridium als Marke für das Ende der Kreidezeit, unterdessen auch an anderen Stellen der Erdkruste nachgewiesen, konnten sie sich nicht anders erklären als durch Import des Elementes aus dem Weltraum. Ein Asteroide unvorstellbarer Größe, angereichert mit Iridium, wäre mit der Erde kollidiert, hätte dabei nicht nur einen riesigen Krater ausgehoben, sondern sich selbst in Staub aufgelöst; der Staub hätte einen Mantel um die Erde gebildet, der Sonneneinstrahlung und Luftzirkulation verringert und so einen Klimawechsel heraufbeschworen hätte; das wiederum wäre die Ursache gewesen für das Massenaussterben nicht nur mariner Kleinlebewesen, sondern auch der Dinosaurier; der Staub und mit ihm das Iridium hätten sich schließlich wieder auf der Erdoberfläche abgesetzt – womit es zur Iridiumanreicherung gekommen wäre, die noch heute eine Katastrophe unvorstellbaren Ausmaßes bezeugen soll.

Seit diese revolutionäre Theorie das Weltbild der im Zeichen des Neo-Darwinismus groß gewordenen Geologen und Paläontologen erschütterte, ist das Phänomen des Massenaussterbens ins Zentrum der paläobiologischen Forschung gerückt. David Raup und J. John Sepkoski von der Universität von Chicago haben dabei eine führende Rolle übernommen. Was sie mit Hilfe komplizierter Statistik aus dem Fossilbeleg herausgekitzelt haben, gleicht einem Stück Science-Fiction. Im Laufe der geologischen Epochen kommt es in einem sozusagen gleichmäßig-kontinuierlichen Rhythmus zum Aussterben von Arten und zur Neubildung von Arten. Das Leben ist in ständiger, gleichmäßiger Umwälzung begriffen. Man nennt dieses statistisch gesehen «normale» Aussterben das «Hintergrund-Aussterben». Von diesem Hintergrund-Aussterben heben sich im Rhythmus von zirka 26 Millionen Jahren Perioden markant erhöhter Aussterbensraten ab, sogenannte Ereignisse von Massenextinktion. Das Unerwartete dieser Resultate liegt in der Periodizität des Massenaussterbens, die zunächst auf außerirdische Ursachen schließen ließ. Astronomen bemächtigten sich sogleich der Befunde von Raup und Sepkoski und lieferten mehrere, höchst spekulative Modelle, welche das Eintreten periodischer Katastrophen auf der Erde erklären sollten. Die Modelle sind im einzelnen recht kompliziert, und es fehlt hier der Platz, sie im Detail darzustellen. Sie alle jedoch erklären den Zyklus von Massenextinktionen durch einen periodischen Kometenschauer, der im Abstand von jeweils 26 Millionen Jahren auf die Erde niedergehen soll. In neuester Zeit wurde dem Vulkanismus wieder mehr das Wort geredet, also einer «irdischen» Ursache, wobei aber auch Zwittermodelle vorgeschlagen wurden, welche Perioden erhöhter vulkanischer Tätigkeit mit dem Einfluß außerirdischer Ursachen wie Meteoriten- oder Kometeneinschläge koppeln.

Zwei Dinge verdienen hervorgehoben zu werden. Zum einen ist ein «moderner Katastrophismus» lebendig geworden, der zum anderen auch nicht mehr als einer «Sicht der Dinge» entspricht. Denn dieser moderne Katastrophismus ist zunächst wenig mehr als eine Modellvorstellung, die sich nicht nur über Schwierigkeiten der zeitlichen Datierung und Korrelation von Ablagerungen verschiedener Lebensräume hinwegsetzt, sondern auch auf der Voraussetzung einer nur schwer durchschaubaren Statistik fußt. Wie D. M. Raup sich in einer Diskussionsrunde einmal ausdrückte, ist es «sehr schwierig», in dieser ganzen Frage «das Fehlen jeglicher Voreingenommenheit nachzuweisen».

Der moderne Katastrophismus spiegelt aber gerade deshalb eine markante Veränderung des Zeitgeistes gegenüber den Theorien Darwins und seiner Nachfolger. Im Wissenschaftsmagazin *Science*, Ausgabe vom 2. September 1983, findet sich ein redaktioneller Beitrag zum Thema:

«... der neue Katastrophismus, wenn eine solch emotionell gefärbte Phrase erlaubt sei – denn viele würden diese Bezeichnung nicht anerkennen –, stellt nur den Einschlag von Asteroiden als einen von vielen Einflüssen in Rechnung, welche von Zeit zu Zeit die globalen Lebensbedingungen zutiefst stören ... die daraus folgenden biologischen Zerstörungen können leicht über die relative Anpassung und Fitness der Organismen hinausgehen und Aussterbensereignisse verursachen, die ebensogut auf Pech [bad luck] als auf minderwertige Gene [bad genes] zurückzuführen sind. Jede Massenextinktion stellt in gewissem Sinne die Uhr der Evolution neu, so daß die Geschichte des Lebens einen eigentümlich sprunghaften Wesenszug annimmt und in einem Umfang durch den Zufall bestimmt zu werden scheint, der im Rahmen eines strikten Uniformitarianismus nicht akzeptabel wäre.»

Der verantwortliche Redaktor von *Science*, Roger Lewin, interviewte einen der Schöpfer des modernen Katastrophismus, Jack Sepkoski: «Obwohl es mir einige philosophische Qual bereitet, scheint doch das statistische Signal von Periodizität reale Konturen anzunehmen.» Wie ließe sich die Gegenwart besser charakterisieren als mit dem Markenzeichen «philosophischer Pein»?

Der Evolutionismus ist zu einem Weltbild der modernen Gesellschaft geworden; die Sichtweisen, die in ihm gründen, beeinflussen so breit gefächerte Gebiete wie Philosophie, Soziologie und Politik, Psychologie und zuletzt gar die Begründung ethischer Normen. Es soll für den Rest des Kapitels der Einfluß des Evolutionismus auf diese Sphären geisteswissenschaftlicher Interessensgebiete in gebotener Kürze skizziert werden, um so deutlich zu machen – besonders im Zusammenhang mit der Entwicklung der evolutionären Ethik –, wie unmöglich oder gar gefährlich es sein kann, die Geltung wissenschaftlich begründeter Sichtweisen der Natur über ihren angestammten Bereich hinaus auszudehnen und damit zu strapazieren!

Im Rahmen der Philosophie faßte der Evolutionismus in erster Linie im Werk von Sir Karl R. Popper Fuß, der ihn zu einem Rezept erfolgreicher Wissenschaftstheorie und auch -praxis stempelte. Popper gilt als einer der einflußreichsten zeitgenössischen Wissenschaftstheoretiker, da er sich nicht nur unter seinen Fachkollegen, sondern auch unter den von ihm angesprochenen Wissenschaftlern erfolgreich Gehör zu verschaffen wußte – eine für Philosophen eher seltene Gabe. Das zentrale Anliegen seiner Philosophie ist eine Begründung der Möglichkeit wissenschaftlicher Erkenntnis, was zugleich die Abgrenzung von Wissenschaft gegenüber Metaphysik voraussetzt.

Im Jahre 1972 veröffentlichte Popper sein Buch *Objective Knowledge*, dem er den Untertitel gab: «Ein evolutionärer Ansatz». Dieser Ansatz ist ebenso einfach wie verblüffend: Er überträgt die Darwinsche Theorie von Variation und Selektion auf die Form des wissenschaftlichen Erkenntnisgewinns. Die Grundlage der Wissenschaftstheorie Poppers ist die Einsicht in die Unmöglichkeit absoluten Wissens. Es gibt keine absolute, ewige Wahrheiten für

Wissenschaften, die in der Beobachtung gründen sollen und müssen. Wozu aber soll dann Wissenschaft dienen, wenn nicht zur Wahrheitsfindung? Schon im einleitenden Kapitel wurde ausgeführt, daß ein wesentliches Ziel wissenschaftlicher Forschung in der zuverlässigen Voraussage von kausal bedingten Prozessen der Natur liegt, also letztlich einem erfolgreichen Management der Zukunft entspricht. Wie aber ist das möglich, wenn es kein absolutes Wissen geben kann?

Der evolutionäre Ansatz geht davon aus, daß der Gewinn von Erkenntnis einem Anpassungsprozeß entspricht. Es spielt dabei keine Rolle, ob es einen Zugang zu einer als absolut gesetzten Realität gibt oder geben kann; es spielt auch keine Rolle, daß eine wissenschaftliche Theorie nie sich als endgültig richtig (oder endgültig falsch) erweisen kann. Wichtig ist, daß Hypothesen oder Theorien formuliert werden, deren Voraussagen *funktionieren*. Ein einfaches Beispiel ist das Flugzeug, von Ingenieuren nach den Erkenntnissen der Physik konstruiert. Es spielt keine Rolle, ob die aerodynamischen Gesetze, welche den Bau des Flugzeugs bestimmen, endgültig und ewig wahr sind, ob sie eine als absolut gesetzte Realität richtig und vollständig abbilden. Was zählt, ist allein die Zuverlässigkeit der Voraussage, daß unter bestimmten Rahmenbedingungen das Flugzeug zum gefahrenlosen Transport der Passagiere eingesetzt werden kann. Fliegt das Flugzeug, muß es an die Gegebenheiten dieser Welt und ihrer Atmosphäre *angepaßt* sein – so, wie auch der durch Variation und Selektion dem aktiven Flug angepaßte Flügel eines Vogels den Gesetzen der Physik ein Stück weit zumindest entsprechen muß! Man könnte also sagen, daß die Evolution des aktiven Fluges bei Vögeln einem unbewußten, evolutiv bedingten Erkenntnisprozeß gleichkommt. Die Gestaltung des Vogelflügels setzt eine «evolutive Erkenntnis» der Gesetze der Aerodynamik durch die natürliche Selektion voraus. Konrad Lorenz bezeichnete die Evolution insgesamt als einen Erkenntnisprozeß. Umgekehrt kann man nun mit Popper folgern, daß der bewußte, auf empirischer Forschung beruhende Erkenntnisgewinn der Wissenschaften einem Anpassungsprozeß gleichkommt. Die Erkenntnisse der Aerodynamiker passen sich an die Gegebenheiten der Erde und ihrer Atmosphäre an. Dieser Anpassungsprozeß ist ein schrittweiser, kontinuierlicher. Es wird nie möglich sein, die als absolut gesetzte Realität zu «besitzen»; es sollte aber möglich sein, sich ihr mehr und mehr anzunähern – so jedenfalls meint Popper. Evolution und Erkenntnis: beides entspricht einem Prozeß von Versuch und Irrtum.

Nun: wenn es keine absolute Wahrheit geben kann, kann es auch keine absolut wahre Theorie geben. Popper zog daraus den Schluß, daß es sinnlos sei, nach der «Richtigkeit» einer Theorie auch nur zu fragen. Statt dessen sollte man eine Theorie auf die Probe stellen, ihre Voraussagen laufend testen, immer wieder versuchen, sie zu widerlegen. Gelingt dies nicht, so ist kein Erkenntnisgewinn möglich. Die Theorie bleibt, was sie ist: erfolgreich in ihren Voraussagen innerhalb ihrer Voraussetzungen und Rahmenbedingungen. Gelingt dank eines «Schlüsselexperimentes» die gänzliche oder teilweise Widerlegung einer Theorie, so sollte sich der Wissenschaftler glücklich preisen. Denn nun sieht er sich in der Lage, seine Theorie zu verbessern. Er kann untersuchen, warum eine bestimmte Voraussage der getesteten Theorie in seinem «Schlüsselexperiment» fehlgeschlagen hat, und er wird die Theorie so weit verbessern oder erweitern müssen (im Extremfall gar durch eine neue Theorie ersetzen müssen), bis das «Schlüsselexperiment» seine natürliche Erklärung gefunden hat. Die Erkenntnis hat sich der «Realität» um einen weiteren Schritt angepaßt. Poppers Theorie der Erkenntnis beginnt mit der Formulierung einer Hypothese, einer Theorie, um dann zum Test dieser Theorie aufgrund ihrer einzelnen Voraussagen zu schreiten. Das Resultat ist ein fortlaufender Anpassungsprozeß der Erkenntnis an die Gesetzmäßigkeiten der Natur.

Wie in den vorausgehenden Kapiteln eingehend dargelegt, ist die Evolutionstheorie Darwins in erster Linie eine Theorie der Anpassung, doch wurde sie im Zeitgeist des 19. Jahrhunderts mit einer Fortschrittsideologie verknüpft. Diese Fortschrittsideologie findet sich zumindest im frühen Werk Poppers, als er – noch von der diesbezüglichen Kritik verschont, die ihm seine Schüler entgegenbrachten – auf einen Fortschritt der Wissenschaft pochte. Gerade aus seinem evolutionären Ansatz heraus schien ihm dieser Fortschritt, die fortlaufende Annäherung der wissenschaftlichen Erkenntnis an eine außersubjektive Realität, geradezu zwingend, und zwar aus dem gleichen Grunde, wie Darwin auf eine Perfektionierung aller körperlichen und geistigen Gaben beharrte. Es sind die Mechanismen der Variation und Selektion, die solchen Fortschritt zu garantieren schienen.

Rekapitulieren wir kurz: Nach der Theorie Darwins vollzieht sich evolutiver Wandel in einer Sukzession und Aufaddierung kleiner und kleinster Schritte. Grundlage des Wandels ist die Variabilität der Organismen; gesteuert wird der Wandel durch die kontinuierliche Wirkung der natürlichen Selektion. In der Erkenntnistheorie Poppers entspricht die Formulierung einer neuen Arbeitshypothese, die immer am Anfang eines Forschungsprogrammes stehen muß, der Einführung von *Variabilität* in das Theoriengebäude der Wissenschaft. Die Forschung schreitet dann zum Test dieser Arbeitshypothese fort, indem sie deren Voraussagen einer experimentellen Prüfung unterzieht. Dieses Testen von Arbeitshypothesen entspricht einem Prozeß der *Selektion*. Erweist sich dabei eine Theorie als widerlegt, so wird sie fallengelassen. Hält dagegen die Theorie dem Test stand, wird sie beibehalten und zur Grundlage der weiteren Forschung gemacht. Durch einen Prozeß von Variation (der Hypothesen) und Selektion (unter den variablen Hypothesen) schreitet die Forschung langsam und schrittweise im Sinne eines kumulativen Erkenntnisprozesses zu immer größerer Anpassung an die außersubjektive Realität fort. Der evolutionäre Ansatz scheint den Fortschritt der Wissenschaft zu garantieren.

Allerdings haben nicht zuletzt die Schüler und ehemaligen Studenten Poppers dessen Optimismus in Sachen Wissenschaft in Frage gestellt. Diese Kritik hat Popper selbst weitgehend akzeptiert. Begonnen hat die Auseinandersetzung mit der Einsicht, daß auch der experimentelle Test einer Arbeitshypothese keine voraussetzungsfreie Beobachtung darstellen kann. Wenn es kein absolutes Wissen geben kann, kann es auch keinen endgültigen Test geben! Popper hat akzeptiert, daß die Wissenschaft nicht einem kontinuierlichen Anpassungsprozeß an eine als absolut gesetzte, außersubjektive Realität entsprechen kann. Er hat die Wissenschaft umgemünzt in eine Welt, in der eine Vielzahl möglicher Theorien zum Konkurrenzkampf antreten. Keine ist absolut richtig, keine absolut falsch, aber einige sind besser – haben also einen größeren Erklärungswert – als andere. Das Wesen der

Forschung liegt nunmehr darin, den Erklärungswert konkurrierender Theorien experimentell auszuloten. In der Gegenüberstellung konkurrierender Theorien soll die bessere überleben! Der Optimismus, letztlich gar der Glaube an Fortschritt in der Wissenschaft, bleibt in anderer Form ungebrochen, in einer Form allerdings, die nach wie vor einem darwinistischen Grundmuster entspricht. Der Darwinismus erklärt das Aussterben von Arten durch die Konkurrenz überlegener Lebensformen; Popper erklärt das Aussterben von Theorien durch die Konkurrenz überlegener Erklärungsformen. Die unterlegene Theorie wird aus ihrem «Platz im Haushalt» der Wissenschaft verdrängt.

Die Darstellung des Evolutionismus in seiner historischen Entwicklung sollte jedoch gezeigt haben, daß selbst diese neue Form von Wissenschaftsgläubigkeit ihre Tücken haben kann. Es gibt auch für den Evolutionismus keine absolute Realität, genausowenig wie ewige Wahrheit. Was statt dessen die Evolutionstheorie prägt, sind unterschiedliche Sichtweisen der Natur, die nicht nur historisch und kulturell bedingt sind, sondern letztlich auch gewissen wiederkehrenden Grundformen der Anschauung zu entsprechen scheinen. Darwinismus, Funktionalismus oder Gradualismus ist nur eine dieser Sichtweisen, Punktualismus, Strukturalismus oder Katastrophismus ist eine andere. So kann es nicht überraschen, daß der darwinistisch gefärbten Wissenschaftstheorie Poppers die andere Sichtweise entgegengesetzt wurde, etwa von Thomas S. Kuhn in seinem Buch *Die Struktur wissenschaftlicher Revolutionen.*

Wie schon im Titel des Buches angedeutet, könnte man Kuhn etwas salopp als Punktualisten bezeichnen, vertritt er doch eine «Theorie des durchbrochenen Gleichgewichtes» im Rahmen der Wissenschaftsphilosophie. Er konzentriert sich auf die Struktur des wissenschaftlichen Theoriengebäudes, dessen Stabilität und die Schwierigkeit eines allfälligen Umbaues in Rechnung stellend. Durch die Untersuchung der historischen Entwicklung von Wissenschaften sah Kuhn den Fortschrittsglauben Poppers in Frage gestellt. Was er feststellte, war ein eklatanter Mangel von Kritikfähigkeit seitens der Wissenschaftler, die allein den kontinuierlichen Fortschritt ihres Forschungsgebietes garantieren könnte. Vielmehr schienen die Wissenschaft und ihre Vertreter aus der historischen Perspektive betrachtet durch ein erstaunliches Maß von Trägheit ausgezeichnet! Da kamen Theorien, beziehungsweise deren Voraussagen, in Schwierigkeiten, ohne daß jemand sich dazu bereit gefunden hätte, sie sogleich und endgültig über Bord zu werfen. Da schlichen sich psychologische, methodische und andere Voraussetzungen in Forschungsprogramme ein, ohne daß jemand im Ernst daran gedacht hätte, die Wissenschaft von diesem Ballast zu befreien oder, sollte dies unmöglich sein, die Voraussetzungen wenigstens zu einem bewußten Teil der Erkenntnis zu machen. Kuhn stellte fest, daß die sogenannte «normale» Wissenschaft in Strukturen behaftet bleibt, die er mit dem Begriff des *Paradigmas* belegte. Was ein Paradigma eigentlich genau ist, läßt sich infolge des unbewußten oder nur zum Teil bewußten Wesens dieser Strukturen nicht definieren. Ein Paradigma umfaßt all jene stillschweigenden Voraussetzungen, innerhalb deren sich die «normale Wissenschaft» in einem gegebenen sozialen und politischen Kontext bewegt. Es ist klar, daß sich im Laufe der Zeit diese «Normalwissenschaft» in eine zunehmende Zahl von Problemen und Widersprüchlichkeiten verfangen muß, daß sich im Laufe der Zeit Widerlegungen von speziellen Voraussagen ansammeln müssen. Diese jedoch werden «normalerweise» stillschweigend geschluckt, gleichsam im Schrank des Nebenzimmers versorgt, denn die «Normalwissenschaft» scheint insgesamt einen noch ungebrochenen Erklärungswert zu besitzen, das Paradigma scheint sich im ganzen gesehen weiterhin zu bewähren: es verharrt in einem Gleichgewichtszustand.

Die vorausgehenden Kapitel nannten zahlreiche zumindest teilweise widerlegte Theorien, die trotz der Konflikte zwischen Voraussagen und Beobachtungsdaten nicht aufgegeben wurden. Da wäre etwa die Doktrin der Präexistenz der Keime zu erwähnen, die zwar eine ganzheitliche Betrachtung des Organismus als Erfolg für sich buchen konnte, andererseits aber in krassem Widerspruch zur Existenz von Mißgeburten stand. Selbst Cuvier hielt zu einer Zeit, als dies den Eindruck eines blanken Anachronismus erwecken mußte, noch an einer Präformationslehre fest – einfach weil er von der Frage nach den Zweckursachen nicht lassen konnte und wollte. Ein anderes Beispiel wäre die Sintfluttheorie als Erklärung für das Auftreten von Fossilien, die sich in

England bis weit in das 19. Jahrhundert hinein halten konnte – trotz der offenkundigen Erfolge der biostratigraphischen Forschung. Und keiner stellte die Frage, warum denn Wassertiere wie Muscheln, Schnecken, Fische usf. durch eine Sintflut in großer Zahl zu Tode gekommen sein sollten?

Unweigerlich aber nähert sich der Zeitpunkt, da sich die Besenkammer des Paradigmas nicht länger hermetisch verriegeln läßt. Sie quillt über, die Zahl der Widersprüche und Falsifikationen ist zu groß geworden, das herrschende Paradigma gerät aus dem Gleichgewicht. Es ist der Zeitpunkt dessen gekommen, was T. S. Kuhn als «wissenschaftliche Revolution» bezeichnet hat. Es erfolgt ein *sprunghafter* Wandel. Das problembeladene Paradigma wird aufgegeben, muß aufgegeben werden, es folgt eine Periode der Unsicherheit und Orientierungslosigkeit, bis sich schließlich im Rahmen der wissenschaftlichen Gemeinschaft ein neues Paradigma konstelliert hat. Die Forschung hat eine neue, richtungsweisende Basis gewonnen. Weder ist dieser Prozeß eines Paradigmenwechsels notwendigerweise mit Fortschritt gekoppelt, noch stellt er zwingend eine verbesserte Anpassung an eine als absolut gesetzte, außersubjektive Realität dar. Es hat in erster Linie eine neue «Sicht der Dinge» bei der Ausrichtung von Forschungsvorhaben die Oberhand gewonnen, abhängig von den jeweils vorherrschenden sozialen und politischen Strömungen, aber auch von den Grundformen der menschlichen Anschauung. Wissenschaft – dies sei nochmals betont – ist kein wertfreies, sondern ein eminent soziales Geschehen!

Karl R. Popper hat sich mit seinem evolutionären Ansatz nicht allein auf Wissenschaftstheorie beschränkt; er hat diesen Ansatz vielmehr auch zu einer Gesellschaftstheorie erweitert. Von den Nationalsozialisten aus Wien geflohen, hatte Popper allen Grund, totalitäre politische Systeme zu verurteilen, seien diese nun faschistisch oder kommunistisch geprägt. Aus dieser Lebenserfahrung schrieb Popper Bücher wie *The Poverty of Historicism* oder *The Open Society and its Enemies.* Seine Kritik totalitärer Systeme richtet sich gegen deren Anspruch auf Wissenschaftlichkeit in den Voraussagen geschichtlicher Entwicklungen. Wissenschaftlich ist für Popper eine Theorie dann und nur dann, wenn sie testbare Voraussagen erlaubt. Der Test einer Theorie setzt damit voraus, daß diese prinzipiell wiederholbare Prozesse erklärend voraussagt. Nun ist aber Geschichte geradezu das Paradebeispiel für einen einmaligen, in der Achse der Zeit sich vollziehenden Prozeß. Im Rahmen der Geschichtsforschung kann es daher Testbarkeit im strengen Popperschen Sinne nicht geben und die Geschichtsforschung nicht dem von Popper umrissenen Begriff einer strengen (Natur-)Wissenschaft entsprechen. Also sind auch geschichtliche Voraussagen, wie sie totalitäre politische Systeme zu ihrer Rechtfertigung immer wieder vorbringen, nicht (natur-)wissenschaftlich begründbar.

Was bleibt zu tun, um eine fortschrittliche Entwicklung der menschlichen Gesellschaft zu fördern, ja sogar zu garantieren, wenn wir uns nicht auf eine «Naturgesetzlichkeit der Geschichte» berufen können oder dürfen? Popper greift erneut auf das Rezept Darwins zurück: Wandel in kleinen Schritten als Folge von Variation und Selektion.

Erste Voraussetzung für eine fortschrittliche Entwicklung der Gesellschaft ist deren Pluralismus. Nur eine pluralistische Gesellschaft bietet Variation, welche die notwendige Grundlage für einen Selektionsprozeß darstellt. Es ist also notwendig, daß eine Gesellschaft abweichende Meinungen, eine Vielzahl von Denkvorstellungen und sozialpolitischen Modellen toleriert, um so überhaupt erst die Grundlage für eine fortschrittliche Entwicklung zu schaffen. Diese wird schließlich gesteuert durch die Wirkung der natürlichen Selektion, welche unter den zur Verfügung stehenden sozialen und politischen Modellen das in der jeweiligen historischen Situation vorteilhafteste begünstigt. Fortschritt setzt Veränderung voraus und damit auch den Mut zur Veränderung. Eine Gesellschaft kann nur in einem schöpferischen Sinn überleben, wenn sie den Mut zur Veränderung aufbringt, also auch Ansätze zur Veränderung toleriert. Diese aber sollten nicht zu extrem sein. Nach dem Rezept des Darwinismus soll sich auch der gesellschaftliche Wandel in einer Abfolge kleiner Schritte vollziehen. Jeder kleine Schritt kann in seinen Auswirkungen getestet werden. Erweist er sich als vorteilhaft, kann er zur Grundlage weiterer gesellschaftlicher Veränderung gemacht werden. Erweist sich ein Ansatz zur Reform dagegen als kontraproduktiv, kann er ohne größeren Schaden für die Gemeinschaft fallengelassen werden – vorausgesetzt, der erste Schritt war kein zu großer. Sonst kommt es zur Katastrophe. Das Poppersche Modell gesellschaftlichen Wandels entspricht also wieder einem evolutiven Prozeß von Versuch und Irrtum. Kennzeichen der «Offenen Gesellschaft» ist deren *Lernfähigkeit.*

Auch in bezug auf gesellschaftspolitische Modellvorstellungen kommt die dem Darwinismus entgegengesetzte Sichtweise der Dinge zur Geltung. Wandel in kleinen Schritten mag ja gut und recht sein, doch braucht er Zeit, viel Zeit, und könnte sich daher in bestimmten historischen Situationen als zu langsam erweisen. Marx propagierte Revolution und Klassenkampf als einzige Möglichkeit, effektvoll in das Rad der Geschichte einzugreifen und so gesellschaftlichen Wandel voranzutreiben. Die Gesellschaft sah er einer Trägheit verhaftet, in einem Gleichgewichtszustand befangen, aus dem sie nur durch revolutionäre Mittel zu lösen sei. Eine ähnliche Sicht der Dinge, wenn auch nicht marxistisch motiviert, hat sich heute mancher Vertreter des Umweltschutzes zu eigen gemacht. Die Gesellschaft scheint zu träge, um mit ihren selbstgeschaffenen Problemen effektvoll fertig zu werden. Das Gleichgewicht der vorherrschenden Lebensformen muß durchbrochen werden, so wird argumentiert, bevor oder damit eine umweltgerechtere Gesellschaftsform Fuß fassen kann.

Denn: schneller Wandel tut not. Gegenüber dem darwinistischen Modell des Wandels in kleinen Schritten verspricht die «Theorie des durchbrochenen Gleichgewichtes» Vorteile, die jedoch mit einer erhöhten Risikobereitschaft erkauft werden müssen. Eine Revolution kann innerhalb kurzer Zeit grundsätzlichen Wandel schaffen, doch kann die Sache auch grundsätzlich schiefgehen!

Die Natur als Modell – oder als Rechtfertigung – gesellschaftlicher Ideologien? Es ist nicht die Naturgesetzlichkeit eines bestimmten Musters evolutiven Wandels, die sich zur Begründung einer Ideologie herbeiziehen läßt. Den wissenschaftlichen Schluß auf ursächlich begründete Gesetzmäßigkeit erlaubt immer erst die Beobachtung von Regelmäßigkeit in der Natur, wie schon ausführlich diskutiert wurde. Beobachtung ist aber nie voraussetzungsfrei. Was die vorausgehenden Kapitel zeigen sollten, ist ein historisch dokumentierbarer Wandel in der «Sicht der Dinge».

Naturforscher stellten aus unterschiedlichen Sichtweisen heraus Fragen an die Natur – sie erhielten unterschiedliche Antworten. Zur Begründung gesellschaftlicher Strukturen lassen sich keine wertfreien Naturgesetze der Evolution herbeiziehen. Es sind nur immer wieder unterschiedliche Voraussetzungen, welche die Dinge in verschiedenem Licht erscheinen lassen. Worum es letztlich geht, sind alternative Sichtweisen und Denkmuster, die sich bei geeignetem Einfallswinkel sowohl in der Natur als auch in der Gesellschaft spiegeln, dabei eine gewisse Regelmäßigkeit der Erscheinungen einfangen und so zum Erkenntnisprozeß beitragen. Spannend wird es dann, wenn sich dieselben Sichtweisen und Denkmuster nicht nur in der Außenwelt – in der Natur, Philosophie oder Gesellschaft – spiegeln, sondern auch in der Innenwelt des Menschen. Die Erforschung der Innenwelt des Menschen ist die Domäne der Psychologie, und auch sie sah sich dem Einfluß des Evolutionismus ausgesetzt.

In seinem Buch *Ontogeny and Phylogeny* hat Steven J. Gould den Einfluß nachgezeichnet, den der Evolutionismus Haeckelscher Prägung auf Sigmund Freuds Theorien hatte. Die wissenschaftlichen Leistungen Ernst Haeckels waren vielfältig und imposant. Seine Popularität allerdings stützte sich vornehmlich auf sein Engagement für den Evolutionismus im deutschsprachigen Raum, wobei er die Theorie Darwins mit eigenen, infolge ihrer rassistischen Färbung nicht unumstrittenen Anschauungen erweiterte. In dem von Haeckel verteidigten «biogenetischen Grundgesetz» (im dritten Kapitel schon kurz angesprochen) wird evolutive Höherentwicklung auf einen schrittweisen, additiven oder kumulativen Prozeß festgeschrieben. Der Organismus stellt aber das Resultat einer «Evolution» im doppelten Sinne dar, muß also zum einen durch den individuellen Prozeß der Embryonalentwicklung «gebaut» werden, während andererseits das Rezept für diesen Entwicklungsprozeß nach Haeckel durch die historische Entwicklung des Lebens auf der Erde geschrieben wurde. Wenn diese historische Entwicklung der Organismen einem additiven Prozeß entspricht, steht zu erwarten, daß Evolution letztlich darin besteht, dem Rezept für die Embryonalentwicklung einige neue Sätze hintanzufügen. Das Resultat ist die bereits eingehend diskutierte Rekapitulationstheorie. Nach dem biogenetischen

Grundgesetz von Haeckel würde der Organismus im Laufe seiner Ontogenese (Embryonalentwicklung) seine Phylogenese (seine historische Entwicklung) in verkürzter, vereinfachter Form wiederholen.

Die Rekapitulationstheorie hat tiefreichende historische Wurzeln, geht sie doch letztlich auf die Seelenlehre des Aristoteles zurück. Auf ihr aufbauend glaubte Charles Bonnet schon im Jahre 1769 folgern zu können, daß das Verhalten eines Kleinkindes vor dem Erwachen der «Vernunftseele» jenem eines höheren Tieres entspreche. Schon früh wurde die Gültigkeit der Rekapitulationstheorie von der körperlichen auf die seelische Entwicklung übertragen. Ein Paläontologe des 19. Jahrhunderts, S. S. Buckman, veröffentlichte eine von S. J. Gould zitierte Studie, in der das Verhalten von Kleinkindern mit jenem von Affen verglichen wurde: «Babies and Monkeys» heißt die 1894 erschienene Schrift! Der beruhigende Effekt, den das Schaukeln und das Wiegen auf Kleinkinder ausübt, sollte auf die baumbewohnende Lebensweise der Vorfahren des Menschen zurückverweisen. Wie Gould zeigte, stand die amerikanische Psychologie des ausgehenden 19. Jahrhunderts ganz im Banne der Rekapitulationstheorie. Kinder, die im Wald Hütten bauen, Horden bilden nach eigenen Gesetzen und Ritualen, am offenen Feuer Kartoffeln rösten und Würste braten, würden danach das primitive Leben der Vorfahrenstadien der zivilisierten und gebildeten Gesellschaft führen. Das Bild hat seine Überzeugungskraft bis heute nicht eingebüßt. Der Verhaltensforscher Irenäus Eibl-Eibesfeldt, aus der Schule von Konrad Lorenz stammend, beschreibt in seinem Lehrbuch rudimentäre Kletterbewegungen bei Frühgeburten, die an die Ahnen der Menschheit erinnern sollen. In seinem Buch *Die Spaltung des Weltbildes*, einem im Jahre 1985 erschienenen Plädoyer für einen umfassenden Humanismus, äußert der Wiener Zoologe Rupert Riedl den denkwürdigen Satz:

«Wir dürfen aber nicht vergessen, daß Kinder und Naturvölker, Menschen also mit noch geringen individuellen und kollektiven Korrektiven, noch in ganz anderer Weise von der Autonomie der Vorstellungen und Deutungen aus ihrem Bewußtsein beherrscht, traktiert und geängstigt werden. Dies kann als überzeugend belegt gelten.»

Ein anderer Wiener mit ganz ähnlichen Vorstellungen der Psychologie der Kinder und der «Wilden» war Sigmund Freud, zu seiner Zeit noch unmittelbar der paradigmatischen Wirkung des biogenetischen Grundgesetzes ausgesetzt. Seine Verhaftung im Haeckelschen Weltbild machte S. J. Gould in seinem 1977 erschienenen Buch *Ontogeny and Phylogeny* beispielhaft deutlich. Das Kind, der moderne Eingeborene, der primitive Vorfahre des Menschen – und der Neurotiker repräsentieren nach Freud alle dasselbe evolutive Entwicklungsniveau der Psyche. Diese Theorie ergibt sich aus der Auffassung, daß die Entwicklung der menschlichen Psyche vom Kleinkind bis hin zum gebildeten Kaffeehausbesucher die Bewußtseinsentwicklung der Menschheit in verkürzter und allenfalls leicht veränderter Form nachzeichne. Die Neurose des Erwachsenen entsteht nach Freud durch eine Fixierung der sexuellen Energie auf kleinkindliche, evolutiv primitive Entwicklungsphasen der Persönlichkeit. Daher fehlt dem Erwachsenen die entsprechende Energie zur adäquaten Bewältigung seiner Lebensumstände. Die Therapie führt den Patienten bewußt auf die primitive, kleinkindliche Entwicklungsstufe zurück mit dem Ziel, die dort gebundene Libido zu befreien und wieder verfügbar zu machen. Als Konsequenz des biogenetischen Grundgesetzes faßte Freud die Möglichkeit ins Auge, aus dem Verhalten neurotischer Menschen die Psyche menschlicher Vorfahren zu erschließen. Neurotiker versetzen den Psychiater in eine prähistorische Landschaft!

Auch die analytische Psychologie C. G. Jungs war und blieb dem Evolutionismus verhaftet – allerdings nicht in einer streng darwinistischen oder haeckelianischen Ausprägung. Vielmehr scheint seine Theorie der Individuation der menschlichen Psyche mit den vom Embryologen K. E. von Baer formulierten «Gesetzen der individuellen Entwicklung» (3. Kapitel) in Einklang zu stehen – allerdings ohne daß dieser Zusammenhang in den Arbeiten Jungs jemals deutlich hervorgehoben würde. Tatsächlich läßt sich aus den Schriften C. G. Jungs eine strukturalistisch betonte Sichtweise herauslesen. Jung betont die Konstanz der Strukturen, nicht nur der Kategorien des Erlebens und Erkennens – von ihm als Archetypen bezeichnet –, sondern auch und durch die Archetypen bedingt die Konstanz der Persönlichkeitsstruktur. Dieser Konstanz von Strukturen steht die Schwierigkeit, oft gar die Unmöglichkeit des Wandels gegenüber.

Nach Jung entwickelt sich die menschliche Persönlichkeit in einem «epigenetischen» Prozeß von Wachstum, Unterteilung und Differenzierung, vom Einfacheren zum Komplexeren fortschreitend, wie es die Entwicklungsgesetze von Baers verlangen. Die menschliche Psyche setzt sich aus einem System von Komplexen zusammen, deren jedem einerseits eine gewisse Autonomie und Individualität eignet, während er andererseits sich im Rahmen eines Archetyps kategorisieren läßt, also kollektive Züge trägt. Mit zunehmendem Alter und Lebenserfahrung nimmt als Folge des individuellen Entwicklungsprozesses auch die Komplexität der Persönlichkeit zu, wobei sie umfassendere Individualität gewinnt, gleichzeitig aber den Bann archaischer Motive nie endgültig zu durchbrechen vermag. Wir treffen damit erneut auf das (im Zusammenhang mit der strukturalistischen Sicht der Dinge schon ausführlich besprochene) Wechselspiel von schöpferischer individueller Entfaltung einerseits und einschränkender kollektiver Zwänge andererseits, in dem die Ganzheit der Person begründet liegt. Dies ist auch der Grund, weshalb sich die individuelle Entwicklung nicht im Sinne eines additiv kontinuierlichen Prozesses vollzieht. Statt dessen wechseln Perioden psychischer Stabilität mit Krisensituationen ab, die das psychische Gleichgewicht durchbrechen. Die Perioden psychischer Stabilität sind gekennzeichnet von einer bestimmten Bewußtseinshaltung, die es erlaubt, die aktuelle Lebenssituation mehr oder weniger zu meistern, dabei aber zugleich die Individualität der betreffenden Persönlichkeit ihrem jeweiligen Entwicklungsstand entsprechend zur Entfaltung bringt und so das Gefühl von weitgehendem Glück und Zufriedenheit erweckt. Eine Krisensituation tritt ein, wenn die Bewußtseinseinstellung der Lebenssituation nicht mehr angepaßt ist, wenn sich zwischen dem Innenleben der Seele und dem äußeren Leben in der Welt der Dinge ein Spalt auftut. Diese mangelnde «Passung» kann die Folge sein einer Veränderung der äußeren Lebenssituation, kann jedoch auch der Eigendynamik des inneren Entwicklungsprozesses der Psyche entspringen. Gewöhnlich stellt sich bei genauerer Analyse der Situation eine Komplementarität der inneren und äußeren Entwicklung heraus.

Im Laufe der Persönlichkeitskrise werden die überkommenen Strukturen der Psyche aufgebrochen, ein Prozeß, durch welchen Energien freigesetzt werden, die es erlauben, eine neue, der veränderten Situation entsprechende Bewußtseinseinstellung aufzubauen. Kennzeichen solcher Persönlichkeitskrisen ist, daß sie keineswegs harmonisch verlaufen. Sie entsprechen vielmehr einem risikobehafteten Entwicklungssprung – risikobehaftet deshalb, weil das Individuum sich bedingungslos auf seine Entwicklung und Veränderung einlassen muß, ohne schon zum voraus das Ergebnis im Detail kennen zu können und den Erfolg einer erneuerten Anpassung garantiert zu erhalten. Erich Jantsch führte zur Kennzeichnung solcher Prozesse den treffenden Ausdruck der «Fluktuation» ein – es entsteht ein Zustand des Ungleichgewichtes, des «inneren Chaos». Denken wir an das uns jetzt bereits bekannte Bild: Der «glatte Wasserstrahl» wird zerrissen, was die Voraussetzung ist zur Bildung einer neuen Ordnung, neuer Bewußtseinsstrukturen. Wie es bei dem evolutionistischen Hintergrund der Jungschen Psychologie nicht anders zu erwarten ist, wird auch hier die Persönlichkeitskrise als eine Rückkehr zu den Quellen des Unbewußten beschrieben, ein Absteigen auf die Stufen früherer Entwicklungsphasen, nicht nur der individuellen Persönlichkeit, sondern auch der Menschheit als Ganzes. Diese «Reise in die Unterwelt» führt jenem, der sich zu diesem Wagnis bereit findet, die Macht der Archetypen vor, die es im Laufe des Individuationsprozesses immer von neuem zu durchbrechen gilt oder, genauer: mit der zu rechnen gelernt sein will!

Es geht bei Jung sicherlich nicht darum, daß ein Analysand frühere Zustände der Menschheitsentwicklung als solche durchläuft. Vielmehr soll die individuelle Analyse zurück zu dynamischen Strukturen führen, die als solche auch die frühe Menschheitsentwicklung beeinflußt haben. Der Individuationsprozeß ist nicht wie bei Freud einer der additiven Rekapitulation im Sinne Haeckels, sondern entspricht einer von gemeinsamen Anlagen ausgehenden, aber in verschiedener Richtung sich vollziehenden Entwicklung im Sinne der von Baerschen Gesetze. Die Individuation führt nicht entlang der Stufenleiter der kollektiven Entwicklung menschlicher Zivilisation! Statt dessen liegt es gerade im Wesen der Individuation, daß diese einen in bezug auf das Kollektiv divergenten Verlauf nimmt. Der Begriff der Individuation drückt durch sich selbst die Tatsache aus, daß damit die Entwicklung des Individuums im Gegensatz zur Gemeinschaft gemeint ist. Allerdings ist jedes Individuum durch das Kollektiv bedingt und nur als konstituierendes Element einer Gemeinschaft denkbar. Der Begriffsinhalt des Wortes «Individuum» ergibt sich erst im Gegensatz zum Kollektiv, so wie auch das Individuum nur eingebettet in der Gesellschaft zur Geltung kommen kann. Gerade darin aber liegt die Notwendigkeit, zu den Wurzeln der menschlichen Gemeinschaft zurückzufinden, um aus diesem Erleben heraus sich selbst als unverfälscht individuellen Teil dieser Gemeinschaft zu entwickeln. Aus dieser Komplementarität folgt sowohl Geborgenheit als auch Gefahr. Die Sogwirkung der menschlichen Gemeinschaft ist beträchtlich, eine lückenlose Anpassung daher bequem. Entsteht jedoch ein Gegensatz durch innere und äußere Entwicklung, so wird die Gleichgewichtssituation durchbrochen, überkommene Strukturen werden hinfällig, und Wandel ist angesagt. Nicht jedoch ein Wandel kleiner Schritte im Sinne einer erneuerten oder auch nur fortlaufenden Anpassung, sondern eine Fluktuation, die Mut zum Risiko voraussetzt. Es wird nicht auf Bestehendem und Bewährtem aufgebaut. Das Chaos muß zugelassen werden, unvorhergesehenen Wendungen des Entwicklungsprozesses muß gefolgt, der Platz in der menschlichen Gemeinschaft allenfalls neu erobert werden. Wieder offenbaren sich in den Theorien von Sigmund Freud und C. G. Jung dieselben gegensätzlichen Sichtweisen der Dinge, wie sie für den Evolutionismus allgemeine Gültigkeit haben.

Der Evolutionismus hat auf die unterschiedlichsten Gebiete geisteswissenschaftlicher Forschung Einfluß genommen. Man hatte womöglich gehofft, die «Sache des Menschen» auf ein aus Naturgesetzen gefügtes Fundament stellen zu können, fand sich jedoch zum Schluß in eben dieser «Sache des Menschen» befangen, in konkurrierenden Denkmustern und Sichtweisen der Natur. Das Unternehmen ist an einem Punkt gescheitert, den man in einer etwas lässigen Dehnung des Begriffs als «naturalistischen Fehlschluß» bezeichnen könnte. Versucht hier Münchhausen, sich am eigenen Schopf aus dem Sumpf zu ziehen? Besonders akut und deutlich darstellbar wird dieser «naturalistische Fehlschluß» durch den Versuch, eine ethische und moralische Begründung von Verhaltensnormen aus der Evolutionstheorie abzuleiten.

Mit der sogenannten «Evolutionären Ethik» wird ein Kapitel angeschnitten, in dem der Evolutionismus den vielleicht umfassendsten und unmittelbarsten Einfluß auf die Einstellung des Menschen zu seiner Gemeinschaft zu nehmen versucht oder genommen hat. Dies um so mehr, als die evolutionäre Ethik in einer Naturgesetzlichkeit verankert sein will, der auch andere Naturprozesse unterworfen sind, welche sich in zunehmendem Maße gegen den Menschen zu richten beginnen. Ökosysteme, die vom Zusammenbruch bedroht sind, haben letztlich einen evolutiven Ursprung, und mit der Gentechnologie scheint die Möglichkeit einer «maßgeschneiderten Evolution» gegeben. Evolutionäre Ethik könnte somit Gültigkeit beanspruchen zur Begründung von Verhaltensnormen in bezug auf brennende Probleme der Gegenwart – wenn sie selbst sich als gültig erweisen würde! Es würde letztlich darum gehen, aus der Kenntnis evolutiver Prozesse heraus ethische und moralische Verhaltensnormen zu begründen, die den Erhalt und Fortbestand, wenn nicht gar den evolutiven Fortschritt der Gesellschaft sichern sollten.

Begonnen hat der Streit um die Möglichkeit einer evolutionären Ethik mit der im Frühsommer des Jahres 1975 erfolgten Publikation des epochemachenden Werkes von Edward O. Wilson: *Sociobiology. The New Synthesis.* E. O. Wilson hatte sich zu dieser Zeit bereits als führende Kapazität in der Erforschung sozialer Insekten einen Namen gemacht. Die zentrale Frage lautete für ihn: Wie ist es möglich, daß ein Insektenstaat durch die Darwinschen Mechanismen von Variation und Selektion entstehen kann, wenn doch die natürliche Selektion immer nur egoistisches Verhalten zu belohnen scheint? Was zählt, ist doch letztlich der relative Fortpflanzungserfolg des Individuums. Was also hat eine Ameise davon, wenn sie sich zur Verteidigung ihres Staates zu selbstmörderischer Aktion hinreißen läßt? Die Frage kann aber auch sehr viel allgemeiner gestellt werden: Was hat ein Murmeltier davon, mit lautem Pfiff die ganze Kolonie zu warnen, wenn es doch gerade durch dieses Verhalten die Aufmerksamkeit des am Himmel kreisenden Adlers auf sich zieht? Und wenn die natürliche Selektion eine Maximierung des eigenen Fortpflanzungserfolges belohnt: was macht es dann für einen Sinn, wenn sich das Männchen an der mühseligen Aufzucht seiner Nachkommen beteiligt, statt das Weibchen mit seiner Brut sich selbst zu überlassen und derweil einen anderen Geschlechtspartner zu suchen? Die Liste der Fragen ließe sich fast beliebig verlängern. Mit seinem Buch hat E. O. Wilson einmal mehr seine außerordentliche Fähigkeit dokumentiert, «*messy areas*», wie er es nannte, ungelöste Probleme der Evolutionstheorie, nicht nur zu orten, sondern sie auch einer (darwinistischen) Lösung zuzuführen. Er begründete eine neue Wissenschaft, die Soziobiologie.

So weit, so gut. Es erhebt sich jetzt noch die Frage, warum das Buch von Wilson zugleich auch eine der heftigsten und interessantesten Debatten der modernen Biologie ausgelöst hat. Dieser Frage nachgegangen ist Ullica Segerstrale in einer Untersuchung, deren Ergebnisse sie 1986 veröffentlichte. Es ist hier nicht der Ort, alle Winkel des Streites um die Soziobiologie auszuleuchten. Ein Punkt nur soll hervorgehoben werden: Wilsons Ambition nämlich, mit der Soziobiologie nicht nur eine echt wissenschaftliche Erklärung allen Sozialverhaltens zu liefern, sondern damit zugleich – und unvorsichtigerweise – Normen sozialen Verhaltens zu begründen. Daß er dem Menschen das letzte Kapitel seines Buches widmete, mag noch hingehen. Sein Problem beginnt dort, wo er Biologie mit Soziologie vermischt oder, wie es U. Segerstrale treffend ausdrückte: «... he cheerfully blundered through the barrier separating facts from values» («... ohne sich viel dabei zu denken, stolperte er guter Dinge über die Grenze, die Fakten von Werten trennt»). Damit ist das zentrale Problem der evolutionären Ethik auch schon umrissen!

Evolutiver Erfolg bemißt sich nach Darwin im relativen Fortpflanzungserfolg des Einzelnen, eingebettet in seine Fortpflanzungsgemeinschaft. Die Selektionstheorie scheint somit auf den ersten Blick nur egoistisches Verhalten fördern zu können. Nun liefert das Studium des Sozialverhaltens bei Tieren verschiedenster Organisationsstufen zahllose Beispiele für soziales Verhalten, das nicht dem Einzelnen, sondern der Gruppe zugute kommt. Dieses *altruistische* Verhalten läßt sich durch die Darwinsche Selektionstheorie nicht unmittelbar erklären. Konrad Lorenz wurde berühmt und gerügt dafür, daß er, besonders mit seinem

Buch über *Das sogenannte Böse*, zur Erklärung altruistischer Verhaltensweisen die Darwinsche Selektionstheorie um das Konzept der *Gruppenselektion* erweiterte. Verhaltensnormen würden danach auch dann entstehen können und gefördert, wenn sie nicht allein dem Einzelnen, sondern auch der Gruppe, ja der Spezies als Ganzem dienen. Warum gibt es Warnrufe? Weil sie der Arterhaltung dienen! Warum gibt es Aggression unter den Männchen einer Tierart? Weil durch Kämpfe der Stärkste ermittelt wird, der allein das Recht der Paarung für sich in Anspruch nimmt! Nur der Beste pflanzt sich fort – zum Wohle der ganzen Art.

Eine der mächtigsten Triebfedern für die Entwicklung der Soziobiologie war für E. O. Wilson die Unzufriedenheit mit diesem und ähnlichen Konzepten der Gruppenselektion. Er erachtete den Mechanismus als eine unzulässige, durch keine Fakten zu untermauernde Erweiterung der Darwinschen Selektionstheorie. Lorenz hatte behauptet, daß sich Aggression innerhalb einer Tierart stets in gemäßigten Bahnen halte, daß es nicht zu Beschädigungskämpfen käme, sondern bloß zu ritterlichen Turnieren mit dem Ziel, den Besten zu ermitteln. Wilson fand diese Behauptung nicht bestätigt. Tatsächlich listete er mannigfaltige Hinweise auf innerartliche Beschädigungskämpfe auf, die sich nicht zum Wohle der Art auslegen lassen. Warum aber seinen Artgenossen umbringen? Die Antwort der Soziobiologie wurde von Richard Dawkins unter dem Titel *Das egoistische Gen* popularisiert. Wir erinnern uns: Evolutiver Erfolg bemißt sich in der Soziobiologie nicht nach der Zahl der Nachkommen eines Individuums, sondern nach der Vermehrungsrate der Gene, der Erbfaktoren eines Individuums. Wird der Konkurrent um einen Geschlechtspartner ausgeschaltet, so hat man sich nicht nur den Weg zur Vermehrung seiner eigenen Gene freigekämpft, sondern deren relativen Erfolg zugleich dadurch erhöht, daß man in der Fortpflanzungsgemeinschaft konkurrierende Gene ausmerzt.

Setzt man die Vermehrungsrate der Gene eines Individuums als Gradmesser evolutiven Erfolges ein, so ergeben sich überraschende Erklärungen auch für andere Formen des Sozialverhaltens, die sich allesamt strikt an die Regeln der Darwinschen Selektionstheorie halten. Warum hilft das Männchen dem Weibchen bei der Aufzucht der Brut? Weil es selbst am Bruterfolg interessiert ist, denn die Nachkommen tragen zu 50 % seine Gene und sollen diese durch ihre eigene Fortpflanzung weitervermehren! Man hat für diese und ähnliche Erklärungsmuster den Begriff der «kin-selection», «Sippenselektion», eingeführt: Altruismus innerhalb einer Sippe läßt sich auf Grund der Tatsache erklären, daß Blutsverwandte, je nach Verwandtschaftsgrad, einen bestimmten Prozentsatz von Genen teilen und diese Gene durch altruistisches Verhalten zu erhalten und zu fördern suchen.

Neben der Sippenselektion unterscheidet die Soziobiologie auch den «reziproken Altruismus». Hierbei geht es um die Erklärung altruistischen Verhaltens zwischen nicht blutsverwandten, gelegentlich gar artfremden Tieren. Warum warnt das Murmeltier die ganze Kolonie mit lautem Pfiff? Weil es hofft, selbst einmal in vergleichbarer Lage von einem Artgenossen gewarnt zu werden. Der reziproke Altruismus beruht auf dem Prinzip des wechselseitigen Gebens und Nehmens. Der eine leistet etwas zum Wohle eines anderen in der begründeten Hoffnung, daß der andere diese Leistung entgelten wird. Computersimulationen, durchgeführt von John Maynard Smith von der Universität von Sussex, haben deutlich gemacht, daß sich eine größere Zahl egoistischer Betrüger, die stets nur den Altruismus ihrer Artgenossen auszunützen trachten, unter den Bedingungen der natürlichen Selektion nicht über längere Zeit halten könnte. Vom reziproken Altruismus können auf die Dauer nur alle oder keiner profitieren.

Es ist wohl jedem Leser klar, daß die Doktrin der «egoistischen Gene» eine äußerst reduktionistische Sicht der Dinge darstellt. Sozialverhalten in all seinen Zusammenhängen wird stets nur «von unten her», vom Überlebenswert der Gene her bewertet. Dabei läuft der Schöpfer dieses Schlagwortes, Richard Dawkins, Gefahr, die «Substanz» mit dem «Attribut» zu verwechseln, wie es Michael T. Ghiselin ausgedrückt hat. Die Substanz ist immer noch der individuelle Organismus in all seiner Komplexität und Ganzheit; die Gene sind lediglich sein Attribut. Den Körper zur «Überlebensmaschine» für Gene zu degradieren ist überzogen reduktionistisch. Solange sich die Diskussion aber auf tierisches Sozialverhalten beschränkt, wäre wohl manch einer geneigt, diesen Reduktionismus zu tolerieren oder gar zu verteidigen, weil man versucht sein kann, ihn zur Methode der Naturwissenschaft schlechthin zu deklarieren. Allerdings: Phänomene wie die Adoption von Waisenkindern, etwa in der Gemeinschaft höherer Affen, oder die Homosexualität (auch unter Tieren bekannt) haben sich bislang einer befriedigenden soziobiologischen Erklärung entzogen. Wenn die soziobiologische Sicht der Dinge schließlich auf die menschliche Gemeinschaft ausgedehnt wird, begibt man sich philosophisch auf papierdünnes Eis! Die Gefahr des Einbruchs ist nicht mehr zu bannen. «*Not everything is in the genes*» – «Nicht alles ist in den Genen», lautet der Kampfruf des Populationsgenetikers und schärfsten Kritikers der Soziobiologie, Richard C. Lewontin.

Fällt mein Bruder ins Wasser, spring' ich unbesonnen hinterher, um ihn zu retten – schließlich teilt er 50 % meiner Gene. Sollte ich bei meinem Cousin schon überlegter vorgehen? Gibst du mir, dann geb' ich dir – sonst geht nichts! Das Weibchen hat mit der Produktion von Eiern oder Embryonen mehr in die Nachkommenschaft investiert als das Männchen mit der Produktion der Samen, weshalb sie Strategien entwickeln muß, um ihn wenigstens für die Dauer der Aufzucht der Nachkommenschaft bei der Stange zu halten. Soll sie sich einen «Rambo» nehmen, um sich zunächst einmal «guter» Gene zu versichern – ungeachtet dessen, was nachfolgen mag? Oder soll sie den Mann so lange werben lassen, bis sie seiner Anhänglichkeit gewiß sein kann? Die Soziobiologie wurde als wissenschaftliche Verteidigung eines rechtskonservativen Kapitalismus gebrandmarkt oder auch als Grundlage eines sexistischen Weltbildes, das eine Rollenverteilung zwischen Mann und Frau naturgesetzlich festzuschreiben versucht. Daß man das Pferd kennen muß, auf das man sich setzt, ist eine jener beliebten Metaphern von Konrad Lorenz zur Verteidigung dessen, was man eine Vorstufe der evolutionären Ethik nennen könnte. Es hat keinen Sinn, ethische und moralische Normen zu errichten und durchzusetzen, die die Natur des Menschen, seine Instinkte und ererbten Verhaltensnormen nicht in Rechnung stellen. Es geht bei der evolutionären Ethik im Gegenteil darum, dem geschichtlichen Werden des Menschen und seiner Gesellschaft Rechnung zu tragen und Normen sozialen Verhaltens so zu begründen, daß sie nicht mit der evolutiven Hypothek, die das menschliche Wesen belastet, kollidieren. Vielmehr soll die Normenbegründung von der Kenntnis der naturgesetzlichen Evolution profitieren, indem sie einen Einklang anstrebt und sich in den großen historischen Prozeß harmonisch einfügt. Es gilt der Grundsatz, daß aus der beobachtbaren Natur Wertvorstellungen abzuleiten sind. Die Natur, so wie sie *ist*, soll Maßstab sein dessen, was sein *sollte*! Die Begründung, die Robert J. Richards in seiner im Jahre 1986 veröffentlichten Verteidigung der evolutionären Ethik lieferte, lautet eleganter als bei Lorenz: Entweder man kann moralisch-ethische Normen unter Bezug auf Empirie begründen – oder man kann sie überhaupt nicht begründen. Wenn die beobachtbare Natur keinen Maßstab mehr liefern kann, so fällt jede Möglichkeit dahin, irgendwelches Verhalten objektiv und unparteiisch als eindeutig «gut» oder «schlecht» einzustufen. Alles wäre irgendwie zulässig, jede Abscheulichkeit irgendwie gerechtfertigt.

Damit hat Richards mit großer Deutlichkeit genau jenes Argument umrissen, das schon David Hume und nach ihm, zu Beginn dieses Jahrhunderts, G. E. Moore als «*natural fallacy*», als «naturalistischen Fehlschluß» identifizierten. Es ist nach Meinung dieser Philosophen ein Ding der Unmöglichkeit, aus einem Ist-Zustand einen Soll-Zustand *notwendig* herzuleiten. Kein Ist-Zustand kann einen Soll-Zustand zwingend begründen. Es gibt mehrere Möglichkeiten unterschiedlichen Schwierigkeitsgrades, den Notstand des naturalistischen Fehlschlusses aufzuzeigen. Kehren wir zum Argument von R. J. Richards zurück und betrachten wir dessen zweiten Teil zuerst. Da wird behauptet, daß ethisch-moralische Normen, wenn nicht empirisch, sich überhaupt nicht begründen lassen! Diese Behauptung widerlegt sich durch Selbstaufhebung. Es ist töricht zu behaupten, daß sich ethisch-moralische Normen *überhaupt nicht* begründen lassen, denn diese Behauptung – ihrerseits eine Norm – muß dann ebenfalls jeglicher Begründung entbehren.

Wie aber steht es mit dem ersten und interessanteren Teil des Arguments. Lassen sich ethisch-moralische Normen unter Bezug auf Empirie (bezogen auf die Beobachtung von Ist-Zuständen) tatsächlich begründen? Der einfache Augenschein genügt, um die These zu widerlegen. In der Frage des Umweltschutzes beispielsweise dürfte innerhalb der menschlichen Gemeinschaft weitgehende Übereinstimmung herrschen in der Ansicht, daß die Dinge nicht zum Besten bestellt sind. Der Ist-Zustand ist tatsächlich äußerst bedrohlich und besorgniserregend, zumindest in den Augen der Experten. Daraus müßten sich nun Verhaltensnormen ableiten lassen, die zu einer Verbesserung der Situation führen sollten. Solches ist auch ohne weiteres möglich – doch eine Begründung von ethisch-moralischen Normen verlangt mehr. Es muß möglich sein, solche Verhaltensnormen derart zwingend zu begründen, daß sie von jedem denkenden Wesen als vernünftig angesehen und notwendigerweise akzeptiert werden. Jeder Blick in die Tageszeitung lehrt, daß sich aus dem Ist-Zustand einer bedrohlichen Umweltverschmutzung bisher keinerlei Normen haben zwingend herleiten lassen. Im Gegenteil: die Diskussion um Normen scheint sich endlos, zu lange jedenfalls, in die Länge zu ziehen. Das ist der naturalistische Fehlschluß.

Die Sachlage wird durch eine formale Behandlung etwas klarer und vielleicht besser verständlich. Zunächst ist einmal mehr an den Unterschied zwischen logischer Notwendigkeit und zufälliger Bedingtheit von Ort und Zeit (Kontingenz) zu erinnern, denn der Ist-Zustand ist kontingent (die Natur oder die Geschichte ist so, könnte aber auch gerade so gut anders sein), während der Soll-Zustand logisch notwendig sein soll. Eine logische Notwendigkeit ist etwa durch folgenden Satz gegeben: Wenn A gleich B, und B gleich C, dann muß A gleich C sein. Vorausgesetzt, daß A unbezweifelbar gleich B ist, und B unbezweifelbar gleich C, dann kann an der Schlußfolgerung A = C auch nicht gezweifelt werden. Solang die Voraussetzungen außer Zweifel stehen, ist die Schlußfolgerung logisch notwendig oder zwingend; es erübrigt sich schlicht und einfach, über die Richtigkeit der Schlußfolgerung zu diskutieren. In diesem Sinne ist die Schlußfolgerung für vernünftige Wesen trivial. Wie steht es nun mit der Trivialität eines Soll-Zustandes? Der Satz: «Du sollst nicht töten» mag als Beispiel dienen. Da kommt in einer bestimmten historischen Situation ein Mann namens Moses vom Berg herab und verkündet ein Gesetz, das er als jenes Gottes ausgibt. Vernunftbegabte, erst recht gottesgläubige Menschen werden sich dem einsehbaren und wünschenswerten Gesetz unterwerfen, doch kann dieses Gesetz in keiner Weise trivial sein. Es gibt stets und immer wieder bestimmte historische Situationen, die zur Diskussion Anlaß geben können, ob ein bestimmter Totschlag nicht doch zu rechtfertigen oder mindestens zu verstehen wäre. Jeder erfahrene Richter wird Beispiele bei der Hand haben. Die Frage, die an der Basis der evolutionären Ethik liegt, lautet: Kann man von einem kontingenten Ist-Zustand einen logisch notwendigen Soll-Zustand ableiten? In seiner Replik an R. J. Richards verneint William Hughes diese Frage. Der kritische Punkt liegt in der Tatsache, daß das naturalistische Argument von der Beobachtung eines kontingenten Ist-Zustandes ausgeht, um davon notwendige Normen abzuleiten. Um des Arguments willen sei die Beobachtung des Ist-Zustandes als eine außer Zweifel stehende Voraussetzung gesetzt, die zu einer Schlußfolgerung moralisch-ethischer Natur Anlaß geben soll. Solange dieVoraussetzung (die Beobachtung des Ist-Zustandes) außer Zweifel steht und die logischen Regeln der Schlußfolgerung nicht verletzt werden, müßte die Schlußfolgerung als trivial erscheinen und damit auch die Frage, ob der Soll-Zustand «richtig» oder «gut» sei. Es ist nach dieser Argumentationsfolge von W. Hughes leicht einzusehen, daß in moralisch-ethischen Dingen die Frage, ob ein normativer Schluß richtig oder gut sei, nie trivial sein kann! Die Schlußfolgerung normativer Natur wird immer Anlaß zur Diskussion sein.

David Hume verwies auf den wichtigen Unterschied von «erkennen» und «werten»: Erkenntnis ist eine Frage der Beobachtung, Wertung eine Frage des Urteils. Der in Kanada lebende Wissenschaftsphilosoph Michael Ruse hat das Argument von Hume auf den Punkt gebracht: Ein natürlicher Ist-Zustand folgt auf eine *Ursache*, ein Werturteil moralischen Inhaltes folgt aus einer *Begründung*.

Damit hat sich der Kreis dieses Buches geschlossen. «Nichts macht Sinn in der Biologie, es sei denn im Lichte der Evolutionstheorie»: so lautete das von Theodosius Dobzhansky umrissene Paradigma der biologischen Forschung unserer Zeit. Ein Forschungsprogramm, das sich seines Erfolges versichern wollte mit der Behauptung, Evolution sei längst keine Theorie mehr zur hypothetischen Erklärung beobachtbarer Ordnung in der Natur, sondern ein Faktum, an dem kein vernünftiger Mensch mehr zweifeln könne. Der Evolutionismus hat von den aufgeklärten

Köpfen des Abendlandes Besitz ergriffen und glauben gemacht, daß er die Einheit der Welt wieder herstellen könne, die mit der Ausklammerung der Wesensfrage verlorengegangen war. Dies äußert sich nicht zuletzt im Einfluß, den der Evolutionismus auf die unterschiedlichsten Belange der *conditio humana* ausgeübt hat und weiterhin ausübt. Doch worin sich der «evolutionäre Humanist» letztlich befangen sieht, ist die Antithese gegensätzlicher, im Grunde komplementärer Sichtweisen der Natur, auch seiner eigenen Natur, die ihm Modelle einer Realität vermitteln, an der er selber teilhat, in der er selber Partei ist – ohne allerdings klar abzusehen, in welchem Teil und Ausmaß.

Glossar

adaptiv: bezeichnet einen durch die natürliche Selektion gesteuerten Prozeß der Anpassung.

adaptive Radiation: anpassungsbedingte Auffächerung einer Organismengruppe nach deren Eintritt in eine neue adaptive Zone.

adaptive Zone: bezeichnet den Anpassungsraum einer umfassenden taxonomischen Einheit. Oft spricht man von einer «key innovation», von einer evolutiven Neuerung, die den Eintritt eines hypothetischen Vorfahren in eine neue adaptive Zone erlaubte. Die nachfolgende ökologische Auffächerung innerhalb dieser Zone führte zur Entstehung einer umfassenden taxonomischen Einheit, deren Mitglieder alle durch die entsprechende evolutive Neuerung gekennzeichnet sind.

Aktualitätsprinzip: ein methodisches Prinzip der Erdwissenschaften, wonach die geologische Vergangenheit im Lichte der Kenntnis der gegenwärtig wirksamen Naturgesetzlichkeiten erklärt wird.

allopatrische Artbildung: eine neue Art entsteht in einer von der Mutterart geographisch und genetisch vollständig getrennten Tochterpopulation.

Art: in der Zoologie wird die Art (Spezies) gleichgesetzt mit einer Fortpflanzungsgemeinschaft, deren Mitglieder sich dank artspezifischer Erkennungsmechanismen zur Fortpflanzung zusammenfinden, während die Fortpflanzungsgemeinschaft von anderen Arten genetisch isoliert bleibt.

Biostratigraphie: untersucht die relative zeitliche Abfolge der Bildung von Gesteinsschichten aufgrund des Fossilinhaltes.

Conchyologie: ein aus dem 18. Jahrhundert stammender Ausdruck für die Wissenschaft der Schalentiere (hauptsächlich Muscheln, Schnecken und fossile Tintenfische).

dichotom: eine gabelförmige Verzweigung.

Dichotomhierarchie: eine Hierarchie, die eine Folge einander gegenübergestellter oder untergeordneter gabelförmiger Verzweigungen umfaßt.

Differenzierung: die kontinuierliche Herausbildung unterschiedlicher Gewebstypen und Organe aus einer zunächst einheitlich und homogen erscheinenden Anlage im Laufe der Embryonalentwicklung.

Diffusion: passive Wanderung eines Stoffes durch ein Medium entlang einem Konzentrationsgefälle.

Divergenz: eine Gabelung ontogenetischer Entwicklungswege. Aus einer gemeinsamen Anlage differenzieren sich alternative Gewebstypen oder Organe.

Diversität: bezeichnet die Artenvielfalt einer Lebensgemeinschaft in Raum und Zeit.

Doktrin: entspricht einem programmatischen Grundsatz.

eliminierende Selektion: bezeichnet einen rein negativen Ausleseprozeß, der lediglich schlecht angepaßte Formen ausmerzt, selektive Vorteile dagegen nicht aufaddiert.

embranchement: ein von Georges Cuvier eingeführter Ausdruck zur Bezeichnung der vier grundsätzlichen Typen tierischer Organisation. Im französischen Sprachgebrauch wird der Ausdruck noch heute zur Bezeichnung des Ranges von Tierstämmen verwendet.

Embryogenese: bezeichnet den Bildungs- und Wachstumsprozeß des Embryos im Laufe der Ontogenie.

Empirie: eine philosophische Denkrichtung, die Erkenntnis in erster Linie auf Beobachtung zurückführt.

empirisch: ist eine Forschungsfrage dann, wenn sie prinzipiell durch Beobachtung, im Idealfall durch wiederholbare und potentiell widerlegbare Experimente beantwortet werden kann.

entwicklungsphysiologische Korrelation von Organen: bezeichnet die wechselseitige Abhängigkeit von Organen im Rahmen der Embryonalentwicklung. Klassisches Beispiel ist die Entwicklung der Augenlinse, die erst einsetzen kann, wenn eine Ausstülpung des Zwischenhirnes (der Augenbecher) sich der Peripherie des Kopfes nähert und der Haut ein chemisches Signal zur Linsenbildung übermittelt. Aufgrund dieser wechselseitigen Abhängigkeit kann sich die Linse nicht ohne vorherige Ausstülpung eines Augenbechers bilden. Die beiden Merkmale müssen notwendigerweise stets zusammen auftreten.

Epigenese: bezeichnet aus historischer Sicht eine bestimmte Auffassung der Embryogenese, derzufolge die Organe nacheinander, das eine aus dem anderen hervorgehen. Der Prozeß der Embryonalentwicklung erscheint dadurch hierarchisch organisiert. Im modernen Sprachgebrauch steht der Ausdruck zur Kennzeichnung von Steuermechanismen der Embryonalentwicklung, die sich nicht unmittelbar auf die Erbinformation zurückführen lassen.

Essenz: bezeichnet die unveränderliche wesenhafte Eigenschaft eines Dinges oder Organismus.

Falsifikation: einer Hypothese oder Theorie erfolgt durch die, im Idealfall experimentell wiederholbare, Widerlegung einer Voraussage dieser Hypothese oder Theorie.

final, finalistisch: zweckdienlich. Ein finalistischer Prozeß setzt einen vorgegebenen Zweck voraus.

Funktionalismus: bezeichnet ein Forschungsprogramm, dem die Überzeugung zugrunde liegt, daß organische Strukturen in erster Linie von ihrer Funktion her bestimmt werden.

funktionelle Korrelation von Organen: bezeichnet die gegenseitige Abhängigkeit der Elemente einer organischen Struktur, deren eines nicht verändert werden kann, ohne daß dadurch das ganze System betroffen würde.

Genealogie: Ahnenreihe.

genealogisches Kontinuum: entspricht der lückenlosen Abfolge der Generationen einer Ahnenreihe.

Genotypus, genotypisch: bezeichnet die Gesamtheit der Erbinformation eines Organismus.

Gen-Pool: bezeichnet die Gesamtheit der Erbinformation einer Fortpflanzungsgemeinschaft.

Hydra: der Polyp, ein Vertreter der Hohltiere. Es handelt sich um einen ursprünglichen Vertreter der Vielzeller, dessen Körper einen einheitlichen, der Verdauung dienenden Hohlraum einschließt. Der Hohlraum öffnet sich mit nur einer, von einem Tentakelkranz umgebenen Öffnung nach außen. Der entgegengesetzte Pol des Organismus wird als Fuß bezeichnet, mit dem sich das Tier festsetzt.

Ichthyosaurier: marine Reptilien des Erdmittelalters, die in ihrer äußeren Form den heutigen Delphinen ähnelten.

Idealismus: läßt sich vereinfacht als eine Philosophie verstehen, derzufolge die Erkenntnis stets von inneren, subjektiven Faktoren abhängig und wesentlich mitbedingt ist.

Kambrium: älteste Stufe des Erdaltertums.

Komplexität: ist ein allgemeiner Ausdruck zur Bezeichnung der Kompliziertheit der Organisation einer Lebensform. Komplexität drückt sich in der Zahl der «Elemente» eines Organismus, ihrer Verbindung zueinander und der Art dieser Verbindung aus.

Kontingenz, kontingent: entspricht dem Gegenteil von logischer Notwendigkeit. Kontingenz steht für die Zufälligkeit von Ort und Zeit.

Konzeption: Leitgedanke, Grundvorstellung.

lebende Fossilien: sind Organismen, die geologische Zeiträume unverändert überdauert haben. Heute noch lebende Vertreter gleichen in allen Teilen ihrer Anatomie ihren fossilen Verwandten.

Leitfossilien: für bestimmte Ablagerungen und damit für bestimmte geologische Zeiträume charakteristische Fossilien.

marin: meeresbewohnend.

Morphogen: ein chemischer Signalstoff, der embryonale Differenzierungen auslöst und/oder steuert.

Morphologie: ein älterer Ausdruck für «vergleichende Anatomie» im weitesten Sinne. (Im englischen Sprachgebrauch wird Morphologie oft als vergleichende Strukturforschung auf der Ebene der Zellen verstanden.)

morphologische Diskontinuität: bezeichnet Lücken in der Kontinuität der Organisationsformen.

Neuplatonismus: eine philosophische Tradition der Spätantike, welche die Wiederbelebung der Philosophie Platons in Verbindung mit anderen antiken Geistesströmungen sowie mit religiösen und mystischen Motiven anstrebte.

ökologische Diversifikation: bezeichnet die ökologische Auffächerung (Einnischung) eines Konstruktionstyps. Klassisches

Beispiel ist die Artenvielfalt der Finken auf den Galapagosinseln, alle Abkömmlinge eines gemeinsamen Vorfahren, die sich an die unterschiedlichsten Lebensgrundlagen angepaßt haben.

ökologische Nische: unter den Begriff fallen alle zum Überleben notwendigen Grundlagen einer Fortpflanzungsgemeinschaft. Oft spricht man von einer speziellen Anpassung an eine «ökologische Nische» im Bestreben, der Konkurrenz mit anderen Fortpflanzungsgemeinschaften in demselben Lebensraum auszuweichen. Tatsächlich aber kann eine ökologische Nische nicht unabhängig von den sie besetzenden Organismen als solche erkannt werden.

Ontogenie: bezeichnet die Embryonalentwicklung eines Organismus.

Orthogenese: eine während geologischer Zeiträume die Richtung durchgehend beibehaltende evolutive Entwicklungstendenz («gerichtete Entwicklung»).

Paläontologie: ist die Wissenschaft des Lebens der Vorzeit. Studienobjekte der Paläontologie sind Fossilien als Reste einst lebender Organismen sowie fossilisierte Lebensspuren.

parapatrische Artbildung: eine neue Art entsteht in einer Tochterpopulation, deren geographische Verbreitung an jene der Mutterart angrenzt. Es herrscht jedoch keine geographische Überlappung der beiden Fortpflanzungsgemeinschaften, die genetisch weitgehend oder völlig isoliert bleiben.

Phänotypus, phänotpyisch: bezeichnet die äußere (strukturelle, körperliche) Erscheinung eines Organismus. Dem Phänotypus steht der Genotypus gegenüber.

Phylogenie, Phylogenese: bezeichnet die stammesgeschichtliche Entwicklung einer Organismengruppe.

Population: bezeichnet in diesem Buch eine in Zeit und Raum lokalisierte Fortpflanzungsgemeinschaft.

Populationsdynamik: ein Forschungszweig der Evolutionsbiologie, der die Dynamik der Beziehungen innerhalb einer Fortpflanzungsgemeinschaft untersucht. Dazu gehören u. a. Aspekte der sexuellen und damit genetischen Durchmischung, Probleme der Abwanderung und Zuwanderung sowie das Verhältnis von Geburts- und Sterberate.

Populationsgenetik: ein Forschungszweig, der die Dynamik der genetischen Durchmischung und Veränderung einer Fortpflanzungsgemeinschaft mit mathematischen Hilfsmitteln untersucht.

Präkambrium: die Zeit vor dem Kambrium, d. h. vor den ältesten Ablagerungen des Erdaltertums.

Primärursache: ein direkter Eingriff des allmächtigen Gottes in seine Schöpfung, der den natürlichen Lauf der Dinge durchbrechen kann.

Protein: ein aus Aminosäuren aufgebauter Eiweißstoff.

Pterosaurier: flugfähige Reptilien des Erdmittelalters, die in ihrer äußeren Gestalt entfernt den heutigen Fledermäusen und Flughunden ähnelten. Zu ihnen gehörten die größten je flugfähigen Tiere.

Quinarismus: ist eine zu Beginn des 19. Jahrhunderts von W. S. McLeay entwickelte Methode der Systematik mit dem Ziel, die lebendige Vielfalt in einem kompliziert vernetzten System von Fünfergruppen zu klassifizieren.

Realismus: läßt sich vereinfacht als eine Philosophie verstehen, derzufolge sich die Erkenntnis einer als absolut gesetzten, äußeren Realität objektiv annähert.

rezent: heute noch lebende Organismen.

Rezentvergleich: bezeichnet eine methodische Notwendigkeit der Paläontologie, wonach fossile Reste einst lebender Organismen nur im Vergleich zu rezenten Formen biologisch sinnvoll gedeutet werden können.

Sekundärursachen: von Gott zum Zeitpunkt der Schöpfung erlassene Naturgesetze, die den natürlichen Lauf der Dinge bestimmen.

Sensualismus: bezeichnet eine extreme Form des Empirismus, wonach nichts im Intellekt ist, was nicht zuvor durch die Sinnesorgane in diesen eingetreten ist.

Spezies: siehe Art.

Strukturalismus: bezeichnet ein Forschungsprogramm, dem die Überzeugung zugrunde liegt, daß Strukturen in erster Linie von inneren Gesetzmäßigkeiten bestimmt werden. Die Struktur geht der Funktion voraus.

subordinierte Hierarchie: bezeichnet eine «Schachtelhierarchie» von Gruppen unter Gruppen. Ein klassisches Beispiel ist die Klassifikation der Organismen.

Tautologie: eine denselben Sachverhalt doppelt wiedergebende Wendung: z. B. «lediger Junggeselle».

Taxonomie: ist die Wissenschaft der Systematisierung und Klassifikation der organischen Vielfalt.

taxonomische Einheit: entspricht einer natürlichen, d. h. auf einen nur ihr gemeinsamen Vorfahren zurückzuführende Gruppe des Systems der Pflanzen oder Tiere.

terminale Addition: bezeichnet das Hintanfügen neuer Entwicklungsschritte (im Nachfahren) an eine bereits bestehende Sequenz von Entwicklungsstadien der Embryonalentwicklung (eines Vorfahren).

Transformation: bezeichnet allgemein die Umwandlung oder Veränderung von Strukturen. Die Transformation organischer Strukturen erfolgt sowohl im Rahmen der Embryonalentwicklung als auch im Rahmen der stammesgeschichtlichen Entwicklung.

Typus: ein Begriff der «idealistischen Morphologie» des 19. und frühen 20. Jahrhunderts, der auch heute noch zur Bezeichnung eines in seinen wesentlichen Merkmalen unveränderlichen Konstruktionstyps verwendet wird. Ursache der Formkonstanz solcher Organisationstypen sind die entwicklungsphysiologische und funktionelle Korrelation seiner Teile.

Uniformität der Naturgesetze: die zeitlose Gültigkeit der Naturgesetze garantiert deren gleichförmige Wirkung in Vergangenheit und Zukunft.

Variabilität: bezeichnet die Unterschiede, sowohl genetischer als auch phänotypischer Natur, unter den Mitgliedern einer Fortpflanzungsgemeinschaft.

Varietät: bezeichnet ein heute nicht mehr akzeptiertes Vorgehen früherer Biologen, Varianten einer Art als solche systematisch anzuerkennen. Das Konzept der Varietät wurde in der modernen Biologie durch jenes der «geographischen Rasse» ersetzt, der ein gewisses Maß lokaler und genetischer Einheitlichkeit zukommt.

Vitalismus: bezeichnet eine philosophische Lehre, die der organischen Materie eine besondere Lebenskraft beimißt.

Eine Auswahl weiterführender Literatur

Im folgenden wird, nach Kapiteln getrennt, eine Auswahl weiterführender Literatur aufgelistet. Das Verzeichnis gliedert sich in «allgemeine Werke» und «spezielle Literatur». Letztere Rubrik enthält alle Quellenangaben zu den im fortlaufenden Text zitierten Autoren, daneben aber auch Titel von allgemeinem Interesse, die durch ein ausführliches Literaturverzeichnis den Schlüssel zur «Welt der Wissenschaft» liefern. Titel, die im fortlaufenden Text bereits vollständig bibliographiert sind, werden nicht mehr getrennt aufgelistet. Auf manche umfassendere Werke wird an mehreren Stellen des fortlaufenden Textes Bezug genommen. Der Titel erscheint im Schriftenverzeichnis jedoch nur einmal für jenes Kapitel, das den ersten Bezug herstellt.

Evolution: Faktum oder Theorie

Allgemeine Werke

Chalmers, A. F. 1986. Wege der Wissenschaft. Heidelberg: Springer Verlag.
Nelson, G. & N. I. Platnick. 1981. Systematics and Biogeography, Cladistics and Vicariance. New York: Columbia University Press.
Ridley, M. 1986. Evolution and Classification. The Reformation of Cladism. London: Longman.
Rieppel, O. 1983. Kladismus oder die Legende vom Stammbaum. Basel: Birkhäuser Verlag.
Rieppel, O. 1988. Fundamentals of Comparative Biology. Basel: Birkhäuser Verlag.

Spezielle Literatur

Beatty, J. 1982. Classes and cladists. Syst. Zool. 31: 25–34.
Bonnet, Ch. 1760. Essai Analytique sur les Facultés de l'Ame. Kopenhagen: Frères Cl. & Ant. Philibert.
Brady, R. H. 1982. Dogma and doubt. Biol. J. Linn. Soc. 17: 79–96.
Brady, R. H. 1985. On the independence of systematics. Cladistics 1: 113–126.
Hennig, W. 1982. Phylogenetische Systematik. Berlin und Hamburg: Paul Parey.
Hull, D. L. 1987. Genealogical actors in ecological roles. Biology & Philosophy 2: 168–184.

Kulenkampff, A. 1987. Georges Berkeley. München: C.H. Beck.
Popper, K. R. 1976. Logik der Forschung, 6. Auflage. Tübingen: J. C. B. Mohr (Paul Siebeck).
Serres, E. 1827. Recherches d'anatomie transcendante. Ann. Sci. Nat., Paris 11: 47–70.

Die Ausklammerung der Wesensfrage

Allgemeine Werke

Adelmann, H. B. 1966. Marcello Malpighi and the Evolution of Embryology. Ithaca, N. Y.: Cornell University Press.
Glass, B., Temkin, O. & W. L. Straus jr. 1959. Forerunners of Darwin 1745–1859. Baltimore, Md.: Johns Hopkins University Press.
Mayr, E. 1982. The Growth of Biological Thought. Cambridge, Mass.: Harvard University Press.
Mayr, E. 1984. Die Entwicklung der biologischen Gedankenwelt. Heidelberg: Springer Verlag.
Marx, J. 1976. Charles Bonnet contre les Lumières. Studies on Voltaire and the Eighteenth Century, 156 & 157: 1–782.
Roe, S. A., 1981. Matter, Life and Generation. Eighteenth Century Embryology and the Haller-Wolff Debate. Cambridge: Cambridge University Press.
Roger, J. 1971. Les Sciences de la Vie dans la Pensée Française du XVIIIe Siècle, 2. Auflage. Paris: Armand Collin.

Spezielle Literatur

Augustinus, A. 1961. De Genesi ad Litteram Libri Duodecim. Übersetzt von J. C. Perl. Paderborn: Ferdinand Schöningh.
Bonnet, Ch. 1764. Contemplation de la Nature. Amsterdam: Marc-Michel Rey.
Bonnet, Ch. 1768. Considération sur les Corps Organisés, 2. Auflage. Amsterdam: Marc-Michel Rey.
Bowler, P. J. 1971. Preformation and pre-existence in the seventeenth century. J. Hist. Biol. 4: 221–244.
Bowler, P. J. 1973. Bonnet and Buffon: theories of generation and the problem of species. J. Hist. Biol. 6: 259–281.
Bowler, P. J. 1974. Evolution in the Enlightenment. History of Science 12: 159–183.
Buffon, G. 1749–1767. Histoire Naturelle, Générale et Particulière. Paris: Imprimerie Royale.
Farber, P. L. 1972. Buffon and the concept of species. J. Hist. Biol. 5: 259–284.
Grant, M. 1978. Paulus. Apostel der Völker. Bergisch Gladbach: Gustav Lübbe Verlag.

Haller, A. v. 1758. Sur la Formation du Cœur dans le Poulet. Lausanne: Marc-Michel Bousquet.
Harvey, W. 1651 (1981). Disputations Touching on the Generation of Animals. Translated with Introduction and Notes by G. Whitteridge. London: Blackwell.
Hoffheimer, M. H. 1982. Maupertuis and the Eighteenth Century critique of pre-existence. J. Hist. Biol. 15: 119–144.
Maupertuis, P.-L. M. de 1974. Les Œuvres de MR. de Maupertuis. Hildesheim: Georg Olms Verlag.
Maupertuis, P.-L. M. de 1980. Vénus Physique. Paris: Aubier Montaigne.
Réaumur, R. A. F. de 1742. Mémoires pour servir à l'Histoire des Insectes, Vol. 6. Paris: Imprimerie Royale.
Regnéll, H. 1967. Ancient Views on the Nature of Life. Lund: C. W. K. Gleerup.
Rieppel, O. 1986. Atomism, epigenesis, preformation and pre-existence: A clarification of terms and consequences. Biol. J. Linn. Soc. 28: 331–341.
Rieppel, O. 1988. The reception of Leibniz's philosophy in the writings of Charles Bonnet (1720–1793). J. Hist. Biol. 21: 119–145.
Rolfes, E. & Bormann, K. (Hrsg.) 1977. Die Philosophie des Thomas von Aquin. München: Felix Meiner.
Savioz, R. 1948. Mémoires Autobiographiques de Charles Bonnet de Genève. Paris: Librairie Philosophique J. Vrin.
Trembley, A. 1943. Correspondence Inédite entre Réaumur et Abraham Trembley. Introduction par Emile Guyénot. Genf: Georg & Cie.

Höherentwicklung und Anpassung: Zwei Prinzipien von Evolution

Allgemeine Werke

Appel, T. 1987. The Cuvier-Geoffroy Dẹbate. French Biology in the Decades before Darwin. Oxford: Oxford University Press.
Lepenies, W. 1978. Das Ende der Naturgeschichte. Frankfurt a. M.: Suhrkamp stw.
Lovejoy, A. O. 1936. The Great Chain of Being. Cambridge, Mass.: Harvard University Press.
Shumaker, W. 1972. The Occult Sciences in the Renaissance: A Study in Intellectual Patterns. Berkeley: The University of California Press.
Szyfman, L. 1982. Jean-Baptiste Lamarck et son Epoque. Paris: Masson & Cie.

Spezielle Literatur

Bonnet, Ch. 1745. Traîté d'Insectologie. Paris: Durand Librairie.
Bonnet, Ch. 1769. La Palingénésie Philosophique. Genève: C. Philibert & B. Chirol.

Cassirer, E. 1966. G.W. Leibniz. Hauptschriften zur Grundlegung der Philosophie, Vol. 2, 3. Auflage. München: Felix Meiner.
Geoffroy Saint-Hilaire, E. 1830. Principes de Philosophie Zoologique, discutés en Mars 1830, au Sein de l'Académie Royale des Sciences. Paris: Pichon et Dider.
Geoffroy Saint-Hilaire, E. 1833. Le degré d'influence du monde ambiant pour modifier les formes animales; question intéressant l'origine des espèces télésauriens et successivement celle des animaux de l'époque actuelle. Mém. Acad. R. Sci. Inst. France 12: 63–92.
Geoffroy Saint-Hilaire, E. 1833. Troisième mémoire des recherches faites dans les carrières du calcaire oolithique de Caen, ayant donné lieu à la découverte de plusieurs beaux échantillons et de nouvelles espèces de téléosaures. Mém. Acad. R. Sci. Inst. France 12: 44–61.
Röd, W. 1976. Geschichte der Philosophie, Bd. I. Die Philosophie der Antike 1: Von Thales bis Demokrit. München: C. H. Beck.
Serres, E. 1824. Explication du système nerveux des animaux invertébrés. Ann. Sci. Nat., Paris 3: 277–380.
Serres, E. 1830. Anatomie transcendante. – Quatrième Mémoire. Loi de symmétrie et de conjugaison du système sanguin. Ann. Sci. Nat., Paris 21: 5–49.
von Baer, K. E. 1828. Über Entwickelungsgeschichte der Thiere. Beobachtung und Reflexion, Theil I. Königsberg: Gebr. Bornträger.

Fossilien im Wandel der Zeit

Allgemeine Werke

Bowler, P. J., 1976. Fossils and Progress. New York: Science History Publ.
Burkhardt, R. W. jr. 1977. The Spirit of System. Lamarck and Evolutionary Biology. Cambridge, Mass.: Harvard University Press.
Coleman, W. 1964. Georges Cuvier, Zoologist. Cambridge, Mass.: Harvard University Press.
Rudwick, M. J. S. 1972. The Meaning of Fossils. Episodes in the History of Paleontology. London: Macdonald.

Spezielle Literatur

Agricola, G. 1544. De ortu et causis subterraneorum. In: Fraustadt, G. & H. Prescher (Hrsg.) Ausgewählte Werke, Vol. 3. Berlin: Deutscher Verlag der Wissenschaften, 1956.
Agricola, G. 1546. De natura fossilium. In: Fraustadt, G. & H. Prescher (Hrsg.) Ausgewählte Werke, Vol. 3. Berlin: Deutscher Verlag der Wissenschaften, 1956.
Poulsen, J. E. & Snorrason, E. (Hrsg.) 1986. Nicolaus Steno 1638–1686. A Re-Consideration by Danish Scientists. Gentofte: Nordisk Insulinlaboratorium.

Robinet, J.-B.-R. 1761–1766. De la Nature. Amsterdam: E. van Harrevelt.
Webster, G. 1984. The relations of natural forms. In: Ho. M.-W. & P. T. Saunders (Hrsg.), Beyond Neo-Darwinism, p. 193–217. London: Academic Press.

Ideengeschichtliche Voraussetzungen des Darwinismus: Ein Rückblick

Allgemeine Werke

Callot, E. 1965. La Philosophie de la Vie au XVIIIe Siècle. Paris: Marcel Rivière.
Cassirer, E. 1969. Philosophie und exakte Wissenschaft. Frankfurt a. M.: Vittorio Klostermann.
Cassirer, E. 1973. Die Philosophie der Aufklärung. Tübingen: J. C. B. Mohr (Paul Siebeck).
Löw, R. 1980. Die Philosophie des Lebendigen. Frankfurt a. M.: Suhrkamp.

Spezielle Literatur

Beatty, J. 1982. What's in a word? Coming to terms in the Darwinian revolution. J. Hist. Biol. 15: 215–239.
Lyell, Ch. 1830. Principles of Geology. Faksimile Reprint 1970, with an Introduction by Martin J. S. Rudwick. Lehre: Verlag J. Cramer.
Rieppel, O. 1986. Der Artbegriff im Werk des Genfer Naturphilosophen Charles Bonnet (1720–1793). Gesnerus 43: 205–212.
Rieppel, O. 1986. Species are individuals: A review and critique of the argument. In: Hecht, M. K., Wallace, B. & G. T. Prance (Hrsg.), Evolutionary Biology 20: 283–317. New York: Plenum Press.
von Baer, K. E. 1886. Reden gehalten in wissenschaftlichen Versammlungen und kleinere Aufsätze vermischten Inhalts. Zweiter Teil. Studien aus dem Gebiete der Naturwissenschaften. 2. Ausgabe. Braunschweig: Friedrich Vieweg & Sohn.

Charles Darwin (1809–1882)

Allgemeine Werke

Bowler, P. J. 1984. Evolution. The History of an Idea. Berkeley: The University of California Press.
Darwin, Ch. 1839 (1962). The Voyage of the Beagle. Natural History Library Edition. New York: Doubleday & Co.
Darwin, Ch. 1859 (1959). On the Origin of Species. A Reprint of the First Edition, with a Foreword by Dr. C. D. Darlington F. R. S. London: Watts & Co.

Darwin, Fr. 1892 (1958). The Autobiography of Charles Darwin and Selected Letters. New York: Dover Publ.
Gillespie, N. C. 1979. Charles Darwin and the Problem of Creation. Chicago: The University of Chicago Press.
Gruber, H. E. & P. H. Barrett, 1974. Darwin on Man. A Psychological Study of Scientific Creativity. New York: E. P. Dutton & Co.
Ospovat, D. 1981. The Development of Darwin's Theory. Natural History, Natural Theology & Natural Selection 1838–1859. Cambridge: Cambridge University Press.

Spezielle Literatur
Ayala, F. J. 1974. The concept of biological progress. In: Ayala, F. J. & Th. Dobzhansky (Hrsg.), Studies in the Philosophy of Biology, pp. 339–355. London: Macmillan.
Beddall, B. G. 1988. Darwin and divergence: the Wallace connection. J. Hist. Biol. 21: 1–68.
Brady, R. H. 1982. Dogma and doubt. Biol. J. Linn. Soc. 17: 79–96.
Darwin, Fr. 1887. The Life and Letters of Charles Darwin, 3. Auflage, London: John Murray.
Herbert, S. 1971. Darwin, Malthus, and Selection. J. Hist. Biol. 4: 209–217.
Hodge, M. J. S. 1985. Darwin as a lifelong generation theorist. In: Kohn, D. (Hrsg.), The Darwinian Heritage, pp. 207–243. Princeton, N. J.: Princeton University Press.
Koch, H. W. 1973. Der Sozialdarwinismus. München: C. H. Beck (Beck'sche schwarze Reihe).
Mandelbaum, M. 1958. Darwin's religious views. J. Hist. Ideas 19: 363–378.
Moore, J. R. 1985. Darwin of Down: the evolutionist as squarson-naturalist. In: Kohn, D. (Hrsg.), The Darwinian Heritage, p. 435–481. Princeton, N. J.: Princeton University Press.
Rieppel, O. 1984. The problem of extinction. Z. zool. Syst. Evolutionsforsch. 22: 81–85.
Rieppel, O. 1987. Punctuational thinking at odds with Leibniz – and Darwin. N. Jb. Geol. Paläont. Abh. 174: 123–133.
Schweber, S. S. 1985. The wider Britsh context in Darwin's theorizing. In: Kohn, D. (Hrsg.), The Darwinian Heritage, pp. 35–69. Princeton, N. J.: Princeton University Press.
Sloan, P. R. 1985. Darwin's invertebrate program, 1826–1836. In: Kohn, D. (Hrsg.), The Darwinian Heritage, pp. 71–120. Princeton, N. J.: Princeton University Press.
Sober, E. 1984. The Nature of Selection. Evolutionary Theory in Philosophical Focus. Cambridge, Mass.: MIT Press.

Die zeitgenössische Kritik des Darwinismus

Allgemeine Werke

Desmond, A. 1982. Archetypes and Ancestors. Paleontology in Victorian London 1850–1875. London: Blond & Biggs.

Hull, D. L. 1973. Darwin and His Critics. Cambridge, Mass.: Harvard University Press.

Lurie, E. 1960. Louis Agassiz: A Life in Science. Chicago: The University of Chicago Press.

Spezielle Literatur

Durant, J. R. 1985. The ascent of nature in Darwin's Descent of Man. In: Kohn, D. (Hrsg.), The Darwinian Heritage, pp. 283–306. Princeton, N. J.: Princeton University Press.

Pictet, F.-J. 1860. Sur l'origine de l'espèce. Archives des Sciences Physiques et Naturelles, Bibliothèque Universelle, Revue Suisse et Etrangère, nouvelle Période 7: 233–255.

Rieppel, O. 1988. Louis Agassiz (1807–1873) and the reality of natural groups. Biology & Philosophy 3: 29–47.

Ein Kanon der Naturgeschichte setzt sich durch

Allgemeine Werke

Dawkins, R. 1976. The Selfish Gene. Oxford: Oxford University Press.

Dawkins, R. 1986. The Blind Watchmaker. London: Longman.

Dobzhansky, Th. 1951. Genetics and the Origin of Species, 3. Auflage. New York: Columbia University Press.

Mayr, E. 1971. Populations, Species and Evolution. Cambridge, Mass.: Harvard University Press.

Simpson, G. G. 1953. The Major Features of Evolution. New York: Columbia University Press.

Spezielle Literatur

Bock, W. J. 1979. The synthetic explanation of macroevolutionary change – a reductionist approach. Bull. Carnegie Mus. Nat. Hist. 13: 20–69.

Gingerich, P. D. 1985. Species in the fossil record: concepts, trends and transitions. Paleobiology 11: 27–41.

Gould, S. J. & S. E. Vrba 1982. Exaptation – a missing term in the science of form. Paleobiology 8: 4–15.

Hull, D. L. 1988. A mechanism and its metaphysics: an evolutionary account of the social and conceptual development of science. Biology & Philosophy 3: 123–155.

Jacob, F. 1983. Molecular tinkering in evolution. In: Bendall, D. S. (Hrsg.), Evolution from Molecules to Men, pp. 131–144. Cambridge: Cambridge University Press.

Mayr, E. 1974. Behavior programs and evolutionary strategies. Amer. Sci. 62: 650–659.
Ostrom, J. H. 1976. Archaeopteryx and the origin of birds. Biol. J. Linn. Soc. 8: 91–182.
Rieppel, O. 1984. Können Fossilien die Evolution beweisen? Natur u. Museum 114: 69–74.
Smith, C. U. M. 1988. Send reinforcements we're going to advance. Biology & Philosophy 3: 214–217.

Das Pendel schwingt zurück

Allgemeine Werke

Eldredge, N. 1985. The Unfinished Synthesis. Biological Hierarchies and Modern Evolutionary Thought. Oxford: Oxford University Press.
Mayr, E. 1963. Animal Species and Evolution. Cambridge, Mass.: Harvard University Press.
Stanley, S. M. 1979. Macroevolution: Pattern and Process. San Francisco: W. H. Freeman & Co.
Stanley, S. M. 1981. The New Evolutionary Timetable. New York: Basic Books.

Spezielle Literatur

Charlesworth, B., Lande, R. & M. Slatkin 1982. A neo-Darwinian commentary on marcroevolution. Evolution 36: 474–489.
Eldredge, N. 1971. The allopatric model and phylogeny in Paleozoic invertebrates. Evolution 25: 156–167.
Eldredge, N. & S. J. Gould 1972. Punctuated equilibria: an alternative to phyletic gradualism. In: Schopf, T. J. M. (Hrsg.), Models in Paleobiology, pp. 82–115. San Francisco: W. H. Freeman & Co.
Feyerabend, P. K. 1981. Probleme des Empirismus. Braunschweig: Vieweg & Sohn.
Gingerich, P. D. 1979. The stratophenetic approach to phylogeny reconstruction in vertebrate paleontology. In: Cracraft, J. & N. Eldredge (Hrsg.), Phylogenetic Analysis and Paleontology, pp. 41–77. New York: Columbia University Press.
Goodwin, B. C. 1982. Development and evolution. J. theor. Biol. 97: 43–55.
Goodwin, B. C. 1984. Changing from an evolutionary to a generative paradigm in biology. In: Pollard, J. W. (Hrsg.), Evolutionary Theory: Paths into the Future, pp. 99–120. Chichester and New York: John Wiley & Sons.
Gould, S. J. 1982. The meaning of punctuated equilibria and its role in validating a hierarchical approach to marcroevolution. In: Milkman, R. (Hrsg.), Perspectives on Evolution, pp. 83–104, Sunderland, Mass.: Sinauer Ass. Inc.

Gould, S. J. 1982. Darwinism and the expansion of evolutionary theory. Science 216: 380–387.

Gould, S. J. & N. Eldredge 1977. Punctuated equilibria: the tempo and mode of evolution reconsidered. Paleobiology 3: 115–151.

Gould, S. J. & N. Eldredge 1988. Species selection: its range and power. Nature 334: 19.

Holder, N. 1983. Developmental constraints and the evolution of the vertebrate digit patterns. J. theor. Biol. 104: 451–471.

Hughes, A. J. & D. M. Lambert 1984. Functionalism, Structuralism, and «ways of seeing». J. theor. Biol. 111: 787–800.

Jantsch, E. 1982. Die Selbstorganisation des Universums. München: DTV Wissenschaft.

Levinton, J. S. 1983. Stasis in progress: the empirical basis of macroevolution. Annu. Rev. Ecol. Syst. 14: 103–137.

Rieppel, O. 1983. Gradualismus und Punktualismus. Komplementäre Modelle evolutiven Wandels. Paläont. Z. 57: 189–197.

Seilacher, A. 1970. Arbeitskonzept zur Konstruktions-Morphologie. Lethaia 3: 393–396.

Schankler, D. M. 1981. Local extinction and ecological re-entry of Early Eocene mammals. Nature 293: 135–138.

Shubin, N. H. & P. Alberch 1986. A morphogenetic approach to the origin and basic organization of the tetrapod limb. In: Hecht, M. K., Wallace, B. & G. T. Prance (Hrsg.), Evolutionary Biology 20: 319–387. New York: Plenum Press.

Stock, G. B. & S. V. Bryant 1981. Studies on digit regeneration and their implications for theories of development and evolution of vertebrate limbs. J. exp. Zool. 216: 423–433.

Valentine, J. W. & D. H. Erwin 1987. Interpreting great developmental experiments: the fossil record. In: Raff, R. A. & E. C. Raff (Hrsg.), Development as an Evolutionary Process, pp. 71–107. New York: Alan R. Liss Inc.

Wright, S. 1982. Character change, speciation, and the higher taxa. Evolution 36: 427–443.

Wechselndes Klima

Allgemeine Werke

Gould, S. J. 1977. Ontogeny and Phylogeny. Cambridge, Mass.: Harvard University Press.

Jantsch, E. & C. H. Waddington 1976. Evolution and Consciousness: Human Systems in Transition. London: Addison Wesley Publ. Co.

Jung, C. G. 1978–1981. Gesammelte Werke. Olten und Freiburg i. Br.: Walter Verlag.

Riedl, R. 1985. Die Spaltung des Weltbildes: Biologische Grundlagen des Erklärens und Verstehens. Berlin und Hamburg: Paul Parey.

Rieppel, O. 1984. Auf Grenzpfaden der Biologie. Basel: Birkhäuser Verlag.
Ruse, M. 1979. Sociobiology: Sense or Nonsense? Dordrecht: D. Reidel Publ.
Wilson, E. O. 1975. Sociobiology. The New Synthesis. Cambridge, Mass.: Harvard University Press.
Wilson, E. O. 1978. On Human Nature. Cambridge, Mass.: Harvard University Press.

Spezielle Literatur

Benton, M. J. 1988. Aktuelle Probleme der Evolutionsforschung aus der Sicht des Paläontologen. Mannheimer Forum 87/88: 105–165.
Eibl-Eibesfeldt, I. 1969. Grundriß der vergleichenden Verhaltensforschung. München: Piper & Co.
Ghiselin, M. T. 1987. Bioeconomics and the metaphysics of selection. J. Social Biol. Struct. 10: 361–369.
Hughes, W. 1986. Richard's defense of evolutionary ethics. Biology & Philosophy 1: 306–315.
Kuhn, T. S. 1973. Die Struktur wissenschaftlicher Revolutionen. Frankfurt a. M.: Suhrkamp stw.
Raup, D. M. & J. J. Sepkoski jr. 1984. Periodicity of extinctions in the geologic past. Proc. Natl. Acad. Sci. USA 81: 801–805.
Richards, R. J. 1986. A defense of evolutionary ethics. Biology & Philosophy 1: 265–293.
Rieppel, O. 1985. Der moderne Katastrophismus. Naturwissenschaften 72: 619–626.
Segerstrale, U. 1986. Colleagues in conflict: an «in vivo» analysis of the sociobiology controversy. Biology & Philosophy 1: 53–87.

Namenregister